KB190623

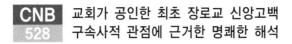

CNB
528
교회가 공인한 최초 장로교 신앙고백
구속사적 관점에 근거한 명쾌한 해석

스코틀랜드 신앙고백서

- The Scotch Confession, 1560 -

이 광 호

2015년

교회와성경

지은이 | 이광호

영남대학교와 경북대학교대학원에서 법학과 서양사학을 공부했으며, 고려신학대학원 (M.Div.)과 ACTS(Th.M.)에서 신학일반 및 조직신학을 공부한 후 대구 가톨릭대학교 (Ph.D.)에서 선교학을 위한 비교종교학을 연구하였다.

'홍은개혁신학연구원'에서 성경신학 담당교수를 비롯해 고신대학교, 고려신학대학원, 영남신학대학교, 브니엘신학교, 대구가톨릭대학교, 숭실대학교 등에서 학생들을 가르쳤으며, 이슬람 전문선교단체인 국제 WIN선교회 한국대표를 지냈다.

현재는 실로암교회에서 담임목회를 하며 조에성경신학연구원, 부경신학연구원 등에서 강의하며, 달구벌기독학술연구회 회장으로 봉사하고 있다.

저서
- 성경에 나타난 성도의 사회참여(1990)
- 갈라디아서 강해(1990)
- 더불어 나누는 즐거움(1995)
- 기독교관점에서 본 세계문화사(1998)
- 세계 선교의 새로운 과제들(1998)
- 이슬람과 한국의 민간신앙(1998)
- 아빠, 교회 그만하고 슈퍼하자요(1995)
- 교회와 신앙(2002)
- 한국교회 무엇을 개혁할 것인가(2004)
- CNB 501 에세이 산상수훈(2005)
- CNB 502 예수님 생애 마지막 7일(2006)
- CNB 503 구약신학의 구속사적 이해(2006)
- CNB 504 신약신학의 구속사적 이해(2006)
- CNB 505 창세기(2007)
- CNB 506 바울의 생애와 바울서신(2007)
- CNB 507 손에 잡히는 신앙생활(2007)
- CNB 508 아름다운 신앙생활(2007)
- CNB 509 열매 맺는 신앙생활(2007)
- CNB 510 웨스트민스터 신앙고백(2008)
- CNB 511 사무엘서(2010)
- CNB 512 요한복음(2009)
- CNB 513 요한계시록(2009)
- CNB 514 로마서(2010)
- CNB 515 야고보서(2010)
- CNB 516 다니엘서(2011)
- CNB 517 열왕기상하(2011)
- CNB 518 고린도전후서(2012)
- CNB 519 개혁조직신학(2012)
- CNB 520 마태복음(2013)
- CNB 521 히브리서(2013)
- CNB 522 출애굽기(2013)
- CNB 523 목회서신(2014)
- CNB 524 사사기, 룻기(2014)
- CNB 525 옥중서신(2014)
- CNB 526 요한1,2,3서, 유다서(2014)
- CNB 527 레위기(2015)

역서
- 모슬렘 세계에 예수 그리스도를 심자(Charles R. Marsh, 1985년, CLC)
- 예수님의 수제자들(F. F. Bruce, 1988년, CLC)
- 치유함을 받으라(Colin Urquhart, 1988년, CLC)

홈페이지 http://siloam-church.org

스코틀랜드 신앙고백서

CNB 528

스코틀랜드 신앙고백서

The Scotch Confession, 1560
by Kwangho Lee

Copyright © 2015 Kwangho Lee
Published by the Church & Bible Publishing House

초판 인쇄 ㅣ 2015년 10월 22일
초판 발행 ㅣ 2015년 10월 31일

발행처 ㅣ 교회와성경
주소 ㅣ 경기도 평택시 특구로 43번길 90 (서정동)
전화 ㅣ 031-662-4742
등록번호 ㅣ 제2012-03호
등록일자 ㅣ 2012년 7월 12일

발행인 ㅣ 문민규
지은이 ㅣ 이광호
편집주간 ㅣ 송영찬
편집 ㅣ 신명기
디자인 ㅣ 조혜진

―――――――――――――――――
총판 ㅣ (주) 비전북출판유통
주소 ㅣ 경기도 고양시 일산서구 송산로 499-10(덕이동)
전화 ㅣ 031-907-3927(대) 팩스 031-905-3927

―――――――――――――――――
저작권자 © 2015 이광호

ISBN 978-89-98322-15-1   93230

Printed in Seoul of Korea

스코틀랜드 신앙고백서

- The Scotch Confession, 1560 -

2015년

교회와성경

CNB 시리즈
서 문

CNB The Church and The Bible 시리즈는 개혁신앙의 교회관과 성경신학적 구속사 해석에 근거한 신·구약 성경 연구 시리즈이다.

이 시리즈는 보다 정확한 성경 본문 해석을 바탕으로 역사적 개혁 교회의 면모를 조명하고 우리 시대의 교회가 마땅히 추구해야 할 방향을 제시함으로써 교회의 삶과 문화를 창달하는 것을 그 목적으로 하고 있다.

따라서 이 시리즈는 진지하게 성경을 연구하며 본문이 제시하는 메시지에 충실하고 있다. 그렇다고 이 시리즈가 다분히 학문적이거나 또는 적용이라는 의미에 국한되지 않는다. 학구적인 자세는 변함 없지만 궁극적으로 하나님의 나라를 지향함에 있어 개혁주의 교회관을 분명히 하기 위해 보다 더 관심을 가진다는 의미이다.

본 시리즈의 집필자들은 이미 신·구약 계시로써 말씀하셨던 하나님께서 지금도 말씀하고 계시며, 몸된 교회의 머리이자 영원한 왕이신 그리스도께서 지금도 통치하시며, 태초부터 모든 성도들을 부르시어 복음으로 성장하게 하시는 성령께서 지금도 구원 사역을 성취하심으로써 창세로부터 종말에 이르기까지 거룩한 나라로서 교회가 여전히 존재하고 있음을 그 무엇보다도 중요하게 여기고 있다.

아무쪼록 이 시리즈를 통해 계시에 근거한 바른 교회관과 성경관을 가지고 이 땅에 진정한 그리스도인의 삶과 문화가 확장되기를 바라는 바이다.

시리즈 편집인
김영철 목사, 미문(美聞)교회 목사, Th.M.
송영찬 목사, 기독교개혁신보 편집국장, M.Div.
오광만 목사, 대한신학대학원대학교 교수, Ph.D.
이광호 목사, 실로암교회 목사, Ph.D.

머리말

우리 시대 교회 가운데는 신앙고백서가 거의 자취를 감추어버렸다. 그러다보니 믿음의 조상들로부터 상속받은 신앙이 아니라 제각각 자기가 원하는 대로 신앙생활을 하는 자들이 많다. 이는 교회의 분열을 초래할 수밖에 없다.

나아가 일부 교회 가운데는 교리 공부에 치중하기도 한다. 하지만 대개는 올바른 교리가 말씀과 교회를 연결하지 못하는 경우가 보통이다. 교리 공부를 하는 목적이 분명하지 않으면 또 다른 종교 이념이나 독단적인 도그마(dogma)에 빠질 우려가 있다.

건강한 교회라면 항상 하나님의 말씀으로 풍성해야 하며 그 바탕 위에서 건전한 교리 공부가 따라야 한다. 그것이 지상에 존재하는 교회를 올바르게 보존하며 상속하는 소중한 역할을 하기 때문이다.

우리가 살피게 될 스코틀랜드 신앙고백서는 그 실제적인 중요성에 비해 충분한 인정을 받고 있지 못하고 있는 실정이다. 분명한 사실은 스코틀랜드 신앙고백서가 다른 신앙고백서에 비해 열등하거나 부족하지 않다는 점이다. 오늘날 보수주의, 개혁주의를 지향하는 장로교회에서 고백하는 웨스트민스터 신앙고백서는 사실상 이에 기초하고 있다. 나아가 개혁교회에서 고백하는 벨직 신앙고백서도 스코틀랜드 신앙고백서로부터 상당한 도움을 받았음을 알 수 있다.

웨스트민스터 신앙고백서 작성을 위해서는 건전한 여러 목사들과 신학자들 사이에 상당한 논의들이 있었다. 통일성 있는 고백서를 작성하기 위해 많은 수고가 따랐으며 신앙고백에 대한 합의를 이끌어내기 위해 적잖은 진통을 거쳐야만 했다. 미세하기는 하나 상이한 신학적 견해를 가진 사람들이 모여 상당한 조율이 필요했을 것이 틀림없다.

그것을 위해서 참석자들이 경건한 삶을 유지하며 말씀을 살피며 기도하는 일에 게을리하지 않았다. 서로간에 취할 것은 취하고 양보할 것은 양보하는 가운데 결과를 도출해내야만 했기 때문이다. 그것은 하나의 신앙고백서 작성을 위해 필수불가결한 요소라 말할 수 있다.

이에 반해 스코틀랜드 신앙고백서는 되풀이되는 회의를 통해 여러 사람들이 모여 오랜 기간 동안 작성된 것이 아니었다. 즉 대화와 타협이라는 과정이 없었다. 교회로부터 믿음을 인정받는 소수의 신학자들에 의해 짧은 기간에 작성되었다. 그것이 나중에 공교회로부터 승인을 받게 되었던 것이다.

우리는 종종 신앙고백서의 권위를 이야기할 때 공교회가 회의를 통해 작성한 것과 개인이나 소수가 작성한 것 사이에 어느 쪽이 더 권위가 있는지 생각해 볼 때가 있다. 공교회가 오랜 기간 동안 논의와 회의를 거쳐 작성한 것이 더 큰 권위를 가진 것으로 말할 수도 있으며, 개인이나 소수가 작성한 것을 공교회가 승인하여 받아들인 것이 더 권위가 있다고 할 수도 있다. 중요한 점은 성령 하나님의 간섭과 인도하심이 있었다면 두 경우 모두 권위를 가진다는 사실이다. 계시된 말씀을 통해 하나님을 진정으로 경외하는 공교회가 그 고백서를 승인하고 받아들인 사실이 중요하다. 즉 신앙고백서의 작성 과정뿐 아니라 그것을 승인하는 교회의 권위가 더욱 중요하게 받아들여져야 하는 것이다.

본 신앙고백서를 올바르게 번역하는 일은 결코 쉽지 않다. 중세에 기록된 원본을 현대어로 다듬어 옮긴 내용이라는 점을 감안한다고 할지라도 직역을 하는 일은 언어와 언어 사이에서 그리 간단한 문제가 아니다. 또한 본문을 의역하는 것도 상당한 문제가 생겨날 수 있다. 직역을 하면 고백서의 의미를 제대로 살리기 어려운 문제가 따르며, 의역을 하게 되면 본 의미에 손상이 발생할 위험이 없지 않다.

그러므로 필자는 원문을 소중하게 여기는 가운데 원래의 의미가 잘 드러나게 하는 일에 신경을 썼다. 즉 신앙고백서가 교회에 제시하고자 하는 내용을 독자들이 잘 이해할 수 있도록 하는 일에 관심을 기울였다. 중요한 사실은 원문의 의미가 훼손되지 않으면서 그 내용이 독자들에게 가장 잘 전달되는 것이다.

그럼에도 불구하고 여러 면에서 부족한 점들이 많은 것이 사실이다. 신앙고백서의 본문뿐 아니라 본문에 대한 해설을 함에 있어서도 그렇다. 가급적이면 복잡하고 길게 해설하지 않고 가능하면 간단하게 정리하고자 했다. 그것이 독자들에게 가장 접근이 쉬울 것이라 판단했기 때문이다.

이 책은 필자가 목회하는 한국개혁장로회(Korean Reformed Presbyterian Church) 실로암 교회 〈금요 교리 공부반〉에서 2013년 9월 초부터 2015년 1월 말까지 강의했던 내용이다. 스코틀랜드 신앙고백서는 한국교회에 이름만 알려졌을 뿐 아직 구체적으로 공부한 적이 별로 없는 고백서이다. 이 책을 통해 장로교 신앙고백서의 모체라 할 수 있는 이 고백서를 다시금 살펴볼 수 있는 성도들이 많아지길 바란다.

2015년 10월 5일
실로암교회 서재에서
이광호 목사

차 례

CNB 시리즈 서문 / 7
머리말 / 9
스코틀랜드 신앙고백서의 배경 / 17

제1장 _ 하나님 (God) 21

제2장 _ 인간의 창조 (The Creation of Man) 31

제3장 _ 원죄 (Original Sin) 39

제4장 _ 약속의 계시 (The Revelation of the Promise) 49

제5장 _ 교회의 지속, 확장, 보존 (The Continuance, Increase, and Preservation of the Kirk) 59

제6장 _ 예수 그리스도의 성육신 (The Incarnation of Jesus Christ) 73

제7장 _ 중보자가 참 하나님이자 참 사람이어야 하는 이유
        (Why the Mediator Had to Be True God and True Man) 83

제8장 _ 선택 (Election) 89

제9장 _ 그리스도의 죽음, 고난, 그리고 장사 (Christ's Death, Passion, and Burial) 103

제10장 _ 부활 (The Resurrection) 113

제11장 _ 승천 (The Ascension) 125

제12장 _ 성령 안에 존재하는 믿음 (Faith in the Holy Spirit) 139

제13장 _ 선행의 근거 (The Cause of Good Works) 151

제14장 _ 하나님 앞에서 선한 것으로 인정받는 선행
        (The Works Which Are Counted Good Before God) 163

13

제15장 _ 율법의 완전성과 인간의 불완전성
(The Perfection of the Law and The Imperfection of Man) ················· 177

제16장 _ 교회 (The Kirk) ·· 187

제17장 _ 영혼의 불멸 (The Immortality of Souls) ························· 199

제18장 _ 참 교회와 거짓 교회가 구별되는 특징과 올바른 교리 표준에 대한 주체
(The Notes by Which the True Kirk Is Discerned from The False,
and Who Shall Be Judge of Doctrine) ····················· 207

제19장 _ 성경의 권위 (The Authority of the Scriptures) ·················· 227

제20장 _ 총회의 권세와 권위 및 회집 근거
(General Councils, Their Power, Authority, and the Cause of Their Summoning) ·········· 235

제21장 _ 성례 (The Sacraments) ·· 245

제22장 _ 올바른 성례의 시행 (The Right Administration of the Sacraments) ········ 259

제23장 _ 성례에 연관된 자들 (To Whom Sacraments Appertain) ············· 271

제24장 _ 국가 공직자들 (The Civil Magistrate) ··························· 279

제25장 _ 교회에 값없이 주어진 은사들 (The Gifts Freely Given to the Kirk) ········ 291

스코틀랜드 신앙고백서

- The Scotch Confession, 1560 -

스코틀랜드 신앙고백서의 배경

장로교회에 속한 성숙한 성도들이라면 누구든지 장로교에 대하여 올바르게 알아야 할 의무가 있다. 장로교는 성경이 교훈하고 있는 바 지상교회 정치 원리에 가장 잘 조화된다. 우리가 장로교에 속한 것은 자연발생적인 사실에 머물지 말아야 한다. 즉 장로교에 속한 가정에 태어났거나 살아가고 있는 지역의 교회가 장로교였기 때문에 자신도 장로교인이 되었다는 설명만으로는 충분하지 않다.

설령 그와 같은 경우에 해당된다고 할지라도 장로교에 대해서 올바른 이해를 하지 않으면 안 된다. 신앙이 점차 자라가면서 과연 장로교가 성경의 원리에 가장 부합한 교회체제를 가지고 있는지 확인하는 절차를 거쳐야 한다. 물론 우리는 장로교가 성경적인 원리를 가장 잘 받아들여 적용하는 것으로 이해하고 있다.

우리 주변에는 수많은 개신교 교파들이 존재하고 있는 것이 사실이다. 규모가 큰 교파들만 해도 우리가 속한 장로교가 있는가 하면 루터파, 성공회, 침례교, 감리교, 성결교, 오순절파 등이 있다. 그것들은 역사적인 과정에서 생겨나게 되었다. 자칫 잘못 생각하면 장로교 역시 여러 교파들 가운데 하나에 지나지 않는 것으로 오해할 여지가 없지 않다. 하지만 우리는 단순히 그렇게 생각해서는 안 된다.

루터파는 개신교 교파 가운데 가장 먼저 생겨난 교파라고 할 수도 있다. 루터를 따르던 자들은 로마교에 저항하면서 성경적인 교훈을 통한 신학이 여물기 전에 교파가 확립되었다고 해도 과언이 아니다. 한편 종교개혁 시대의 비교적 초기에 확립된 성공회는 영국에서 체제를 갖추게 되는데 이 또한, 정치적인 문제로 생겨나게 되었다.

침례교, 감리교, 성결교, 오순절파 등은 종교개혁의 첫 세대가 지난 후에 기독교 역사 가운데 등장하게 되었다. 물론 여기서 언급하지 않은 보다 작은 교파들도 많이 생겨났다. 중요한 점은 지상 교회는 인간의 이성과 경험이나 역사적 상황이 아니라 성경의 가르침에 충실해야 한다는 사실이다. 설령 순수한 목적이라 할지라도 교회는 반드시 성경을 통한 검증을 받아야 하며 그 가르침에서 벗어나지 말아야 한다. 우리가 속한 장로교는 성경의 교훈에 충실한 자세를 소유하고 있으며 지상 교회의 보존과 상속에 깊은 관심을 두고 있다. 이 원리는 칼빈(1509-1564)을 비롯한 선배들의 신학사상에 밀접하게 연관된다. 16세기 중엽 제네바에서 그와 함께 성경을 연구하며 진리를 수호하고자 했던 학자들 가운데 존 낙스(John Knox, 1513-1572)가 있었다. 스코틀랜드 출신의 그는 심각한 박해를 피해 1554년 제네바로 가서 칼빈과 교제하기 시작했으며 1555년에는 "공 예배 규정"을 작성하기도 했다.

그후 존 낙스는 고국 스코틀랜드로 돌아가게 되었다. 당시 스코틀랜드 의회는 건전한 신앙의 보존을 위해 개혁주의 신앙고백서를 작성코자 했으며, 존 낙스의 주도 아래 여러 명의 신학자들이 그 문서를 만들게 되었다. 그들에 의해 작성된 신앙고백서는 1560년 8월 17일 의회에서 정식으로 인준되었다.

이로 말미암아 스코틀랜드는 장로교 국가로 나아가는 소중한 발판을 마련하기에 이르렀다. 그러나 신앙고백서가 의회로부터 인준된 것과 교회가 합법적으로 인정받는 것은 별개의 문제였다. 스코틀랜드 신앙고백서를 기초로 한 장로교회는 몇 년의 세월이 흐른 후 1567년이 되어서야 의회로부터 합법적으로 인정을 받게 되었다. 그때 비로소 스코틀랜드는 장로교 국가가 된 것이다.

이는 나중 웨스트민스터 신앙고백서(1648)를 작성하는 데 많은 영향을 끼쳤다. 오늘날 장로교의 신앙표준 문서가 되는 웨스트민스터 신앙고백서 작성에 가장 큰 영향을 미친 자들은 스코틀랜드 신앙고백서를 고백하던 스코틀랜드 교회에 속한 신학자들이었다는 사실이 그것을 입증해 준다. 웨스트민스터 신앙고백서는 잉글랜드에서 작성되지만 그 배경에는 스코틀랜드 신앙고백서에 철저했던 스코틀랜드의 지도자들이 있었기에 가능한 일이었던 것이다.

제 1 장

하 나 님

God

우리는 유일하신 하나님을 고백하고 또 인정하며, 오직 그분만 마음에 두어야 하며 섬겨야 하고 경배하며 믿어야 한다(신6:4; 고전8:6; 신4:35; 사 44:5,6). 하나님은 영원하며, 무한하며, 측량할 수 없으며, 불가해하며, 전능하며, 불가시적인 분이며(딤전1:17; 왕상8:27; 대하6:18; 시139:7,8; 창17:1; 딤전6:15,16; 출3:14,15), 본질에 있어서는 하나이면서 동시에 성부, 성자, 성령의 삼위三位로 구별된다(마28:19; 요일5:7). 우리는 이 하나님께서 천지에 있는 모든 것, 즉 보이는 것과 보이지 않는 것 전부를 창조하시고 그것들을 보존하시며 심오한 섭리로써 지배하고 관여하시며, 자기 자신의 영광이 나타나도록 만물을 그의 영원한 지혜, 선, 정의로 정하신 것을 고백하고 믿는다(창1:1; 히11:3; 행17:28; 잠16:4).

We confess and acknowledge one God alone, to whom alone we must cleave, whom alone we must serve, whom alone we must worship, and in whom alone we must put our trust (Deut.6:4; 1Cor.8:6; Deut.4:35; Isa.44:5,6); who is eternal, infinite, immeasurable, incomprehensible, omnipotent, invisible (1Tim.1:17; 1Kings8:27; 2Chron.6:18; Ps.139:7,8; Gen.17:1; 1Tim.6:15,16; Ex.3:14,15); one in substance and yet distinct in three persons: the Father, the Son, and the Holy Ghost (Matt.28:19; 1John5:7); by whom we confess and believe all things in heaven and earth, visible and invisible to have been created, to be retained in their being, and to be ruled and guided by his inscrutable providence for such end as his eternal wisdom, goodness, and justice have appointed, and to the manifestation of his own glory (Gen1:1; Heb.11:3; Acts17:28; Prov.16:4).

근거 성경 본문

▨ Ⅱ **신6:4** Ⅰ "이스라엘아 들으라 우리 하나님 여호와는 오직 하나인 여호와시니"; Ⅱ **고전8:6** Ⅰ "그러나 우리에게는 한 하나님 곧 아버지가 계시니 만물이 그에게서 났고 우리도 그를 위하며 또한 한 주 예수 그리스도께서 계시니 만물이 그로 말미암고 우리도 그로 말미암았느니라"; Ⅱ **신4:35** Ⅰ "이것을 네게 나타내심은 여호와는 하나님이시요 그 외에는 다른 신이 없음을 네게 알게 하려 하심이니라"; Ⅱ **사44:5,6** Ⅰ "혹은 이르기를 나는 여호와께 속하였다 할 것이며 혹은 야곱의 이름으로 자칭할 것이며 혹은 자기가 여호와께 속하였음을 손으로 기록하고 이스라엘의 이름으로 칭호하리라 이스라엘의 왕인 여호와, 이스라엘의 구속자인 만군의 여호와가 말하노라 나는 처음이요 나는 마지막이라 나 외에 다른 신이 없느니라"

▨ Ⅱ **딤전1:17** Ⅰ "만세의 왕 곧 썩지 아니하고 보이지 아니하고 홀로 하나이신 하나님께 존귀와 영광이 세세토록 있어지이다 아멘"; Ⅱ **왕상8:27** Ⅰ "하나님이 참으로 땅에 거하시리이까 하늘과 하늘들의 하늘이라도 주를 용납지 못하겠거든 하물며 내가 건축한 이 전이오리이까"; Ⅱ **대하6:18** Ⅰ "하나님이 참으로 사람과 함께 땅에 거하시리이까 하늘과 하늘들의 하늘이라도 주를 용납지 못하겠거든 하물며 내가 건축한 이 전이오리이까"; Ⅱ **시139:7,8** Ⅰ "내가 주의 신을 떠나 어디로 가며 주의 앞에서 어디로 피하리

이까 내가 하늘에 올라갈찌라도 거기 계시며 음부에 내 자리를 펼찌라도 거기 계시니이다”; ‖ **창17:1** ｜“아브람의 구십구세 때에 여호와께서 아브람에게 나타나서 그에게 이르시되 나는 전능한 하나님이라 너는 내 앞에서 행하여 완전하라”; ‖ **딤전6:15,16** ｜“기약이 이르면 하나님이 그의 나타나심을 보이시리니 하나님은 복되시고 홀로 한 분이신 능하신 자이며 만왕의 왕이시며 만주의 주시요 오직 그에게만 죽지 아니함이 있고 가까이 가지 못할 빛에 거하시고 아무 사람도 보지 못하였고 또 볼 수 없는 자시니 그에게 존귀와 영원한 능력을 돌릴찌어다 아멘”; ‖ **출3:14,15** ｜“하나님이 모세에게 이르시되 나는 스스로 있는 자니라 또 이르시되 너는 이스라엘 자손에게 이같이 이르기를 스스로 있는 자가 나를 너희에게 보내셨다 하라 하나님이 또 모세에게 이르시되 너는 이스라엘 자손에게 이같이 이르기를 나를 너희에게 보내신 이는 너희 조상의 하나님 곧 아브라함의 하나님, 이삭의 하나님, 야곱의 하나님 여호와라 하라 이는 나의 영원한 이름이요 대대로 기억할 나의 표호니라”

▨ ‖ **마28:19** ｜“그러므로 너희는 가서 모든 족속으로 제자를 삼아 아버지와 아들과 성령의 이름으로 세례를 주고”; ‖ **요일5:7** ｜“증거하는 이는 성령이시니 성령은 진리니라”

▨ ‖ **창1:1** ｜“태초에 하나님이 천지를 창조하시니라”; ‖ **히11:3** ｜“믿음으로 모든 세계가 하나님의 말씀으로 지어진 줄을 우리가 아나니 보이는

것은 나타난 것으로 말미암아 된 것이 아니니라"; || **행17:28** | "우리가
그를 힘입어 살며 기동하며 있느니라 너희 시인 중에도 어떤 사람들의
말과 같이 우리가 그의 소생이라 하니"; || **잠16:4** | "여호와께서 온갖
것을 그 쓰임에 적당하게 지으셨나니 악인도 악한 날에 적당하게 하셨느
니라"

해 설

1 유일하신 하나님

우리는 유일하신 하나님을 믿는다. 여호와 하나님 이외에 다른 신은
존재하지 않는다. 신의 이름으로 등장하는 모든 것들은 사탄의 졸개인 귀
신들의 장난일 따름이다. 인간이 이에 대해 알게 되는 것은 인간들의 이치
나 원리를 따져서 내린 결론이 아니다. 이는 계시된 하나님의 말씀이 그렇
게 가르치고 있기 때문이다.

성경은 유일신 하나님에 대해 기록하고 있다. 계시된 말씀을 통해 이
에 대하여 명확한 이해를 하는 것은 매우 중요하다. 성숙한 신앙인이라면
인간의 이성과 경험을 배경으로 한 상식이 아니라 오직 하나님의 말씀이
모든 지식의 기초가 된다는 것을 깨달아야 한다. 즉 성경이 우리에게 하나
님이 유일신이라는 사실을 알려주고 있으므로 우리는 그것을 믿고 고백하
며 인정하게 되는 것이다.

그렇지만 우리는 창조주이신 살아계신 하나님을 단일신론 (monarchianism)적인 개념에서 이해하려고 해서는 안 된다. 참 하나님을 진 정으로 믿는 성도라면 유일하신 하나님(the one and only God) 곧 삼위일체 하 나님을 고백하며 인정하지 않을 수 없다. 이는 하나님 이외에 다른 신이 존재하지 않는다는 사실을 의미하고 있다.

인간의 승인을 요구하지 않는 하나님

피조물일 뿐 아니라 죄로 말미암아 진리를 아는 지식이 마비되어 버린 인간들로서는 하나님을 알 수 있는 모든 지혜를 완전히 상실당한 상태에 놓여 있다. 하나님은 인간들과 달리 영원하며, 무한하며, 도저히 측량할 수 없는 분이다. 나아가 그는 전지전능하신 분으로서 불가해하며 불가시적인 분이다. 그러므로 그는 인간들로부터 승인받아야 할 이유가 전혀 없는 분 이다. 하나님은 인간들의 동의를 받아 인정되어야 할 존재가 아니기 때문 이다. 그럼에도 불구하고 제한된 사고를 지닌 인간들이 자신의 이성에 기 초한 지혜로 창조주이신 하나님을 가늠하려 한다면 그것은 무례하고 오만 한 행동에 지나지 않는다.

따라서 그와 같은 방법으로써 하나님에 대한 정의를 내리려 하고 인 간들의 취향에 따라 하나님께 접근하는 것은 우상숭배적인 행위라 하지 않을 수 없다. 그것은 하나님께 저항하는 태도와 밀접하게 연관되어 있다. 따라서 하나님을 진정으로 아는 성숙한 성도들은 그로부터 계시된 말씀을 통해 겸손하게 그를 알아가게 될 따름이다.

3 삼위일체 하나님

우리가 믿고 있는 하나님은 삼위일체 하나님이시다. 이는 원래부터 존재하신 하나님에 연관되어 있으며 나중에 구성된 신적인 형식으로 이해해서는 안 된다. 이에 대해서는 결코 인간들의 이성과 경험으로 이해할 수 있는 영역이 아니다. 삼위일체란 물론 삼신론(tritheism)이나 다신론(polytheism)을 말하지 않는다. 성경은 성부, 성자, 성령의 독립적인 세 위격을 가지신 한 하나님에 대한 증거를 하고 있다.

피조물인 인간이 창조주이신 여호와 하나님에 대한 모든 것을 알 수 있는 것은 근본적으로 불가능한 일이다. 피조물인 인간이 무한하신 하나님에 대해 완전히 알고자 하는 것은 오만한 태도에 지나지 않는다. 그렇다고 해서 인간이 하나님에 대한 지식을 전혀 가질 수 없는 것은 아니다. 즉 우리의 신앙은 불가지론자들의 태도와는 다른 것이다.

하나님을 알 수 있는 온전한 지식은 오직 선택받은 백성에게만 허락된 특권에 해당된다. 즉 주님의 몸된 교회에 속한 성도들은 하나님으로부터 계시된 천상의 말씀을 통해 그를 알아갈 수 있다. 타락한 인간들의 지혜에 기초한 상상력을 통해 하나님을 짐작하며 인식할 수 있는 것이 아니라 하나님께서 자신을 계시해 주신 만큼 우리가 깨달아 알게 된다는 사실을 기억하는 것은 매우 중요하다.

창조주創造主와 보존주保存主로서의 하나님

하나님께서는 자신의 기쁘신 뜻에 따라 우주만물을 창조하셨다. 이 세상에 존재하는 것들 가운데 하나님의 창조와 무관한 것은 아무것도 없다. 인간들의 눈에 보이는 것이나 보이지 않는 것 모두가 그에 의해 창조된 것들이다. 그 실체들 가운데는 인간들의 측량이 불가능한 별들을 비롯한 우주적인 것들이 있다. 또한 천사들과 사탄을 비롯한 육안으로 볼 수 없는 영적인 존재들도 그에 포함된다.

물론 우리가 현실적으로 경험하는 것들 가운데는 제2원인에 의해 발생한 것들이 많이 존재한다. 타락한 인간들의 죄와 그로 말미암아 오염된 세계 가운데는 악하고 더러운 것들이 생겨나게 되었다. 더럽고 징그러운 벌레와 같은 생명체들이 그런 것들이다. 그와 같은 것들은 하나님께서 직접 창조하신 것이 아니지만 세상 가운데 존재하고 있으며 그 역시 제1원인이 되는 하나님의 창조에 연관되어 있는 것이다.[1]

또한 하나님께서는 만물을 지으셨을 뿐 아니라 그것들을 보존하고 계신다. 하나님의 창조가 과거적 사실에 연관되어 있다면 만물의 보존은 항상 현재적인 성격을 지니고 있다. 우리가 분명히 깨달아야 할 바는 하나님의 능력이 아니면 우주만물이 잠시라도 현 상태로 영위될 수 없다는 사실이다. 우주만물과 세상이 현재와 같이 유지되고 있는 것은 창조주 하나님께서 그것들을 보존하고 계시기 때문에 가능한 일이다.

---

1) "웨스트민스터 신앙고백서", 제3장, 2항 참조; 이광호, 웨스트민스터 신앙고백, 서울: 도서출판 깔뱅, 2007, pp.102,103, 참조.

5 우주만물의 창조 목적

하나님께서 우주만물을 창조하신 것은 오직 자신의 영광을 위해서였다. 즉 모든 피조물들은 아무런 의미 없이 만들어진 것이 아니라 나름대로의 분명한 목적을 지니고 있었다. 따라서 지구상에 존재하는 모든 것들과 우주만물은 하나님의 영광을 반영하게 되는 것이 원칙이었다.

그러므로 우리는 여기서 모든 피조물들은 다른 존재들을 위해 창조된 것이 아니란 사실을 명확하게 이해해야만 한다. 즉 천사나 인간을 위해 하나님의 창조사역이 이루어진 것이 아니었다. 우주만물은 하나님 자신을 위한 것이었으며 인격을 가진 인간들은 그에 대한 분명한 깨달음을 소유하지 않으면 안 된다.

이는 우리에게 매우 중요한 사실을 말해주고 있다. 지금 인간들이 눈으로 보고 마음으로 느끼는 모든 피조물들은 오염된 상태에 놓여 있다. 타락한 인간으로 말미암아 전부가 추악하게 더럽혀졌기 때문이다. 이와 동시에 그 가운데 존재하는 자연 법칙들에도 문제가 발생하게 되었다. 따라서 우주만물은 원래의 기능을 상실한 상태로 존재하거나 움직이고 있다.

그렇지만 우리는 오염되고 법칙에 손상이 간 우주만물을 보면서 여전히 하나님의 창조 의도를 읽어낼 수 있어야 한다. 그 가운데서 창조주 하나님의 흔적을 볼 수 있어야 하며 오염되고 파괴된 우주만물을 통해 하나님을 배반하고 그에게 저항한 인간의 죄성을 인식할 수 있어야 하는 것이다. 그것을 통해 창조주 하나님과 그의 형상을 닮은 인생의 의미를 온전히 깨달을 수 있을 것이기 때문이다.

질 문 과 토 론

1 _ '하나님은 유일하다' 는 의미는 무엇인가?

2 _ 우리는 오직 하나님만 마음에 두어야 하며 섬겨야 하며 경배해 야 하며 믿어야 한다는 말의 진정한 의미는 무엇인가?

3 _ 하나님은 영원하며 무한하며 측량할 수 없으며 불가해하며 전 능하며 불가시적인 분이란 말은 구체적으로 어떻게 이해해야 하는가?

4 _ 삼위일체란 말이 가지는 올바른 의미는 무엇인가?

5 _ 하나님께서 창조하신 범주를 어떻게 이해해야 하는가? 즉 눈에 보이는 것과 보이지 않는 것, 그리고 일반적인 대상물과 더럽고 추한 것들에 관한 생각을 해보라.

6 _ 우리는 하나님의 창조와 보존에 관해서 어떻게 이해해야 할까?

7 _ 우주만물 가운데는 하나님의 영광이 나타난다. 우리는 하나님의 피조세계 가운데서 어떻게 그의 영광을 보게 되는가?

제 2 장

인간의 창조
The Creation of Man

우리는 우리의 하나님이 인간을 창조하신 것을 고백하며 인정한다. 즉 그는 우리의 시조 아담을 자신의 형상과 모양에 따라 지으시고 그에게 지혜와 지배권과 정의와 자유의지와 자의식을 주셔서 사람의 전인적인 본성 안에 불완전한 것이 없도록 하셨다(창1:26-28; 골3:10; 엡4:24). 이 존엄성과 완전성으로부터 남자와 여자가 함께 타락하였다. 여자는 뱀에게 속아 타락하였으며 남자는 여자의 말을 듣고 타락하게 되었다. 이렇게 하여 분명한 말씀으로 금단의 나무의 열매를 먹으면 죽으리라고 앞서 엄히 경고하셨던 하나님의 주권적인 존엄성에 저항함으로써 아담과 하와는 같이 공모하여 반역하게 되었다(창3:6; 2:17).

We confess and acknowledge that our God has created man, to wit our first father, Adam, after his own image and likeness, to whom he gave wisdom, lordship, justice, free will, and self-consciousness, so that in the whole nature of man no imperfection could be found(Gen.1:26-28; Col.3:10; Eph.4:24). From this dignity and perfection man and woman both fell; the woman being deceived by the serpent and man obeying the voice of the woman, both conspiring against the sovereign majesty of God, who in clear words had previously threatened death if they presumed to eat of the forbidden tree(Gen.3:6; 2:17).

근거 성경 본문

▨ ‖ **창1:26-28** ‖ "하나님이 가라사대 우리의 형상을 따라 우리의 모양대로 우리가 사람을 만들고 그로 바다의 고기와 공중의 새와 육축과 온 땅과 땅에 기는 모든 것을 다스리게 하자 하시고 하나님이 자기 형상 곧 하나님의 형상대로 사람을 창조하시되 남자와 여자를 창조하시고 하나님이 그들에게 복을 주시며 그들에게 이르시되 생육하고 번성하여 땅에 충만하라, 땅을 정복하라, 바다의 고기와 공중의 새와 땅에 움직이는 모든 생물을 다스리라 하시니라"; ‖ **골3:10** ‖ "새 사람을 입었으니 이는 자기를 창조하신 자의 형상을 좇아 지식에까지 새롭게 하심을 받는 자니라"; ‖ **엡4:24** ‖ "하나님을 따라 의와 진리의 거룩함으로 지으심을 받은 새 사람을 입으라"

▨ ‖ **창3:6** ‖ "여자가 그 나무를 본즉 먹음직도 하고 보암직도 하고 지혜롭게 할 만큼 탐스럽기도 한 나무인지라 여자가 그 실과를 따먹고 자기와 함께한 남편에게도 주매 그도 먹은지라"; ‖ **창2:17** ‖ "선악을 알게 하는 나무의 실과는 먹지 말라 네가 먹는 날에는 정녕 죽으리라 하시니라"

해 설

1 인간의 창조

하나님께서는 우주만물을 창조하신 후 맨 마지막에 자신의 형상과 모양에 따라 인간을 만드셨다. 인간은 하나님의 특별한 의도에 따라 그의 형상을 닮게 지어진 피조물이다. 따라서 우주 가운데 존재하는 모든 피조물들과는 본질적으로 상이한 성격을 지니고 있다. 그것은 일반적인 만물과는 다른 차원의 별도의 목적이 있다는 사실을 의미한다.[2]

인간은 이땅에 존재하는 모든 생명체들과는 달리 유일하게 인격을 가진 존재이다. 지구상에 존재하는 인간 이외의 생물들은 현상적인 생명을 가졌으되 인격이 없다. 땅 위에서 움직이는 다양한 동물들이나 땅에 뿌리를 박고 있는 식물이나 마찬가지다. 무생물체가 인격이 없는 것은 지극히 당연하다.[3]

하나님으로부터 언약 가운데 지음을 받은 인간들이 하나님의 형상을 지닌 존재라는 사실을 기억하는 것은 매우 중요하다. 이는 인간이 여호와 하나님과 피조세계 사이에 존재하는 유일한 인격적 연결고리 역할을 하고 있기 때문이다. 이는 인간과 다른 피조물들 사이에 본질적인 차이가 난다

---

2) 이는 인간의 생물학적 진화론의 허구를 말해주고 있다. 하나님을 올바르게 알지 못하는 어리석은 신학자들 가운데는 유신진화론을 주장하는 자들이 있지만 그것은 성경이 증거하고 있는 내용이 아니다.

3) 이방종교인들은 인간이 아닌 동물들이나 식물은 물론 무생물들에게까지 인격을 부여하는 수가 있다. 토템(Totem) 사상을 가진 자들이 그 대표적인 경우이다.

는 사실을 분명히 드러내 보여주고 있다.

2 인간에게 허락하신 특별한 선물

하나님께서는 자신의 형상을 지닌 인간을 우주만물의 우두머리로 세우셨다. 그로 하여금 모든 피조세계를 다스리며 통치하는 관리자가 되도록 허락하셨던 것이다. 이는 하나님께서 자신의 권리를 피조물인 인간들에게 위임하셨음을 말해주고 있다. 그것은 하나님의 형상에 따른 인격을 소유한 존재이기 때문에 가능한 일이었다.

그렇지만 하나님은 피조세계 자체를 인간들에게 완전한 소유로 주시지 않았다. 우주만물을 주신 것이 아니라 그것을 다스리는 권세를 위임하심으로써 그 특권을 선물로 주셨던 것이다. 따라서 인간은 그 권세를 하나님의 뜻에 따라 적절하게 활용해야 했다. 그것을 위해 하나님으로부터 자유의지를 허용받았지만 그것을 악용하여 자기 맘대로 해서는 안 되었다.

우리가 여기서 분명히 기억해야 할 바는 처음부터 인간들에게는 소유물로 주어진 것이 아무것도 없다는 사실이다. 하나님께서는 아담과 하와에게 피조물 가운데 일부를 주신 것이 아니었다. 단지 하나님의 것들에 대한 선한 관리를 맡기셨을 따름이다.

이에 대해서는 오늘날 우리도 그와 동일한 관점에서 모든 것을 이해해야 한다. 원리적인 측면에서 볼 때 우리에게는 절대적인 개념에서의 '소유'란 없다. 단지 하나님께서 맡기신 것들을 선하게 관리해야 할 의무가 존재할 따름이다. 우리가 가진 재능, 지식, 건강, 물질 등은 하나님께서 맡기신 것들로서 절대적인 의미에서 개인적인 소유물이 아니다. 따라서 어느 누구도 그것으로 인해 자랑할 수 없으며, 그에 대한 선한 관리자로서 살아가야 한다.

3 하나님의 신뢰

성경의 교훈에 근거한 논리적인 절차로 볼 때 하나님께서 먼저 인간을 신뢰하셨으며 인간이 하나님을 먼저 신뢰한 것이 아니었다. 이는 피조물인 인간들에게 허락된 최상의 영광이 아닐 수 없었다. 하나님께서는 자기의 형상을 닮은 인간을 창조하고 그를 신뢰한다는 사실을 구체적으로 실행해 보이셨다.

그것은 자기가 창조한 피조세계를 위한 관리자로 아담을 세우셨던 것은 전적인 신뢰와 연관되어 있다.[4] 그와 같은 사실은 신뢰가 없이는 결코 진행될 수 없었던 일이다. 신뢰하지 않는 사람에게는 모든 것은 커녕 그어떤 것도 맡길 수 없다. 그렇지만 하나님은 자기를 위해 창조하신 우주만물을 자신의 형상을 닮은 아담에게 관리를 맡기셨다. 하나님은 창조사역의 완성과 더불어 그 모든 것이 이루어진 후 기뻐하시며 안식하시는 가운데 영광을 취하셨다.

4 에덴동산의 선악과 열매

하나님께서는 에덴동산에 선악과나무를 심어두셨다. 그것은 다른 식

---

4) 인간이 사탄의 말을 듣고 따라간 것은 단순한 범죄행위가 아니라 하나님에 대한 배신행위였다. 그것은 아담과 하와가 하나님의 신뢰를 저버렸기 때문이다.

물들과는 다른 특별한 의미를 지니고 있었다. 그런데 그가 왜 에덴동산 중앙에 그 나무를 심어두셨을까? 어리석은 사람들은 그에 대하여 근본적인 오해를 하고 있다.

하나님을 알지 못하는 자들 가운데는 하나님이 그곳에 선악과나무를 심어두신 것은 하나님의 잘못이라 주장한다. 즉 아담과 하와가 그 열매로 인해 유혹을 받았으므로 결국은 하나님께서 죄의 원인 제공자라는 어처구니없는 생각을 한다. 다시 말해 그 나무가 없었더라면 죄가 이 세상에 들어오지 않았으리라는 것이다. 그러나 그와 같은 생각은 하나님의 뜻을 전혀 이해하지 못하기 때문에 나온 악의에 찬 발상이다.

우리는 에덴동산의 선악과나무가 언약의 나무이자 인간들을 위한 '사랑의 징표' 라는 사실을 기억하지 않으면 안 된다. 자기의 형상을 닮은 인간들에 대한 신뢰를 가진 하나님께서 그 나무의 열매를 따먹지 못하게 하심으로써 자신의 언약을 세우셨다. 이는 이미 존재하고 있던 사탄을 의식한 보호를 위한 경고의 말씀이다. 즉 자유의지에 근거한 인간의 욕망으로 인해 그 열매를 따먹게 되면 죽는다는 말은 그 경고를 듣지 않으면 파멸에 이르게 된다는 말과 일치한다.

또한 하나님께서 그것을 통해 요구하신 것은, 아담이 우주만물을 다스리되 자기의 방법이 아니라 하나님의 뜻에 따라야 한다는 명령이다. 아담은 우주만물이 자신의 소유가 아니었기 때문에 주인이신 하나님의 말씀에 전적으로 귀를 기울여야 했다. 그러므로 아담이 선악과열매를 따먹는 것은 하나님께서 인간을 위해 제공하신 언약을 파기하는 것과 같았다.

하나님께서는 인간이 피조물이었음에도 불구하고 자신의 형상을 닮았으므로 언약의 대상으로 삼으셨다. 이를 통해 우리는 우주만물 위에 존재하는 인간의 지위에 대한 많은 정보를 얻게 된다. 따라서 인간은 처음부터 하나님과의 특별한 관계 가운데 복을 소유한 존재였던 것이다(창1:28).

5 인간의 타락

사탄은 아담에게 하나님이 금하신 선악과열매를 따먹으라고 유혹했다. 그렇게 하면 눈이 밝아져 하나님같이 되리라는 것이었다. 그것은 하나님의 언약을 파기하라는 요구이기도 했으며, 그렇게 함으로써 우주만물을 관리만 할 것이 아니라 소유하라는 유혹이었다.

아담과 하와는 결국 사탄의 말을 듣고 금단의 열매를 따먹었다. 그렇게 함으로써 하나님의 피조세계를 자기의 것으로 만들고자 했다. 스코틀랜드 신앙고백서는 아담과 하와가 소극적인 범죄를 저지른 것이 아니라 서로 공모(conspiring)함으로써 적극적인 범죄를 했음을 말하고 있다.

그러나 모든 것은 저들의 기대처럼 되지 않았다. 하나님의 요구를 무시하고 사탄의 유혹에 빠져 선악과나무 열매를 따먹은 아담은 스스로 헤어날 수 없는 무서운 타락의 늪에 빠지게 되었다. 그것은 사탄의 속임수였으며 우주만물이 저들의 소유가 된 것이 아니라 사탄의 소유가 되어 버렸다.

아담과 하와는 공모하여 하나님의 준엄한 명령을 어기고 선악과를 따먹음으로써 저들에게 주어진 피조세계에 대한 관리책임을 완전히 포기했다. 그로 말미암아 그들은 하나님께서 제시하신 언약을 파기하게 되었다.

아담이 저지른 언약 파기는 단순한 이론에 머무는 것이 아니라 그 중심에는 우주만물이 직접 연관되어 있었다.

아담과 하와가 선악과 열매를 따먹은 행위는 하나님께서 관리를 맡기셨던 피조세계와 연관된 것으로서 하나님에 대한 소극적인 '불순종'이 아니라 적극적인 범죄행위였음을 기억하는 것은 매우 중요하다. 사탄의 꾐을 받고 하나님에 대한 신뢰를 저버린 인간은 하나님께서 맡기신 우주만물을 도적질하여 간악한 사탄에게 갖다 바친 꼴이 되어버렸다. 그로 말미암아 하나님의 선한 통치를 받아야 했던 인간이 사악한 사탄을 섬기는 처참한 자리에 놓이게 되었던 것이다.

스코틀랜드 신앙고백

질문 과 토론

1 _ '하나님의 형상'은 구체적으로 무엇을 의미하는가?

2 _ 하나님께서 인간들에게 무엇을 '선물'로 주셨는가? 그것이 '소유'의 개념과 어떤 차이가 나는가?

3 _ 인간에 대한 '하나님의 신뢰'와 '하나님에 대한 인간의 자세'에 관해 생각해 보라.

4 _ 하나님의 피조세계에 대한 관리자로서 인간의 임무는 무엇인가? (오늘날의 인간은 이와 연관하여 어떤 위치에 놓여 있는가?)

5 _ 에덴동산 중앙의 선악과나무는 어떤 의미를 지니고 있는가?

6 _ 인간의 '배신'과 '타락'에 대해 생각해 보라.

7 _ '아담의 타락'과 나중에 출생한 '나'와 무슨 상관이 있는가?

8 _ '인간의 죄'란 무엇이며, 어떤 성격을 지니고 있는가?

제 3 장

원 죄

Original Sin

일반적으로 원죄라고 알려진 그 죄악으로 인해 인간에게 존재하는 하나님의 형상이 완전히 파손되었다. 그러므로 인간과 그 후손들은 하나님에 대한 본성적인 적대관계 때문에 사탄의 노예가 되었으며 죄의 종이되었다(시51:5; 롬5:10; 7:5; 딤후2:26; 엡2:1-3). 그 결과 영원한 사망이 과거와 현재와 장래에 위로부터의 중생과 상관이 없는 모든 사람들 위에 통치를 행사하게 되었다. 이 거듭남은 선택받은 자들의 심령속에 역사하시는 성령의 능력에 의해 허락되었으며, 그것은 하나님의 말씀 안에서 우리에게 드러내 보여주신 그의 약속에 따른 확고한 믿음으로 이루어졌다. 이 믿음을 통해 우리는 그리스도 예수 안에서 약속된 은혜와 축복과 함께 그를 붙잡고 있다(롬5:14,21; 6:23; 요3:5; 롬5:1; 빌1:29).

By which transgression, generally known as original sin, the image of God was utterly defaced in man, and he and his children became by nature hostile to God, slaves to Satan, and servants to sin(Ps.51:5; Rom.5:10; 7:5; 2Tim.2:26; Eph.2:1-3). And thus everlasting death has had, and shall have, power and dominion over all who have not been, are not, or shall not be born from above. This rebirth is wrought by the power of the Holy Spirit creating in the hearts of God's chosen ones an assured faith in the promise of God revealed to us in his word; by this faith we grasp Christ Jesus with the graces and blessings promised in him(Rom.5:14,21; 6:23; John3:5; Rom.5:1; Phil.1:29).

근거 성경 본문

▨ ‖ **시51:5** ‖ "내가 죄악 중에 출생하였음이여 모친이 죄 중에 나를 잉태하였나이다"; ‖ **롬5:10** ‖ "곧 우리가 원수되었을 때에 그 아들의 죽으심으로 말미암아 하나님으로 더불어 화목되었은즉 화목된 자로서는 더욱 그의 살으심을 인하여 구원을 얻을 것이니라"; ‖ **롬7:5** ‖ "우리가 육신에 있을 때에는 율법으로 말미암는 죄의 정욕이 우리 지체 중에 역사하여 우리로 사망을 위하여 열매를 맺게 하였더니"; ‖ **딤후2:26** ‖ "저희로 깨어 마귀의 올무에서 벗어나 하나님께 사로잡힌 바 되어 그 뜻을 좇게 하실까 함이라"; ‖ **엡2:1-3** ‖ "너희의 허물과 죄로 죽었던 너희를 살리셨도다 그 때에 너희가 그 가운데서 행하여 이 세상 풍속을 좇고 공중의 권세잡은 자를 따랐으니 곧 지금 불순종의 아들들 가운데서 역사하는 영이라 전에는 우리도 다 그 가운데서 우리 육체의 욕심을 따라 지내며 육체와 마음의 원하는 것을 하여 다른이들과 같이 본질상 진노의 자녀이었더니"

▨ ‖ **롬5:14,21** ‖ "그러나 아담으로부터 모세까지 아담의 범죄와 같은 죄를 짓지 아니한 자들 위에도 사망이 왕노릇하였나니 아담은 오실 자의 표상이라 ... 이는 죄가 사망 안에서 왕노릇 한 것 같이 은혜도 또한 의로 말미암아 왕노릇 하여 우리 주 예수 그리스도로 말미암아 영생에 이르게 하려 함이니라"; ‖ **롬6:23** ‖ "죄의 삯은 사망이요 하나님의 은사는 그리스도

예수 우리 주 안에 있는 영생이니라"; ‖ **요3:5** ‖ "예수께서 대답하시되 진실로 진실로 네게 이르노니 사람이 물과 성령으로 나지 아니하면 하나님 나라에 들어갈 수 없느니라"; ‖ **롬5:1** ‖ "그러므로 우리가 믿음으로 의롭다 하심을 얻었은즉 우리 주 예수 그리스도로 말미암아 하나님으로 더불어 화평을 누리자"; ‖ **빌1:29** ‖ "그리스도를 위하여 너희에게 은혜를 주신 것은 다만 그를 믿을 뿐 아니라 또한 그를 위하여 고난도 받게 하심이라"

해 설

1 원죄

우리는 흔히 원죄(original sin)라는 용어를 사용한다. 이 말은 세상에 살아가는 인간들 각자가 저지르는 자범죄와 대비되는 성격을 지니고 있다. 모든 죄악의 근원이 되는 원죄를 통해 우리가 이해해야 할 두 가지 중요한 내용이 있다.

우선은 원죄가 모든 죄들이 발생하는 근거가 된다는 사실이다. 즉 인간들이 각종 다양한 죄악을 범하는 것은 맨 처음 사람 아담이 지은 원죄에 기초하고 있으며, 그의 자손인 모든 인간들에게 그것이 존재하기 때문에 나타나는 일종의 현상이다. 따라서 인간들의 범죄행위는 아담의 원죄와 직접 연결되어 있다.

이와 동시에 우리가 생각해 보아야 하는 점은 인간들은 직접 범죄하지 않더라도 원죄로 말미암아 이미 죄인이라는 사실이다. 예를 들어 아직 태중에 있는 아기나 갓태어난 영아들은 범죄능력이 없으므로 일반적으로 생각하는 자범죄라는 것이 존재할 수 없다. 그럼에도 불구하고 아담이 지은 원죄로 말미암아 모두가 죄인인 상태에 놓여 있는 것이다.

우리는 아담이 저지른 원죄를 올바르게 이해하지 않으면 안 된다. 그것은 모든 인간들에게 해당되는 원천적인 성격을 지니고 있기 때문이다. 그에 대한 역사적인 분명한 사실을 깨닫지 못하면, 인간들은 자기가 저지른 죄에 대한 책임만 있는 것처럼 생각하게 된다.

2 범죄한 인간들과 '하나님의 형상'

하나님께서는 아담을 지으시면서 자신의 형상에 따라 창조하셨다. 그러나 인간들이 하나님을 배반하고 범죄함으로써 그 형상은 철저하게 파손되어 버렸다. 이는 더이상 하나님의 형상대로 지음받은, 범죄하기 전의 아담과 하와가 소유했던 참된 인간으로서의 기능이 불가능하다는 사실을 의미하고 있다.

그렇지만 우리가 주의 깊게 기억해야 할 바는 범죄한 인간들에게도 여전히 그 하나님의 형상이 파손된 채 내재한다는 사실이다. 즉 하나님의 형상 자체가 완전히 사라진 것은 아니었다. 다시 말해 하나님의 형상이 소유한 그 기능은 더이상 작동할 수 없게 되었지만 파손된 잔재가 남아 있는 것이다.

그러나 신학자들 가운데는 인간들이 가진 지정의知情意가 하나님의 형상인 것인 양 주장하는 자들이 상당수 있다. 그러나 그것은 올바른 해석이 될 수 없다. 만일 그렇게 되면 하나님을 알지 못하는 불신자들에게 하나님의 형상이 더 많이 남아 작동하는 경우가 있는 반면 하나님의 자녀라 할지라도 하나님의 형상이 부족하거나 없기 때문에 그 기능이 작용하지 않는 것처럼 될 수 있기 때문이다.

세상에 살아가는 모든 인간들에게 공히 하나님의 형상이 남아 있는 것으로 간주할 수는 없다.

아담의 자손들 가운데 창세전 하나님의 선택을 받은 자에게는 하나님의 형상이 파손된 채 그것이 내재하고 있는 것이 분명하다. 그러나 나머지 언약과 상관이 없는 자들에게는 그 형상이 존재하지 않는다. 저들은 타락한 아담의 형상(the image of Adam)을 지닌 완벽한 인간들일 따름이다.

3 죄의 공격적인 속성

인간의 죄는 단순한 상태가 아니라 하나님에 대한 공격적인 속성을 지니고 있다. 즉 인간 스스로 죄악을 범하는 것은 인간 내부에서 작용하는 소극적인 의미의 범죄가 아니라 거룩하신 하나님을 멸시하는 적극적인 성격을 지니고 있는 것이다. 맨 처음 아담과 하와가 그러했듯이 오늘날 우리 시대에도 여전히 그와 같은 성향은 끊임없이 진행중에 있다.

우리가 세상에 존재하는 죄와 맞서 싸워야 하고 그 더러운 죄들을 미워해야 하는 이유가 바로 거기 있다. 하나님의 자녀들은 죄를 짓지 않으려고 애쓰고 노력하는 것을 넘어 하나님의 말씀과 성령을 힘입어 죄의 세력을 억눌러 제압해야 한다. 그렇지 않으면 더러운 죄가 교회에 속한 성도들을 넘어뜨리기 위해 온갖 계략을 다 사용할 것이 틀림없다. 우리는, 사탄이 직접 하나님을 공격할 수 없기 때문에 어리석인 인간들을 유혹해 죄에 빠뜨림으로써 하나님을 공격하도록 사주한다는 사실을 기억해야 한다.

4 사망과 생명

여기서 말하는 사망과 생명이란 이 세상에서 보이는 현상적인 것과는 전혀 다르다. 우리는 그와 연관된 현상적인 것들이 아니라 영원한 사망과 영원한 생명에 깊은 관심을 가져야 한다. 사탄으로 말미암아 타락한 세상은 전체적으로 무서운 사망에 휩싸여 있으며 영원한 참된 생명은 이땅에 존재하지 않는다.

우리는 이 세상에 살아 움직이는 모든 동물과 식물들은 살아있는 듯이 보이지만 실상은 그렇지 않다는 사실을 기억해야 한다. 그것들의 생명은 일시적으로 비쳐지는 현상일 뿐 진정한 생명이 아니라 죽은 상태를 향해 나아가고 있다. 즉 하나님으로부터 분리된 죽은 세상의 현상적인 생명은 죽음의 요소를 가득 머금은 상태로 존재하고 있을 따름이다.

그래서 세상의 모든 것들이 반드시 죽게 되는 것은 필연적이다. 세상에서 죽지 않고 영원히 살 수 있는 동물이나 식물은 없다. 인간들 역시 그와 마찬가지다. 살아있는 동안 생명이 있는 것처럼 비쳐지지만 언젠가는 죽을 수밖에 없는 운명적인 존재로서 죽음과 뒤엉킨 생명을 현상적으로 누리고 있을 따름이다.

그러므로 우리가 이해해야 할 바는 죽음과 상관이 없는 유일한 참된 생명은 하나님의 아들이신 예수 그리스도 한 분밖에 계시지 않는다는 사실이다. 그는 위로부터 난 자로서 죽음과 아무런 상관이 없는 존재이다. 따라서 인간들이 그를 십자가에 매달아 죽였음에도 불구하고 죽음을 이기고 다시 살아날 수 있었던 것은 필연적이다.

오늘날 우리가 참 생명을 소유하게 된 것은 영원한 참 생명이신 예수 그리스도 때문이다. 그로 말미암아 하나님의 자녀들은 진정한 생명을 소유하여 누릴 수 있게 된 것이다. 즉 타락한 세상에 살아가면서도 우리에게 영원한 생명이 존재하는 이유는 우리가 참 생명이신 그에게 속해 있기 때문이다.

5 중생 : 거듭남

모태를 통해 자연인으로 출생한 모든 인간들은 죄로 말미암아 죽은 상태에 놓여 있다. 그것은 현상적인 생명에 연관된 의미가 아니라 영원한 사망과 관련되어 있다. 다시 말하자면 사람들이 세상에 태어나 일상생활을 이어가고 있지만 그것이 한시적인 것에 지나지 않는 것은 진정한 생명이 아니기 때문에 나타나는 귀결이다.

그러므로 영생을 소유하기로 작정된 성도들이라면 사망으로 둘러쳐진 인간의 몸이 새로운 삶으로 태어나지 않으면 안 된다. 이는 자연인으로 출생한 옛 사람이 죽어야 한다는 사실을 의미한다. 그런데 문제는 옛 사람이 죽고 사는 것은 인간들의 판단과 결심에 달려 있지 않다는 사실이다.

아담의 후손으로 태어난 자연인이 죽고 거듭 태어날 수 있는 조건은 오직 예수 그리스도의 십자가 사역에 달려 있다.

하나님의 아들인 그가 십자가에 달려 죽을 때 자기에게 속한 백성들을 자기 속에 받아들여 함께 죽게 되기 때문이다. 그것은 역사적인 시공時空을 초월하는 개념으로서, 십자가에 달린 예수님이 죽고 무덤에서 살아날 때 그에게 속한 자들도 그와 더불어 거듭 태어나게 되었다. 창세전에 선택받은 하나님의 자녀들이 그런 필수적인 과정을 거쳐야만 새로운 생명을 얻게 되는 것이다.

6 믿음

하나님의 자녀들은 오직 믿음으로 말미암아 구원을 받게 된다. 이는 인간들의 율법 준수와 선행이 구원의 조건이 되지 않는다는 사실을 말해 준다. 죄로 말미암아 전적으로 부패한 인간은 자신의 구원을 위해서는 전적으로 무능한 존재에 지나지 않는다.

그러므로 하나님의 자녀들이 구원을 받게 되는 것은 믿음을 유일한 근거로 한다. 하지만 여기서 말하는 믿음이란 인간들의 종교적인 의지나 정신작용으로서의 믿음을 의미하지 않는다. 그것은 두뇌를 통해 작용하는 신앙적인 인식이 아니라 실재하는 무형의 존재이다.

우리는 성도들이 소유한 원천적인 믿음이 인간들에게서 발생한 내적인 현상이 아니라 하나님께서 자기 자녀들에게 주신 선물이라는 사실을 깨닫지 않으면 안 된다. 그것은 일반적인 물질과 다르지만 실제로 존재한다는 차원에서 볼 때 분명히 존재하는 일종의 물질과도 같은 성격을 지니고 있다.

하나님의 자녀들은 바로 그 믿음으로 말미암아 영원한 진리에 대한 온전한 믿음을 가질 수 있게 된다. 즉 하나님으로부터 선물로 받은 그 믿음을 통해 하나님에 대하여 믿는 신실한 마음을 소유하게 되는 것이다. 그것은 인간들이 종교적으로 만들어 내거나 타락한 세상의 지혜로 창안해 낸 것이 아니다.

우리가 이해해야 할 바는 지상 교회에 속한 언약의 백성들이라 할지라도, 태중에 있는 아기나 영아, 그리고 정신지체를 가진 성도들은 그와 같은 인식적인 믿음을 겉으로 드러내지 못한다. 따라서 신앙에 대한 인식 정도가 부족한 성도들은 전체 교회가 소유한 믿음으로 말미암아 하나님을 믿는 신앙에 참여할 수 있게 된다. 그것은 구속사역을 통해 이루어지는 하나님의 섭리와 경륜에 근거하고 있다.

7 약속된 은혜와 축복

교회에 속한 성도들은 하나님께서 허락하시는 믿음을 통해 예수 그리스도 안에서 약속된 은혜와 축복을 소유하게 된다. 그것은 타락한 세상에서는 결코 발생할 수 없는 신령한 성질의 것들이다. 만일 그것이 존재하지 않는다면 이 세상에 살아가는 모든 인간들에게는 아무런 소망이 없게 된다.

하나님께서는 창세전에 선택하신 자기 자녀들에게 선물로 주신 믿음으로써 약속된 은혜를 베푸셨다. 그것은 사망의 상태를 벗어난 영원한 구원에 연관되어 있다. 그것이 하나님의 자녀들에게 허락된 진정한 축복이다. 따라서 잠시 지나가는 타락한 세상에서 부귀영화를 누리며 살아가는 것이 복이 될 수 없다. 도리어 그런 것들을 추구하는 자들은 영원한 저주 아래 놓이게 될 위험에 빠지게 된다.

그러므로 하나님의 자녀들은 예수 그리스도로 말미암아 허락된 은혜와 축복을 소유하고 있기 때문에 이 세상 가운데는 어떠한 부러움의 대상도 존재하지 않는다. 성도들이 그에 대한 진정한 깨달음을 가지게 될 때 모든 환란과 고통을 능히 극복해 낼 수 있게 된다. 따라서 교회에 속한 모든 성도들은 그에 대한 분명한 지식을 소유해야만 하는 것이다.

스코틀랜드 신앙고백
질 문 과 토 론

1 _ 죄의 근원에 대해 생각해라. 죄의 근원자는 누구인가?

2 _ '원죄'란 어떤 의미를 지니고 있는가?

3 _ 범죄한 인간들과 '하나님의 형상'은 어떤 관계에 놓여 있는가? 그리고 그와 대비되는 개념으로서 '아담의 형상'은 무엇인가?

4 _ 죄의 근원적인 속성은 어떠한가?

5 _ '생명'과 '사망'이란 단어의 의미를 생각해 보자.

6 _ 이 세상에는 과연 진정한 생명이 존재하는가?

7 _ '중생'은 성도들에게 어떤 의미를 지니고 있는가?

8 _ 성경이 말하는 '믿음'이란 무엇인가?

9 _ 하나님의 자녀들에게 허락된 영원한 약속에는 어떤 것들이 있으며 그것이 가지는 의미는 무엇인가?

제 4 장

약속의 계시

The Revelation of the Promise

우리는, 아담이 하나님의 순종으로부터 떠나 공포스럽고 참담한 처지에 놓이게 되었을 때 하나님께서 다시금 아담을 찾아 부르신 것과(창3:9), 저의 죄를 책망하시고 심판을 선언하신 후 마지막에는 '그 여자의 후손이 뱀의 머리를 부수리라'(창3:15)는 최상의 기쁜 약속을 주신 사실, 즉 마귀가 저지른 일들을 괴멸시키시리라고 하신 말씀을 지속적으로 믿는다. 이 약속은 시간이 흘러감에 따라 되풀이해 주어졌으며 더욱 분명하게 드러났다. 아담으로부터 노아, 노아로부터 아브라함, 아브라함으로부터 다윗, 그리고 그리스도 예수의 성육신에 이르기까지 믿음을 가진 모든 신실한 성도들에 의해 그 약속이 기쁨과 더불어 지속적으로 받아들여졌다. 율법 아래 있으면서 믿음을 가졌던 모든 조상들은 그리스도 예수의 그 기쁜 날을 바라보며 즐거워했다(창12:3; 15:5,6; 삼하7:14; 사7:14; 9:6; 학2:7,9; 요8:56).

We constantly believe that God, after the fearful and horrible departure of man from his obedience, did seek Adam again, call upon him(Gen.3:9), rebuke and convict him of his sin, and in the end made unto him a most joyful promise, that 'the seed of the woman should bruise the head of the serpent' (Gen.3:15), that is, that he should destroy the works of the devil. This promise was repeated and made clearer from time to time; it was embraced with joy, and most constantly received by all the faithful from Adam to Noah, from Noah to Abraham, from Abraham to David, and so onwards to the incarnation of Christ Jesus; all (we mean the believing fathers) under the law did see the joyful day of Christ Jesus, and did rejoice(Gen.12:3; 15:5-6; 2Sam.7:14; Isa.7:14; 9:6; Hag.2:7,9; John8:56).

근거 성경 본문

▨ || **창3:9** | "여호와 하나님이 아담을 부르시며 그에게 이르시되 네가 어디 있느냐"

▨ || **창3:15** | "내가 너로 여자와 원수가 되게 하고 너의 후손도 여자의 후손과 원수가 되게 하리니 여자의 후손은 네 머리를 상하게 할 것이요 너는 그의 발꿈치를 상하게 할 것이니라 하시고"

▨ || **창12:3** | "너를 축복하는 자에게는 내가 복을 내리고 너를 저주하는 자에게는 내가 저주하리니 땅의 모든 족속이 너를 인하여 복을 얻을 것이니라 하신지라"; || **창15:5,6** | "그를 이끌고 밖으로 나가 가라사대 하늘을 우러러 뭇별을 셀 수 있나 보라 또 그에게 이르시되 네 자손이 이와 같으리라 아브람이 여호와를 믿으니 여호와께서 이를 그의 의로 여기시고"; || **삼하7:14** | "나는 그 아비가 되고 그는 내 아들이 되리니 저가 만일 죄를 범하면 내가 사람 막대기와 인생 채찍으로 징계하려니와"; || **사7:14** | "그러므로 주께서 친히 징조로 너희에게 주실 것이라 보라 처녀가 잉태하여 아들을 낳을 것이요 그 이름을 임마누엘이라 하리라"; || **사9:6** | "이는 한 아기가 우리에게 났고 한 아들을 우리에게 주신 바 되었는데 그 어깨에는 정사를 메었고 그 이름은 기묘자라, 모사라, 전능하신 하나님이라, 영존하시

는 아버지라, 평강의 왕이라 할 것임이라"; ‖ **학2:7,9** ‖ "또한 만국을 진동
시킬 것이며 만국의 보배가 이르리니 내가 영광으로 이 전에 충만케 하리
라 만군의 여호와의 말이니라 … 이 전의 나중 영광이 이전 영광보다 크리
라 만군의 여호와의 말이니라 내가 이곳에 평강을 주리라 만군의 여호와
의 말이니라"; ‖ **요8:56** ‖ "너희 조상 아브라함은 나의 때 볼 것을 즐거워
하다가 보고 기뻐하였느니라"

해 설

1 아담의 불순종의 내용과 의미

아담과 하와는 마귀의 유혹을 받아 하나님께서 금하신 선악과를 따먹
었다. 그것은 하나님의 명령에 대한 직접적인 저항 행위였다. 우리는 아담
과 하와가 선악과열매를 따먹은 행위 곧 겉으로 드러나는 사실 자체보다
더 중요한 의미를 깨달아야 한다. 선악과나무는 하나님으로 인한 중요한
언약의 표징이었기 때문이다.

하나님께서는 아담과 하와에게 자기가 창조하신 우주만물에 대한
관리위임을 맡기시면서 에덴동산 중앙에 인간들이 손을 대서는 안 될 선
악과나무를 심어두셨다. 그들은 항상 그것을 보며 인간의 의도가 아니
라 하나님의 뜻을 기억하며 그에 순종하도록 하셨다. 따라서 아담과 하
와가 선악과를 따먹은 것은 저들이 하나님의 언약을 파기한 것을 의미하

고 있다.

2 불순종의 결과

아담이 하나님께 저항하며 범죄한 행위는 직접 그 악행을 저지른 개인에게 국한된 것이 아니라 그의 모든 후손들에게 직접적으로 연관되어 있다. 나아가 아담의 행위는 인간에게만 머무는 것이 아니라 우주만물에도 영향을 미치게 되었다. 즉 인간은 원래의 상태를 벗어나 타락하게 되고 하나님의 피조세계는 오염될 수밖에 없었다.

아담의 불순종의 결과는 저가 하나님의 통치로부터 사탄의 지배 영역 아래로 넘어가게 되었음을 의미한다. 그것으로 말미암아 사탄으로부터 더러운 죄가 인간 세상 안으로 들어오게 되었다. 따라서 하나님께서는 인간을 더이상 의로운 존재로 받아들이지 않았으며 우주만물을 기쁨의 대상으로 보시지 않았다.

그렇게 되어 아담은 처참한 상태에 놓이게 되었으며 그의 모든 자손들은 저주를 받게 되었다. 죄에 빠진 인간들과 거룩한 하나님 사이에 신령한 관계가 끊어져 버린 것이다. 인간들이 직면한 가장 심각한 문제는, 하나님을 배반한 자들이 처참한 저주에 빠져 있으면서도 그에 대하여 아무런 인식이 존재하지 않게 되었다는 사실이다.

3 하나님의 공의와 사랑

하나님은 본성적으로 공의와 사랑의 성품을 지니고 계신 분이다. 즉 그는 불의와 거짓에 빠진 모든 것들을 엄하게 심판하시는 대신 자기 자녀들에 대한 사랑은 결코 버리시지 않는다. 이 사실은 절대로 변치 않는 하나님의 고유한 성품을 보여주고 있다.

첫 번째 사람인 아담과 하와가 조물주 하나님을 배반하고 마귀에게로 넘어갔을 때 하나님은 즉시 그들을 완전히 죽여 버린다고 해도 아무런 할 말이 없었다. 그러나 하나님께서는 악한 마귀와 그에게 속한 모든 것들에 대한 심판과 더불어 창세전에 선택하신 자기 자녀들을 파멸로부터 구원하시기로 작정하셨다. 그것은 인간의 의지와는 무관한 하나님의 공의와 사랑에 기초하고 있는 것이었다.

4 하나님의 약속

하나님께서는 창세전에 이미 자기 자녀들을 택정해 두셨다. 따라서 그는 악한 사탄으로 말미암아 배신에 빠진 인간들이었을지언정 창세전의 약속에 따라 예정한 자기 백성들을 위해 친히 구원 계획을 세우셨다. 그 가운데는 장차 저들을 구원하게 될 메시아를 '여자의 후손'으로서 보내주시겠다는 약속이 포함되어 있다.

하나님께서는 창세전에 그리스도 안에서 행하셨던 자기 약속을 철저하게 이행하시는 분이다. 그것은 인간들의 요구나 간청에 의한 것이 아니라 약속에 신실하신 하나님 자신으로 말미암아 행해지게 된다. 그는 자신의 거룩한 이름으로 약속하신 내용을 '자기를 위해' 결코 어기시지 않는 것이다.

약속에 따라 여자의 몸에서 태어나 인간의 몸을 입고 오시게 될 그 메시아는 '자기 백성'을 위한 왕으로 오시게 된다. 그것은 또한 심판주 앞에서 발악하게 될 사탄의 세력과 벌어지게 될 전투를 예고하고 있다. 하나님의 백성으로 부르심을 받은 모든 성도들은 필수적으로 그 전투 상황에 직면할 수밖에 없다.

5 계시의 점진성

하나님께서는 자기 자녀들을 위해 이땅에서 일어나게 될 일들에 대한 계시를 하셨다. 그 계시는 역사의 흐름 가운데 드러나는 점진적인 성격을 지니고 있다. 즉 하나님께서는 처음부터 완성된 계시를 인간들에게 한꺼번에 주신 것이 아니라 점차 더 크고 분명하게 구속사적인 의미를 드러내 보여주셨다.

이 세상에 살아가는 성도들은 역사적 과정을 통해 하나님의 뜻이 이루어져 가는 것을 보게 된다. 하나님의 구원 사역은 아담으로부터 노아, 노아로부터 아브라함, 아브라함으로부터 다윗, 그리고 그리스도 예수의 성육신에 이르기까지 다양한 방편으로 나타나게 되었던 것이다. 이는 우리에게 하나님의 계시가 점진적으로 진행된 사실을 잘 드러내 보여준다.

6 구약시대 믿음의 선배들이 가졌던 신앙

구약시대에 살았던 믿음의 선배들은 메시아에 대한 약속을 마음속에 간직하고 있었다. 그들 중 다수는 율법 아래 있으면서 하나님으로부터 선물로 주어진 믿음을 소유한 자들이었다. 그들은 율법 아래 살았지만 율법을 지키는 행위로써 구원을 받은 것이 아니었다.

우리는 구약시대의 신앙과 신약시대의 신앙이 본질적인 측면에서 전혀 다르지 않다는 사실을 기억해야 한다. 비록 형식적인 면에서 상당한 차이가 나는 것으로 보일지라도 예수 그리스도에 대한 근본적인 신앙은 동일했던 것이다. 이는 구약시대의 성도들도 하나님의 전적인 은혜를 기초로 한 메시아 신앙을 소유하고 있었음을 말해 주고 있다.

7 구약의 그리스도인들

신앙이 어린 교인들이나 잘못된 자들 가운데는, 구약시대의 이스라엘 백성은 그리스도에 대한 신앙이 아니라 유대교를 믿은 것인 양 착각하는 자들이 없지 않다. 그러나 그런 식으로 일반적인 해석을 하는 것은 올바른 관점이라 말할 수 없다. 물론 구약시대에 장차 이땅에 인간의 몸을 입고 오시게 될 그리스도를 온전히 바라보지 않고 이스라엘 민족주의에 빠져 있던 자들은 유대교인들이라 말할 수도 있다.

그렇지만 우리가 분명히 깨달아야 할 바는 구약시대의 믿음의 선배들은 하나님의 약속을 믿는 그리스도인들이었다는 사실이다. 그들은 하나님께서 약속하신 대로 장차 오시게 될 그리스도에 대한 신앙을 가지고 있었다. 그가 인간의 몸을 입고 이 세상에 오셔야만 아담이 범한 죄의 문제를 완전히 해결하고 성도들에게 영원한 구원을 베푸시게 되리라는 사실을 깨달아 알고 있었던 것이다. 우리는 구약시대의 성도들도 그리스도에게 참된 소망을 둔 자들이었다는 점을 기억해야만 한다.

8 모든 성도들의 소망

구약시대나 신약시대의 모든 성도들은 동일한 신앙과 소망을 가지고 있다. 그것은 장차 그리스도로 말미암아 사탄의 세력이 완전히 파괴되고 하나님의 나라가 회복되는 것에 연관되어 있다. 그 일은 인간들의 종교적이거나 일반적인 노력으로 이루어지는 것이 아니라 오직 예수 그리스도의 능력으로 말미암는다.

그러므로 하나님의 자녀들은 이 세상에 살아가고 있지만 사탄이 지배하는 이땅에 궁극적인 소망을 두지 않는다. 그것은 허망한 판단일 뿐 아니라 지상의 모든 것들은 궁극적으로 하나님의 심판의 대상이 된다는 사실을 잘 알고 있기 때문이다. 따라서 우리는 지상 교회에 속한 성도들의 유일한 소망은 영원한 천국에 연관되어 있다는 사실을 염두에 두지 않으면 안 된다.

스코틀랜드 신앙고백

질 문 과 토 론

1 _ 아담의 순종과 불순종에 대한 본질적인 의미를 생각해 보라.

2 _ 불순종의 결과는 무엇인가?

3 _ 인간의 처참함은 무엇을 의미하는가?

4 _ '하나님의 사랑'은 어디에 기초하고 있는가?

5 _ 하나님의 작정과 계획에 대해 정리해 보라.

6 _ '계시의 점진성'에 대해 생각해 보라.

7 _ 구약시대 믿음의 선배들이 소유한 구원의 근거는 무엇인가?

8 _ 구약과 신약의 통일성과 차별성을 논의하라.

제 5 장

교회의 지속, 확장, 보존

The Continuance, Increase, and Preservation of the Kirk

우리는 하나님께서, 아담으로부터 그리스도 예수께서 육신을 입고 오시기까지 모든 세대에 있어서, 그의 교회를 보존하시고 인도하시고 확장시키시고 영예롭게 하시고 가꾸시고 죽음에서 생명으로 불러내신 것을 확실히 믿는다(겔6:6-14). 하나님께서는 아브라함을 그의 조국으로부터 불러내어 인도하시고 그의 자손을 번성케 하셨다(창12:1; 13:1). 하나님은 놀라운 방법으로 그를 보존시키셨으며, 더욱 놀라운 방법으로 그의 자손들을 바로의 속박과 폭정으로부터 구출해 내셨다(출1장 등). 그리고 하나님은 저들에게 율법과 제도와 의례를 주셨으며(수1:3; 23:4) 가나안 땅을 주셨다(삼상10:1; 16:13). 그후 하나님은 사사들을 보내셨으며 사울 다음에 다윗을 왕으로 주셨다. 또한 그의 자손들 가운데 출생하는 한 사람이 영원토록 왕의 보좌에 앉게 되리라는 약속을 하셨다(삼하7:12). 하나님께서는 때에 따라 그 백성에게 선지자들을 보내, 저들이 우상숭배로 인해 배도에 빠질 때 하나님의 올바른 길로 돌이키게 하셨다(왕하17:13-19). 그럼에도 불구하고 저들이 완고하여 정의를 멸시하게 되면 앞서 모세의 입술을 통해 경고하신 대로(신28:36,48) 하나님께서 저들을 원수들의 손에 강제로 넘기셨다(왕하24:3,4). 그리하여 거룩한 도성이 파괴되었으며, 성전은 불태워져(왕하25장) 그 모든 땅은 70년 동안 황폐하게 되었다(단9:2). 그러나 하나님께서는 은혜로 저들을 다시금 도시와 성전이 재건된 예루살렘으로 이끌어 오셨다. 그리하여 그들은 사탄의 모든 유혹과 공격에 대항하면서 약속에 따라 메시아가 오실 때까지 참고 견디었다(렘30장; 스1장 등; 학1:14; 2:7-9; 슥3:8).

We most constantly believe that God preserved, instructed, multiplied, honored, adorned, and called from death to life his kirk in all ages since Adam until the coming of Christ Jesus in the flesh(Ezek. 6:6-14). For he called Abraham from his father's country, instructed him, and multiplied his seed(Gen. 12:1; 13:1), he marvelously preserved him, and more marvelously delivered his seed from the bondage and tyranny of Pharaoh(Ex. 1, etc); to them he gave his laws, constitutions, and ceremonies(Josh. 1:3; 23:4); to them he gave the land of Canaan(1 Sam. 10:1; 16:13); after he had given them judges, and afterwards Saul, he gave David to be king, to whom he gave promise, that of the fruit of his loins should one sit forever upon his royal throne(2 Sam. 7:12). To this same people from time to time he sent prophets, to recall them to the right way of their God(2 Kings 17:13-19), from which sometimes they strayed by idolatry. And although, because of their stubborn contempt of justice he was compelled to give them into the hands of their enemies(2 Kings 24:3-4), as had previously been threatened by the mouth of Moses(Deut. 28:36, 48), so that the holy city was destroyed, the temple burned with fire(2 Kings 25), and the whole land desolate for seventy years(Dan. 9:2), yet in mercy he restored them again to Jerusalem, where the city and the temple were rebuilt, and against all temptations and assaults of Satan they endured till the Messiah came according to the promise(Jer. 30; Ezra 1, etc.; Hag. 1:14; 2:7-9; Zech. 3:8).

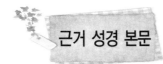

근거 성경 본문

▨ ‖ **겔6:6-14** ‖ "내가 너희 거하는 모든 성읍으로 사막이 되며 산당으로 황무하게 하리니 이는 너희 제단이 깨어지고 황폐하며 너희 우상들이 깨어져 없어지며 너희 태양상들이 찍히며 너희 만든 것이 다 폐하며 또 너희 중에서 살륙을 당하여 엎드러지게 하여 너희로 나를 여호와인줄 알게 하려 함이니라 그러나 너희가 열방에 흩어질 때에 내가 너희 중에서 칼을 피하여 이방 중에 남아 있는 자가 있게 할찌라 너희 중 피한 자가 사로잡혀 이방인 중에 있어서 나를 기억하되 그들이 음란한 마음으로 나를 떠나고 음란한 눈으로 우상을 섬겨 나로 근심케 한 것을 기억하고 스스로 한탄하리니 이는 그 모든 가증한 일로 악을 행하였음이라 그 때에야 그들이 나를 여호와인줄 알리라 내가 이런 재앙을 그들에게 내리겠다 한 말이 헛되지 아니하니라 주 여호와께서 가라사대 너는 손뼉을 치고 발을 구르며 말할찌어다 오호라 이스라엘 족속이 모든 가증한 악을 행하므로 필경 칼과 기근과 온역에 망하되 먼데 있는 자는 온역에 죽고 가까운데 있는 자는 칼에 엎드러지고 남아 있어 에워싸인 자는 기근에 죽으리라 이같이 내 진노를 그들에게 이룬즉 그 살륙 당한 시체가 그 우상 사이에, 제단 사방에, 각 높은 고개에, 모든 산꼭대기에, 모든 푸른나무 아래에, 무성한 상수리나무 아래 곧 그 우상에게 분향하던 곳에 있으리니 너희가 나를 여호와인줄 알리라 내가 내 손을 그들의 위에 펴서 그 거하는 온 땅 곧 광야에서부터 디블

라까지 처량하고 황무하게 하리니 그들이 나를 여호와인줄 알리라"

▨ ‖ **창12:1** ‖ "여호와께서 아브람에게 이르시되 너는 너의 본토 친척 아비 집을 떠나 내가 네게 지시할 땅으로 가라"; ‖ **창13:1** ‖ "아브람이 애굽에서 나올새 그와 그 아내와 모든 소유며 롯도 함께하여 남방으로 올라가니"

▨ ‖ **출1장** ‖; ‖**수1:3** ‖ "내가 모세에게 말한 바와 같이 무릇 너희 발바닥으로 밟는 곳을 내가 다 너희에게 주었노니"; ‖ **수23:4** ‖ "보라 내가 요단에서부터 해 지는편 대해까지의 남아 있는 나라들과 이미 멸한 모든 나라를 내가 너희를 위하여 제비뽑아 너희 지파에게 기업이 되게 하였느니라"

▨ ‖ **삼상10:1** ‖ "이에 사무엘이 기름병을 취하여 사울의 머리에 붓고 입맞추어 가로되 여호와께서 네게 기름을 부으사 그 기업의 지도자를 삼지 아니하셨느냐"; ‖ **삼상16:13** ‖ "사무엘이 기름뿔을 취하여 그 형제 중에서 그에게 부었더니 이 날 이후로 다윗이 여호와의 신에게 크게 감동되니라 사무엘이 떠나서 라마로 가니라"

▨ ‖ **삼하7:12** ‖ "네 수한이 차서 네 조상들과 함께 잘 때에 내가 네 몸에서 날 자식을 네 뒤에 세워 그 나라를 견고케 하리라"

▨ ‖ **왕하17:13-19** ‖ "여호와께서 각 선지자와 각 선견자로 이스라엘과

유다를 경계하여 이르시기를 너희는 돌이켜 너희 악한 길에서 떠나 나의 명령과 율례를 지키되 내가 너희 열조에게 명하고 또 나의 종 선지자들로 너희에게 전한 모든 율법대로 행하라 하셨으나 저희가 듣지 아니하고 그 목을 굳게 하기를 그 하나님 여호와를 믿지 아니하던 저희 열조의 목같이 하여 여호와의 율례와 여호와께서 그 열조로 더불어 세우신 언약과 경계 하신 말씀을 버리고 허무한 것을 좇아 허망하며 또 여호와께서 명하사 본 받지 말라 하신 사면 이방 사람을 본받아 그 하나님 여호와의 모든 명령을 버리고 자기를 위하여 두 송아지 형상을 부어 만들고 또 아세라 목상을 만 들고 하늘의 일월성신을 숭배하며 또 바알을 섬기고 또 자기 자녀를 불 가 운데로 지나가게 하며 복술과 사술을 행하고 스스로 팔려 여호와 보시기 에 악을 행하여 그 노를 격발케 하였으므로 여호와께서 이스라엘을 심히 노하사 그 앞에서 제하시니 유다 지파 외에는 남은 자가 없으니라 유다도 그 하나님 여호와의 명령을 지키지 아니하고 이스라엘 사람의 세운 율례 를 행하였으므로 여호와께서 이스라엘의 온 족속을 버리사 괴롭게 하시며 노략군의 손에 붙이시고 심지어 그 앞에서 쫓아내시니라"

▨ || 왕하24:3-4 || "이 일이 유다에 임함은 곧 여호와의 명하신 바로 저 희를 자기 앞에서 물리치고자 하심이니 이는 므낫세의 지은 모든 죄로 인 함이며 또 저가 무죄한 자의 피를 흘려 그 피로 예루살렘에 가득하게 하였 음이라 여호와께서 사하시기를 즐겨하지 아니하시니라"

▨ ‖ **신28:36** ‖ "여호와께서 너와 네가 세울 네 임금을 너와 네 열조가 알지 못하던 나라로 끌어가시리니 네가 거기서 목석으로 만든 다른 신들을 섬길 것이며"; ‖ **신28:48** ‖ "네가 주리고 목마르고 헐벗고 모든 것이 핍절한 중에서 여호와께서 보내사 너를 치게 하실 대적을 섬기게 될 것이니 그가 철 멍에를 네 목에 메워서 필경 너를 멸할 것이라"

▨ ‖ **왕하25** ‖; ‖ **단9:2** ‖ "곧 그 통치 원년에 나 다니엘이 서책으로 말미암아 여호와의 말씀이 선지자 예레미야에게 임하여 고하신 그 년수를 깨달았나니 곧 예루살렘의 황무함이 칠십년만에 마치리라 하신 것이니라"

▨ ‖ **렘30장** ‖; ‖ **스1장** ‖; ‖ **학1:14** ‖ "여호와께서 스알디엘의 아들 유다 총독 스룹바벨의 마음과 여호사닥의 아들 대제사장 여호수아의 마음과 남은 바 모든 백성의 마음을 흥분시키시매 그들이 와서 만군의 여호와 그들의 하나님의 전 역사를 하였으니"; ‖ **학2:7-9** ‖ "또한 만국을 진동시킬 것이며 만국의 보배가 이르리니 내가 영광으로 이 전에 충만케 하리라 만군의 여호와의 말이니라 은도 내 것이요 금도 내 것이니라 만군의 여호와의 말이니라 이 전의 나중 영광이 이전 영광보다 크리라 만군의 여호와의 말이니라 내가 이곳에 평강을 주리라 만군의 여호와의 말이니라"; ‖ **슥3:8** ‖ "대제사장 여호수아야 너와 네 앞에 앉은 네 동료들은 내 말을 들을 것이니라 이들은 예표의 사람이라 내가 내 종 순을 나게 하리라"

해 설

1 구약 시대 교회

지상에 존재하는 교회는 단순한 종교 단체가 아니다. 참된 교회란 하나님께서 자신의 피로 값 주고 사신 거룩한 공동체를 의미한다. 이는 시대를 초월하는 실제적인 의미를 지니고 있다. 우리가 속한 참된 교회는 예수님께서 십자가 사역을 완성하신 후 오순절 성령강림과 더불어 온전한 모습을 갖추게 되었다.

우리는 이와 더불어 구약시대 교회의 존재에 대한 이해를 할 필요가 있다. 인간의 몸을 입고 이땅에 오신 예수 그리스도께서 지상 사역을 완성하기 전에 그 약속을 소유한 교회가 존재했다. 따라서 우리는 구약시대와 신약시대의 교회가 형식상 차이가 나지만 동일한 본질을 소유한 교회가 존재했음을 기억해야 한다.

2 교회의 주인이신 하나님

세상에 존재하는 교회의 주인은 인간이 아니라 여호와 하나님이시다. 지상 교회를 계승해 가는 성도들은 수명壽命에 따라 바뀌지만 하나님께서는 자신의 교회를 일관성 있게 관리하신다. 그는 자신의 교회를 끝까지 보존하시고 인도하시며 세상 가운데서 확장시켜 나가신다. 또한 자신의 성품과 조화되는 영예로운 모습으로 가꾸어 가시게 된다. 그것을 통해 창세전에 택하신 자기 자녀들을 죽음의 세계로부터 영원한 생명의 영역으로 불러들이게 되는 것이다.

3 교회의 역사적 역동성

지상 교회는 인간 역사 가운데 정체된 상태로 존재하지 않는다. 그 교회는 항상 역동적이며 살아있는 공동체로 상속되어 간다. 각 시대의 교회들은 세상 가운데서 하나님의 거룩한 사역에 동참하게 된다. 구약시대에 있어서도 그러했지만 신약시대 교회 가운데도 그와 동일한 성격이 존재한다.

그러므로 여기저기 흩어져 존재하는 지상 교회들은 각 시대에 따라 다양한 모습을 보이는 세상을 올바르게 읽어낼 수 있어야 한다. 사탄이 교회를 어지럽히고 어린 성도들을 미혹하는 방법은 세상의 변천에 따라 다양하게 나타나기 때문이다. 지상에 존재하는 교회가 정체된 상황에 머물지 않고 역사적 역동성 가운데 존재하며 활동한다는 사실을 이해하는 것은 매우 중요하다.

4 아브라함의 구속사적인 역할

하나님께서는 아브라함을 자기 조상 때부터 살아오던 지역에서 불러내어 새로운 땅을 주시겠다고 약속하셨다. 그리고 불임여성이었던 아브라함의 아내 사라에게 자손을 주셔서 번성케 하시리라는 약속을 하셨다. 그것은 아브라함으로 하여금 많은 자손을 얻어 세상에서 영화로운 삶을 누리도록 하는 것이 목적이 아니었다.

그 약속은 사탄이 지배하는 타락한 세상을 징벌하게 될 언약의 왕국과 연관되어 있었다. 그리고 장차 인간의 몸을 입고 이 세상에 오실 하나님의 아들 메시아를 향하고 있었다. 하나님께서 아브라함에게 약속에 따라 허락하신 이삭을 모리아 산에서 번제물로 바치도록 요구하신 것은 아브라함 언약의 절정을 이루고 있다.

5 모세와 여호수아 시대

하나님께서는 애굽에서 이스라엘 민족의 수가 충분히 차게 되자 모세를 저들에게 보내셨다. 그는 하나님의 인도하심에 의한 역사적인 과정에 따라 바로 왕의 속박과 폭정으로부터 그 백성들을 기적적인 방법으로 인도해 내었다. 하나님은 그 백성을 약속의 땅 가나안으로 불러들이고자 하셨던 것이다.

애굽을 떠나 홍해를 건넌 이스라엘 자손들은 먼저 황량한 시내광야로 들어갔다. 그들은 사십 년 동안 거기서 머물며 기적 가운데 살아가게 되었다. 이스라엘 자손들은 하늘로부터 내려오는 만나와 메추라기를 일용할 식량으로 삼았으며, 구름기둥과 불기둥에 의해 보호와 인도를 받을 수 있었다.

하나님께서는 시내광야에 머물던 이스라엘 백성에게 율법을 주셨으며 성막과 더불어 하나님을 섬기는 규례를 주셨다. 그와 동시에 하늘로부터 허락된 그 율법은 이스라엘 백성들이 언약의 왕국을 세우기 위한 기초가 되었다. 따라서 그 언약의 백성은 하나님으로부터 주어진 법과 제도에 의해서 살아가야만 했다.

6 다윗의 역할

사사시대 말기에 이스라엘 백성들은 주변의 나라들을 보며 왕을 가지기를 원했다. 이는 일사불란한 정치체제를 통해 원수들의 공격을 효율적으로 대처하기 위한 목적이었다. 그러나 그 저변에는 여호와 하나님의 사역에 대한 불신이 섞여 있었다. 비록 백성들이 저들 마음대로 왕을 뽑은 것이 아니라 사무엘에게 물어본 것을 보아, 의도 자체는 악한 것이 아니었다할지라도 믿음에 의한 행동은 아니었다.

그리하여 백성들은 저들의 기대에 따른 사울을 왕으로 옹립했지만 그는 하나님께서 세우신 왕이 아니었다. 따라서 하나님은 나중 백성들이 원하지 않은 다윗을 언약의 왕국을 위한 왕으로 세우셨다. 그로 말미암아 메시아 왕국에 대한 그림자로서 다윗 왕국이 세워지게 되었으며 하나님께서는 그를 통해 영원한 보좌에 앉게 되실 메시아를 이땅에 보내주고자 하셨다.

7 선지자들의 역할

다윗 왕국이 세워졌을 때 하나님은 백성들에게 여러 선지자들을 보내주셨다. 이스라엘의 지도자들이나 일반 백성들이 배도에 빠지게 될 때 하나님께서는 때에 따라 선지자들을 보내 저들을 올바른 길로 인도하도록 하셨다. 그러나 선지자들의 경고를 멸시하고 받아들이지 않을 경우 하나님은 모세 율법에 기록된 대로 저들을 이방 원수들의 손에 붙이셨다. 그렇게 해서 저들이 뉘우치고 다시금 하나님의 품으로 돌아오도록 하셨던 것이다.

8 예루살렘 성전의 파괴의 원인과 결과

이스라엘 자손이 여호와 하나님을 멸시하고 인간적인 탐욕에 빠져 완전히 돌아서게 되었을 때 하나님은 극단적인 징계를 내리셨다. 그로 말미암아 바벨론 군대에 의해 예루살렘 도성이 파괴되었으며 거룩한 성전은 불타버리게 되었다. 그 결과 백성들은 이방인의 포로가 되어 사로잡혀 갈 수밖에 없었다.

그리하여 약속의 땅은 70년 동안 황폐한 상태에 놓여있게 되었다. 하지만 때가 되어 하나님께서는 절망에 빠진 그 백성을 다시금 약속의 땅으로 불러들이셨다. 그것은 당시 이스라엘 백성들에게 안온한 삶을 제공하기 위해서가 아니라 장차 인간의 몸을 입고 이땅에 오시게 될 메시아와 창세전에 선택받은 하나님의 자녀들을 위한 은혜의 방편이었다.

9 파괴된 예루살렘과 불탄 성전의 재건

하나님께서는 바벨론에 의해 파괴된 예루살렘 도성과 불탄 성전을 다시금 재건토록 하셨다. 그것을 위해 바벨론 제국을 정복한 페르시아 왕의 마음을 움직여 이방의 포로로 잡혀간 이스라엘 백성을 본토로 이끌어 내셨다. 그것은 이스라엘 백성들의 결집된 세력이나 저들이 애쓴 결과로 말미암아 그렇게 된 것이 아니었다.

이방 지역에서 나라를 잃고 설움을 겪던 이스라엘 백성이 본토로 돌아올 수 있었던 것은 전적인 하나님의 뜻에 의한 것이었다. 우리가 주의 깊게 이해해야 할 점은, 하나님께서 저들로 하여금 예루살렘과 성전을 재건하도록 하신 것은 메시아를 보내시고자 하는 하나님 자신의 계획에 근거한다는 점이다. 그것을 통해 사탄을 심판하고 창세전부터 예정된 자기 자녀들을 구원해 내기를 원하셨던 것이다.

10 구약시대 성도들의 궁극적인 소망

하나님의 백성은 어느 시대에 살든지 동일한 소망을 소유하고 있었다. 그들은 성경이 약속한 대로 하나님께서 보내신 '여자의 후손'이 사탄의 세력을 응징함으로써 하나님 나라가 완전히 회복되기를 기다렸다. 메시아가 오시기 전의 구약시대 성도들 역시 마찬가지였다.

그러나 그것은 안일한 자세로 가만히 기다리기만 하면 되는 것이 아니었다. 세상에는 항상 사탄으로 말미암은 많은 유혹과 강력한 영적인 공격이 있기 때문이다. 하나님의 자녀로서 그에 대항하여 싸우는 것은 결코 쉬운 일이 아니다. 따라서 구약시대 성도들은 메시아가 오실 때까지 참고 견뎌야 했다. 신약시대 성도들 역시 그리스도의 재림을 기다리며 악한 세상에 저항하는 가운데 인내하며 견디지 않으면 안 된다.

질 문 과 토 론

1 _ 구약시대 교회와 신약시대 교회의 공통점과 차이점은 무엇인가?

2 _ 지상 교회는 정체된 상태로 존재하는가? 교회의 역동성은 어떤 의미를 지니고 있는가?

3 _ 하나님께서 아브라함을 불러내신 이유는 무엇인가?

4 _ 아브라함의 자손인 야곱의 가족이 애굽 땅으로 내려간 것은 무엇 때문이었는가?

5 _ 애굽에 살던 이스라엘 자손들의 신앙은 어떻게 유지되고 보존되었는가?

6 _ 이스라엘 백성의 출애굽과 시내광야 40년에 대해 생각해 보라. (거기서 어떤 중요한 일들이 있었는가?)

7 _ 사사시대의 구속사적인 의미에 대해 생각해 보라.

8 _ '다윗 왕국'이 가지는 특별한 의미는 무엇인가?

9 _ 솔로몬 왕이 이룩했던 일 가운데 가장 중요한 것은 무엇인가?

10 _ 다윗 왕조가 신바벨론 제국에 의해 패망한 원인과 결과에 대해 생각해 보라.

11 _ 이스라엘이 이방인의 포로가 되어 보낸 시절의 구속사적인 의미를 생각해 보라.

12 _ 이스라엘 백성의 본토 귀환과 예루살렘 성전 재건에 대한 하나님의 작정은 어떠했는가?

13 _ 예수님께서 이땅에 오실 때까지 있었던 주변 역사의 격변기가 가진 의미는 무엇인가?

제6장

예수 그리스도의 성육신

The Incarnation of Jesus Christ

때가 차매, 하나님은 자신의 성자, 곧 그의 영원한 지혜, 자신의 영광의 본체이신 독생자를 이 세상에 보내셨다(갈4:4). 성자는 성령의 역사로 말미암아 여자 곧 처녀의 본질에서 인간의 본성을 취하셨다(눅1:31; 마1:18; 2:1; 롬1:3; 요1:45; 마1:23). 이렇게 하여 '다윗의 그 자손', '위대한 보혜사이신 하나님의 사자'로서 약속된 그 메시아가 탄생하셨다. 우리는 임마누엘이 되신 하나님과 인간의 두 완전한 본성들이 한 사람으로 결합된 사실을 고백하고 받아들인다(딤전2:5). 그리하여 우리는 이 고백에 따라 아리우스, 마르시온, 유티케스, 네스토리우스와 같은 자들을 배격해야 할 심각한 이단으로서 정죄하며, 또 그의 신성의 영원성과 인간 본성의 진리를 부인하고 그 두 본성을 혼합하거나 분리시키는 자들을 정죄한다.

When the fullness of time came, God sent his Son(Gal.4:4), his eternal Wisdom, the substance of his own glory, into this world, who took the nature of humanity from the substance of a woman, a virgin and that by means of the Holy Spirit(Luke1:31; Matt.1:18;2:1; Rom.1:3; John1:45; Matt.1:23). And so was born the "just seed of David," the "Angel of the great counsel of God," the very Messiah promised, whom we confess and acknowledge to be Emmanuel, very God and very man, two perfect natures united and joined in one person(1Tim.2:5). So by our Confession, we condemn the damnable and pestilent heresies of Arius, Marcion, Eutyches, Nestorius, and such others as either deny the eternity of his Godhead, or the truth of his human nature, or confounded them, or else divided them.

근거 성경 본문

▨ **∥ 갈4:4 ∣** "때가 차매 하나님이 그 아들을 보내사 여자에게서 나게 하시고 율법 아래 나게 하신 것은 율법 아래 있는 자들을 속량하시고 우리로 아들의 명분을 얻게 하려 하심이라"

▨ **∥ 눅1:31 ∣** "보라 네가 수태하여 아들을 낳으리니 그 이름을 예수라 하라"; **∥ 마1:18 ∣** "예수 그리스도의 나심은 이러하니라 그 모친 마리아가 요셉과 정혼하고 동거하기 전에 성령으로 잉태된 것이 나타났더니"; **∥ 마2:1 ∣** "헤롯왕 때에 예수께서 유대 베들레헴에서 나시매 동방으로부터 박사들이 예루살렘에 이르러 말하되"; **∥ 롬1:3 ∣** "이 아들로 말하면 육신으로는 다윗의 혈통에서 나셨고"; **∥ 요1:45 ∣** "빌립이 나다나엘을 찾아 이르되 모세가 율법에 기록하였고 여러 선지자가 기록한 그이를 우리가 만났으니 요셉의 아들 나사렛 예수니라"; **∥ 마1:23 ∣** "보라 처녀가 잉태하여 아들을 낳을 것이요 그 이름은 임마누엘이라 하리라 하셨으니 이를 번역한즉 하나님이 우리와 함께 계시다 함이라"

▨ **∥ 딤전2:5 ∣** "하나님은 한 분이시요 또 하나님과 사람 사이에 중보도 한 분이시니 곧 사람이신 그리스도 예수라"

해 설

1 "때가 차매"

하나님의 아들이 피조물인 인간의 몸을 입고 이 세상에 오신 것은 때가 찬 경륜으로 말미암은 것이다. 예수 그리스도는 역사적인 상황에 따라 세상에 등장하신 것이 아니다. 그는 구약성경에서 여러 선지자들이 예언한 대로 예정된 때와 연관하여 하나님의 경륜에 따라 오셨다. 하나님께서는 메시아가 오시기 전 선지자들을 비롯한 여러 사자들을 보내주심으로써 장차 메시아를 보내실 것을 말씀하셨다. 그것은 하나님의 경륜과 작정하신 때에 연관되어 있었던 것이다.

2 '영원한 지혜'

예수 그리스도는 '하나님의 영원한 지혜'(His eternal Wisdom)로 묘사된다. 이는 그가 모든 지혜의 근거가 된다는 사실을 말해주고 있다. 이 세상에서 사람들이 말하는 지혜는 진정한 지혜가 될 수 없다. 그것은 도리어 인간들을 혼미하게 만들 뿐 영원한 참된 생명에 대해 아무런 정보도 제공하지 않는다.

따라서 전지전능하신 하나님에 대하여 인간의 이성과 지혜로 접근하려 해서는 안 된다. 우리는 오직 하나님으로부터 계시된 말씀을 통해 알아갈 수 있을 따름이다. 하지만 인간들이 하나님에 대한 많은 부분을 알 수 있지만 그의 모든 것을 알 수 없다는 사실을 기억해야만 한다.

3 하나님의 영광의 본체이신 예수 그리스도

예수 그리스도는 삼위일체 하나님의 한 위격을 가지신 분으로 하나님 자신이시다. 그는 성부 하나님과 구별되지만 하나님으로부터 분리되지 않는 존재이다. 그러므로 그리스도의 영광을 본 자들은 하나님의 영광을 본 것과 마찬가지다. 이는 그리스도의 영광을 보지 못한 자들은 하나님의 영광을 볼 수 없다는 사실을 말해 준다.

4 독생자

하나님의 아들은 한 분밖에 존재하지 않는다. 삼위일체 하나님의 한 위격이신 그는 단 한번 이 세상에 오셔서 단번에 죽으심으로써 그의 모든 사역을 감당하셨다. 즉 예수 그리스도는 되풀이하여 이 땅에 오시지 않으며 또다시 십자가 사역을 감당하시는 분이 아니다. 그는 유일하신 하나님의 독생자이며 한 번의 사역으로 완벽한 제물이 되어 거룩한 사역을 이룩하셨기 때문이다. 하나님께서 그의 몸을 기쁘게 받으신 것은 그에게 아무런 죄가 없었기 때문이다. 그것은 죄에 연관된 현상뿐 아니라 죄의 요소가 전혀 없는 거룩한 피와 살에 연관되어 있다.

5 처녀의 본질에서 인간성을 취하신 하나님의 아들

성자 하나님은 창세기에 예언된 대로 여자로부터 이 세상에 태어나셨다(창3:15). 특별히 그는 여자 중에 남자를 알지 못하는 처녀의 몸을 통해 오셨다. 인간으로서는 불가능한 동정녀의 몸에서 잉태되어 출생하게 되었던 것이다. 이는 그가 이땅이 아니라 천상의 나라로부터 오신 사실을 말해주고 있다.

6 '예수님의 거룩한 몸'

죄 없는 예수님의 몸에 대해서는 연속성과 불연속성에 대한 이해와 더불어 접근해야 한다. 즉 그리스도는 완벽한 인간으로서 우리와 동일한 몸을 가지셨지만 부패의 속성으로는 우리와 동일하지 않다. 예수님은 동정녀 마리아에게 잉태되어 살과 피를 가진 그녀의 몸 가운데서 성장하셨지만, 죄악에 물든 그녀의 타락한 살과 피를 직접 이어받은 것으로 말할 수 없다.

그는 원래부터 완벽한 인간이었지만 죄에 빠진 인간들과는 달리 죄와 무관한 살과 피를 가지고 계셨던 것이다. 베드로는 그에 대한 분명한 증거를 하고 있다: "오직 흠 없고 점 없는 어린 양 같은 '그리스도의 보배로운 피' (the precious blood of Christ)로 한 것이니라" (벧전 1:19). 하나님께 속죄제와 화목제물로 바쳐진 예수님은 흠이 전혀 없는 거룩한 살과 피를 가지고 계셨다.

그러므로 그는 십자가에 달려 보혈을 흘리고 돌아가셨지만 그의 몸은 보통 사람들과 달리 썩지 않았다(시16:10, 참조). 그는 위로부터 오신 분이기 때문이다(요3:31). 이는 부활하신 그의 몸에서 더욱 분명히 알 수 있다. 부활하신 그의 살과 피는 썩지 않는 몸이었다. 우리는 부활하기 전에 가지셨던 예수님의 살과 피가 부활하신 후에 썩지 않을 것으로 바뀌었다고 말할 수 없다.

7 '그 다윗의 자손'

예수님은 구약에서 예언된 다윗의 자손으로 이 세상에 오셨다. 그의 아버지 요셉은 다윗 왕가의 혈통을 잇고 있는 인물이었다. 만일 다윗 왕조가 오래 전 바벨론에 의해 패망(BC 686) 당하지 않았다면 그는 왕위를 계승할 인물이었다. 예수님께서 요셉의 아들로 온 것은 그가 다윗 왕조의 왕위를 계승하는 의미를 담고 있다.

당시 많은 사람들이 예수님을 '다윗의 아들'로 칭했던 것은 그가 패망한 다윗 왕조를 일으켜 세워 왕위를 계승할 인물로 보았기 때문이다. 물론 그로 말미암아 세워지게 될 왕국은 다윗이 세웠던 나라와는 다르다. 그 왕국은 사탄이 지배하고 있는 세상을 심판할 메시아 왕국이었던 것이다.

8 '하나님의 사자'

예수님께서는 '하나님의 사자'로서 이땅에 오셨다. 그는 완벽한 인간이지만 이땅에서 발생한 인간의 것들을 말씀하시지 않고 천상에 계시는 하나님의 것들을 말씀하셨다. 그러므로 그는 자기를 본 자는 아버지를 본 것이라고 하셨다. 예수님을 본 것은 곧 하나님을 본 것이며 그를 통하지 않고는 결코 하나님을 알 수 없는 것이다.

9 약속된 메시아

예수님이 이땅에 메시아로 오신 것은 하나님의 약속에 의한 것이었다. 즉 약속에 따라 그가 이 세상에 오시게 되었다. 따라서 예수님을 메시아로 알아보게 되는 것은 구약성경에 기록된 약속과 함께 이루어진다. 즉 성경에 예언된 약속과 더불어 메시아에 대한 확인이 이루어지는 것이다.

그러므로 구약성경을 근거로 하지 않고 다양한 이적을 행하는 그의 행동만 본다면 그를 메시아로 알아볼 수 없다. 따라서 어리석은 인간들은 그를 따라다니면서 많은 이적과 백성들을 위한 다양한 행동을 보면서도 그에 대해 오해했다. 즉 그가 하나님으로부터 온 메시아라는 사실을 깨닫지 못했던 것이다.

10 임마누엘

임마누엘이란 말은 '하나님이 우리와 함께 계신다'(God with us)는 의미를 지니고 있다. 우리는 이 용어의 의미를 정확하게 이해하지 않으면 안 된다. 자칫 잘못하면 그 의미를 영적인 관점에서 생각하려는 오류를 범할 수 있기 때문이다. 하지만 그 용어를 영적인 차원에서 해석하려 해서는 안 된다.

임마누엘은 하나님이 인간의 몸을 입고 이 세상에 오셨으므로 인간들 가운데 하나처럼 되어 우리와 함께 계신다는 뜻이다. 즉 그는 인간들처럼 얼굴과 사지四肢를 가진 육체를 지니고 있었다. 그러므로 어리석은 자들은 그를 하나님으로 알아보지 못하고 자기와 같은 인간으로만 간주했던 것이다.

11 하나님과 인간의 두 본성 : 참 하나님이면서 참 사람

하나님의 아들이신 예수 그리스도는 완벽한 하나님이면서 동시에 완벽한 인간이다. 그에게는 신성과 인성 두 본성이 존재하는 것이다. 이는 그가 하나님과 창세전에 선택받은 백성들 사이에 중보자가 되시기 위한 것이었다. 하나님을 위한 완벽한 제물이 됨으로써 하나님의 공의를 충족시키고 하나님과 인간을 화해시키시기 위해서는 당연히 한 분 안에 두 본성을 지녀야만 했다.

12 초대교회의 이단들

(1) 마르시온(Marcion, 약 85-160)

마르시온은 구약의 하나님과 신약의 하나님이 동일하지 않다는 주장을 했다. 구약의 하나님이 폭력과 보복의 무서운 신이었다면, 신약의 하나님은 사랑과 은혜가 충만한 신이라는 것이었다. 그는 또한 예수 그리스도의 인성을 받아들이지 않았다. 그의 신학 사상은 영지주의(Gnostism)와 연관된 가현설(Docetism)로 발전되었으며, 초대교회에서 이단으로 정죄받았다.

(2) 아리우스(Arius, 약 260-336)

아리우스는 아프리카 북부 리비아 출신으로서 알렉산드리아의 장로였다. 그는 313년 하나님과 그리스도의 동일본질(homousion)을 부인하고 유사본질(homoiousion)을 주장했으며 예수 그리스도는 하나님의 피조물 가운데 최고의 존재라고 여겼다. 318년에 그의 주장은 금지되었으며 325년 니케아 회의에서 이단으로 정죄되었다. 당시 그와 신학적인 논쟁을 한 신학자는 아타나시우스였다.

(3) 유티케스(Eutychess, 378-454)

콘스탄티노플 수도원장이었던 유티케스는 그리스도의 성육신 후에 그의 인성은 신성 안으로 흡수됨으로써 혼합되었다는 주장을 했다. 즉 예수님의 완벽한 인성을 부인했던 것이다. 그를 따르는 자들은 결국 단성론(monophysitism)을 주장했다. 한편 그들은 예수 그리스도의 몸과 보통 인간들의 몸은 서로 다르다는 주장을 펼쳤다. 칼케돈 회의(451)에서 그를 이단으로 정죄하게 되었다.

(4) 네스토리우스(Nestorius, ?-451)

네스토리우스는 콘스탄티노플 주교로서 동정녀 마리아를 테오토코스(Theotokos, '하나님의 어머니')라 부르는 것을 반대하고 크리스토토코스(Kristotokos, '그리스도의 어머니')로만 불러야 한다는 주장을 했다. 그의 신학사상은 그리스도의 신성을 부정하는 것일 뿐 아니라 마리아의 역할을 모독하는 것으로 알려졌다. 그렇게 되자 알렉산드리아 주교 시릴(Cyril)이 주도가 되어 에베소 공의회(431)에서 그를 이단으로 정죄했다. 하지만 그의 주장이 정죄되는 과정에서 상당한 정치적 음모가 있었던 것으로 알려져 있다.

스코틀랜드 신앙고백

질문 과 토론

1 _ "때가 차매"라는 용어가 중요한 이유는 무엇인가?

2 _ 삼위일체 하나님에 대하여 생각해 보라.

3 _ 예수님께서 처녀의 몸에서 태어나게 된 의미를 생각해 보라.

4 _ '처녀(동정녀)의 본질'과 '(남성에 연관된) 일반 여성의 본질'은 영적인 관점에서 어떤 차이가 날까?

5 _ 죄와 무관한 '예수님의 거룩한 몸'은 어떤 몸인가? (범죄하기 전의 아담의 피와 살은 오염되지 않았으므로 부패하는 성질을 지니고 있지 않았다. 그의 몸과 우리의 몸 사이에는 연속성과 불연속성이 존재한다는 사실에 대해 생각해 보라.)

6 _ '인간의 몸을 입으신 예수 그리스도의 몸'이 '죄로부터 태어난 보통 인간들의 몸'과 어떤 차이가 나는지 연속성과 불연속성에 대한 생각을 해보라.

7 _ 구약성경의 메시아 예언에 관한 다양한 내용 가운데는 어떤 것들이 있는가?

8 _ '임마누엘'의 의미는 무엇인가?

9 _ 예수 그리스도의 두 본성에 대해 생각해 보라.

10 _ 초대교회의 다양한 이단 사상에 대해 논의해 보라.

제 7 장

중보자가 참 사람이자
참 하나님이어야 하는 이유

Why the Mediator Had to Be True God and True Man

우리는 그리스도 예수 안에 있는 신성과 인성의 신비한 연합이 하나님의 영원성과 불변성으로부터 난 것이며, 우리의 모든 구원이 그로부터 생성되며 그에 의존하는 것으로 믿으며 고백한다(엡1:3-6).

We acknowledge and confess that this wonderful union between the Godhead and the humanity in Christ Jesus did proceed from the eternal and immutable decree of God from which all our salvation springs and depends(Eph.1:3-6).

근거 성경 본문

▧ | 엡1:3-6 | "찬송하리로다 하나님 곧 우리 주 예수 그리스도의 아버지께서 그리스도 안에서 하늘에 속한 모든 신령한 복으로 우리에게 복 주시되 곧 창세전에 그리스도 안에서 우리를 택하사 우리로 사랑 안에서 그 앞에 거룩하고 흠이 없게 하시려고 그 기쁘신 뜻대로 우리를 예정하사 예수 그리스도로 말미암아 자기의 아들들이 되게 하셨으니 이는 그의 사랑하시는 자 안에서 우리에게 거저 주시는 바 그의 은혜의 영광을 찬미하게 하려는 것이라"

해 설

1 중보자에 대한 구약의 예언

구약성경에는 인간이 타락한 처음부터 중보자에 대한 하나님의 약속이 나타난다. 아담과 하와가 범죄했을 때 하나님께서는 '그 여자의 후손'을 보내주시기로 작정하셨다(창3:15). 하나님께서 보내시는 그 중보자 없이는 타락한 인간들이 영원한 파멸에서 빠져나올 수 있는 길이 없다. 중보자는 하나님과 인간을 위해 당연히 이 세상에 오셔야만 할 존재인 것이다.

2 중보자가 참 하나님과 참 인간이어야 하는 이유

하나님과 인간 사이에 중보자로 오신 하나님의 아들은 참 하나님과 참 인간이어야 한다. 그래야만 양쪽을 서로 화목케 하실 수가 있다. 유일한 중보자이신 그리스도께서는 하나님편에서는 완벽한 하나님이시기 때문에 그의 모든 것을 충족시키신다.

그와 동시에 인간들편에서는 완벽한 인간이신 그가 인간의 모든 것을 체휼하심으로써 필요한 모든 것들을 충족하시게 된다. 그 중보자가 자신의 사역을 통해 하나님과 그의 자녀들 사이에 막힌 담을 허물게 되는 것이다. 즉 그의 거룩한 희생으로 인해 하나님과 인간들 사이의 관계가 회복되어 그의 자녀들은 감사와 찬송으로 그의 앞으로 나아갈 수 있게 된다.

3 완벽한 하나님 : 그리스도의 신성

하나님의 아들이신 예수 그리스도는 신성을 지닌 완벽한 하나님 자신이시다. 그는 나중에 하나님 혹은 하나님의 아들이 되거나 후에 그렇게 인정받으신 것이 아니라 원래부터 하나님이셨다. 따라서 그리스도의 신성은 그의 인성과는 달리 편재하는 성격을 지니고 있다. 이는 신학에서 '엑스트라 칼비니스티쿰'(extra Calvinisticum)[5]이라는 용어로 표현되며, 오늘날 개혁

---

5) 이 용어는 '성찬 음식'과 연관되는 것으로 루터파에서 칼빈주의자들의 신성과 인성에 연관하여 붙인 말이다. 루터파에서는 그리스도의 인성이 편재하기 때문에 성찬식에서 나누어지는 빵에 그리스도의 몸이 존재한다는 공재설(consubstantiation)을 주장했다. 그러나 칼빈은 그리스도의 인성은 천상의 나라 하나님 우편에 계시므로 성찬의 빵 가운데 그리스도의 인성이 편재해 존재하지 않는다고 생각했다. 그와 달리, 그리스도의 신성은 시공을 초월하여 편재하는 것으로 이해했다.

주의 신학을 나타내는 용어가 되었다. 이 말은 그리스도의 신성은 그의 몸 밖에서 시공을 초월하여 편재하는 성격을 지니고 있음을 드러내 보여주고 있다.

4 완벽한 인간 : 그리스도의 인성

동정녀 마리아의 몸을 통해 이땅에 오신 예수 그리스도는 완벽한 인간이었다. 그는 보통 인간들과 동일한 몸을 가지고 계셨으며 인간들과 같은 감성을 가지고 계셨다. 따라서 부활하기 전의 예수님은 인간으로서 먹고 마시며 생활하는 다른 사람들과 별반 다르지 않은 제한적인 삶을 살아가셨다.

우리가 그리스도의 인성을 생각할 때 염두에 두어야 할 점은, 그리스도의 인성은 그의 신성과 달리 편재하지 않는다는 사실이다. 이는 부활하신 후 승천하신 그의 몸이 여전히 천상의 나라에 계시는 사실과도 연관되어 있다. 그는 승천하실 때 그 광경을 지켜보는 성도들에게 약속하신 것처럼, 재림하실 때는 부활하신 그 모습 그대로 오시게 되는 것이다.

5 그리스도 안에서의 신성과 인성의 신비한 연합

예수 그리스도 안에 존재하는 신성과 인성은 신비한 연합을 이루고 있다. 그러나 상호 혼합되거나 뒤섞이지 않고 분리되지 않은 상태로 존재한다. 그리스도의 신성은 그의 '위격'(persona)을 향해 전달되고 있으며 그의 인성도 그 위격을 향하고 있다. 따라서 그리스도의 신성과 인성은 성자 하나님의 위격 안에서 신비적으로 교류하게 된다. 다시 말해 그의 신성과 인성은 성자 하나님의 위격 가운데서 교류하며, 신성과 인성 사이에는 속성교류(communicatio idiomatum)가 발생하지 않는다는 것이 개혁주의 신학자들의 일반적인 견해이다.

6 영원불변하시는 하나님과 인간의 몸을 입으신 그리스도

하나님이 불변하시는 존재인 만큼 예수 그리스도께서도 불변하시는 분이다. 하나님께서는 인간의 몸을 입으셔야 했는데, 그것은 인간들의 사고를 넘어선 신비의 영역에 속한다. 인간들의 이성과 경험을 배경으로 한 지식으로는 결코 그것을 이해할 수 없다. 우리는 성경에 기록된 말씀으로써 증거된 내용들을 통해 그 놀라운 사실을 깨달아 알게 된다. 그것은 물론 성령 하나님의 사역과 도우심에 의해 우리에게 온전히 적용된다.

7 하나님의 계획과 인간의 구원

하나님께서 인간의 몸을 입고 타락한 이 세상에 오신 것은 오직 자신의 형상을 닮은 인간들을 그곳으로부터 구원하시기 위해서였다. 그것은 창세전에 작정된 하나님의 계획과 밀접하게 연관되어 있다. 즉 그것은 전적으로 하나님으로 말미암아 이룩된 일이며 인간들의 요청에 의해 이루어진 것이 아니다.

하나님의 은혜를 입어 영원한 구원의 반열에 서게 된 성도들은 그로부터 생성된 참된 구원을 믿고 받아들이게 된다. 그것은 인간들의 일반적인 지혜나 종교적인 판단에 근거하지 않는다. 그러므로 지상 교회와 그에 속한 모든 성도들은 항상 그에 대한 사실을 분명히 인식하고 고백하는 가운데 세상을 살아가게 되는 것이다.

스코틀랜드 신앙고백
질 문 과 토 론

1 _ '중보자'란 용어의 의미는 무엇인가?

2 _ 예수 그리스도가 완벽한 중보자가 되어야 하는 까닭을 설명해 보라.

3 _ '하나님의 신성'과 '인간 예수님의 신성'에 대해 생각해 보라.

4 _ 예수 그리스도의 '신성'과 '인성'이 그의 위격에 연관된 관계에 대해 생각해 보라.

5 _ '신성'과 '인성'의 신비한 연합은 어떻게 이루어지는가?

6 _ '영원성'이란 무엇인가?

7 _ '불변성'이란 무엇인가?

8 _ 하나님의 자녀들의 궁극적인 구원은 어디에 근거하는가?

제 8 장

선 택

Election

영원하신 하나님 즉, 땅의 기초가 놓이기 전부터 자신의 전적인 은혜에 의해 그의 아들 예수 그리스도 안에서 우리를 선택하신(엡1:11; 마25:34) 하나님은, 창세전부터 그를 우리의 머리로 삼으시고(엡1:22-23) 우리의 형제(히2:7,8; 11,12; 시22:22), 우리의 목자로서 우리 영혼의 위대한 감독으로 정하셨다(히13:20; 벧전2:24; 5:4). 하나님의 공의와 우리가 지은 죄의 적대관계로 말미암아, 육적인 인간으로서 하나님 앞으로 나아갈 자는 아무도 없다(시130:3; 143:2). 하나님의 아들이 우리에게 내려오셔서 친히 인간의 몸과 살과 뼈를 취하셔서 하나님과 인간 사이의 완벽한 중보자가 되시고(딤전2:5) 그를 믿는 자에게 하나님의 아들이 될 수 있는 권리를 주셨다(요1:12). 그는, "내가 내 아버지 곧 너희 아버지, 내 하나님 곧 너희 하나님께로 올라간다"고 증거하셨다(요20:17). 아담의 범죄로 인해 우리가 상실했던 거룩한 하나님과의 교제가 우리 가운데 다시금 회복되었다(롬5:17-19). 그러므로 두려움 없이 하나님을 아버지라고 부르게 된 것은(롬8:15; 갈4:5,6), 이미 언급한 대로 하나님이 타락한 인간들과 더불어 우리를 창조하셨기 때문이 아니라(행17:26) 하나님께서 예수님을 우리에게 보내 우리의 형제가 되도록 해 주셨으며(히2:11,12), 우리의 유일한 중보자로서 그를 인정하고 받을 수 있는 은혜를 베풀어 주셨기 때문이다.

나아가 그는 메시아와 대속주로서 참 하나님과 참 사람이 되셔야만 했다. 왜냐하면 그가 심판주인 하나님 앞에서 우리의 죄와 불순종으로 인한 형벌을 우리를 대신하여 받으셨고(벧전3:18; 사53:8) 그로 인해 죽음으로써 사망의 권세를 이기셨다. 그러나 신성은 죽을 수 없고(행2:24) 인성은 죽음을 이길 수 없기 때문에 두 본성이 하나의 인격으로 결합되어 인성의 연약함으로 죽을 것이 신성의 무한하신 힘으로 승리하게 되었으며 그것이 우리에게 생명과 자유와 영원한 승리를 허락하게 되었다(요1:2; 행20:20; 딤전3:16; 요3:16). 그러므로 우리는 이 모든 것들을 의심 없이 고백하며 믿는다.

That same eternal God and Father, who by mere grace chose us in his Son Christ Jesus before the foundation of the world was laid(Eph. 1:11; Matt. 25:34), appointed him to be our head(Eph. 1:22-23), our brother(Heb. 2:7-8, 11-12; Ps. 22:22), our pastor, and the great bishop of our souls(Heb. 13:20; 1 Pet. 2:24; 5:4). But since the opposition between the justice of God and our sins was such that no flesh by itself could or might have attained unto God(Ps. 130:3; 143:2), it behooved the Son of God to descend unto us and take himself a body of our body, flesh of our flesh, and bone of our bone, and so become the perfect Mediator between God and man(1 Tim. 2:5), giving power to as many as believe in him to be the sons of God(John 1:12); as he himself says, "I ascend to my Father and to your Father, to my God and to your God"(John 20:17). By this most holy brotherhood whatever we have lost in Adam is restored to us again(Rom. 5:17-19). Therefore we are not afraid to call God our Father(Rom. 8:15; Gal. 4:5-6), not so much because he has created us, which we have in common with the reprobate(Acts 17:26), as because he has given unto us his only Son to be our brother(Heb. 2:11-12), and given us grace to acknowledge and embrace him as our only Mediator, as is already said.

Further, it behooved the Messiah and Redeemer to be very God and very man, because he was able to undergo the punishment due for our transgressions and to present himself in the presence of his Father's judgments, as in our stead, to suffer for our transgression and disobedience(1 Pet. 3:18; Isa. 53:8), and by death to overcome him that was the author of death. But because the only Godhead could not suffer death(Acts 2:24), and neither could manhood overcome death, he joined both together in one person, that the weakness of one should suffer and be subject to death (which we had deserved) and the infinite and invincible power of the other, that is, of the Godhead, should triumph, and purchase for us life, liberty, and perpetual victory(John 1:2.; Acts 20:20; 1 Tim. 3:16; John 3:16). So we confess, and most undoubtedly believe.

근거 성경 본문

▨ ‖ **엡1:11** ‖ "모든 일을 그 마음의 원대로 역사하시는 자의 뜻을 따라 우리가 예정을 입어 그 안에서 기업이 되었으니"; ‖ **마25:34** ‖ "그 때에 임금이 그 오른편에 있는 자들에게 이르시되 내 아버지께 복받을 자들이여 나아와 창세로부터 너희를 위하여 예비된 나라를 상속하라"

▨ ‖ **엡1:22-23** ‖ "또 만물을 그 발 아래 복종하게 하시고 그를 만물 위에 교회의 머리로 주셨느니라 교회는 그의 몸이니 만물 안에서 만물을 충만케 하시는 자의 충만이니라"

▨ ‖ **히2:7,8** ‖ "저를 잠간 동안 천사보다 못하게 하시며 영광과 존귀로 관 씌우시며 만물을 그 발 아래 복종케 하셨느니라 하였으니 만물로 저에게 복종케 하셨은즉 복종치 않은 것이 하나도 없으나 지금 우리가 만물이 아직 저에게 복종한 것을 보지 못하고"; ‖ **히2:11,12** ‖ "거룩하게 하시는 자와 거룩하게 함을 입은 자들이 다 하나에서 난지라 그러므로 형제라 부르시기를 부끄러워 아니하시고 이르시되 내가 주의 이름을 내 형제들에게 선포하고 내가 주를 교회 중에서 찬송하리라 하셨으며"; ‖ **시22:22** ‖ "내가 주의 이름을 형제에게 선포하고 회중에서 주를 찬송하리이다"

▨ ‖ **히13:20** ‖ "양의 큰 목자이신 우리 주 예수를 영원한 언약의 피로 죽은 자 가운데서 이끌어내신 평강의 하나님이"; ‖ **벧전2:24** ‖ "친히 나무에 달려 그 몸으로 우리 죄를 담당하셨으니 이는 우리로 죄에 대하여 죽고 의에 대하여 살게 하려 하심이라 저가 채찍에 맞음으로 너희는 나음을 얻었나니"; ‖ **벧전5:4** ‖ "그리하면 목자장이 나타나실 때에 시들지 아니하는 영광의 면류관을 얻으리라"

▨ ‖ **시130:3** ‖ "여호와여 주께서 죄악을 감찰하실찐대 주여 누가 서리이까"; ‖ **시143:2** ‖ "주의 종에게 심판을 행치 마소서 주의 목전에는 의로운 인생이 하나도 없나이다"

▨ ‖ **딤전2:5** ‖ "하나님은 한 분이시요 또 하나님과 사람 사이에 중보도 한 분이시니 곧 사람이신 그리스도 예수라"

▨ ‖ **요1:12** ‖ "영접하는 자 곧 그 이름을 믿는 자들에게는 하나님의 자녀가 되는 권세를 주셨으니"

▨ ‖ **요20:17** ‖ "예수께서 이르시되 나를 만지지 말라 내가 아직 아버지께로 올라가지 못하였노라 너는 내 형제들에게 가서 이르되 내가 내 아버지 곧 너희 아버지, 내 하나님 곧 너희 하나님께로 올라간다 하라 하신대"

▨ ‖ **롬5:17-19** ‖ "한 사람의 범죄를 인하여 사망이 그 한 사람으로 말미암아 왕노릇 하였은즉 더욱 은혜와 의의 선물을 넘치게 받는 자들이 한 분예수 그리스도로 말미암아 생명 안에서 왕노릇 하리로다 그런즉 한 범죄로 많은 사람이 정죄에 이른것 같이 의의 한 행동으로 말미암아 많은 사람이 의롭다 하심을 받아 생명에 이르렀느니라 한 사람의 순종치 아니함으로 많은 사람이 죄인된 것같이 한 사람의 순종하심으로 많은 사람이 의인이 되리라"

▨ ‖ **롬8:15** ‖ "너희는 다시 무서워하는 종의 영을 받지 아니하였고 양자의 영을 받았으므로 아바 아버지라 부르짖느니라"; ‖ **갈4:5,6** ‖ "율법 아래 있는 자들을 속량하시고 우리로 아들의 명분을 얻게 하려 하심이라 너희가 아들인고로 하나님이 그 아들의 영을 우리 마음 가운데 보내사 아바 아버지라 부르게 하셨느니라"

▨ ‖ **행17:26** ‖ "인류의 모든 족속을 한 혈통으로 만드사 온 땅에 거하게 하시고 저희의 년대를 정하시며 거주의 경계를 한하셨으니"

▨ ‖ **히2:11,12** ‖ "거룩하게 하시는 자와 거룩하게 함을 입은 자들이 다 하나에서 난지라 그러므로 형제라 부르시기를 부끄러워 아니하시고 이르시되 내가 주의 이름을 내 형제들에게 선포하고 내가 주를 교회 중에서 찬송하리라 하셨으며"

▨ || **벧전3:18** | "그리스도께서도 한 번 죄를 위하여 죽으사 의인으로서 불의한 자를 대신하셨으니 이는 우리를 하나님 앞으로 인도하려 하심이라 육체로는 죽임을 당하시고 영으로는 살리심을 받으셨으니"; || **사53:8** | "그가 곤욕과 심문을 당하고 끌려갔으니 그 세대 중에 누가 생각하기를 그가 산 자의 땅에서 끊어짐은 마땅히 형벌 받을 내 백성의 허물을 인함이라 하였으리요"

▨ || **행2:24** | "하나님께서 사망의 고통을 풀어 살리셨으니 이는 그가 사망에게 매여 있을 수 없었음이라"

▨ || **요1:2** | "그가 태초에 하나님과 함께 계셨고"; || **행20:20** | "유익한 것은 무엇이든지 공중 앞에서나 각 집에서나 꺼림이 없이 너희에게 전하여 가르치고"; || **딤전3:16** | "크도다 경건의 비밀이여, 그렇지 않다 하는 이 없도다 그는 육신으로 나타난 바 되시고 영으로 의롭다 하심을 입으시고 천사들에게 보이시고 만국에서 전파되시고 세상에서 믿은 바 되시고 영광 가운데서 올리우셨음이니라"; || **요3:16** | "하나님이 세상을 이처럼 사랑하사 독생자를 주셨으니 이는 저를 믿는 자마다 멸망치 않고 영생을 얻게 하려 하심이니라"

해 설

1 창세전 하나님의 선택

하나님께서는 우주만물을 창조하시기 전에 이미 자기 자녀들을 확정해 두고 계셨다. 이는 모든 것들이 하나님의 창조 의도에 연관된다는 사실을 말해주고 있다. 여기에는 하나님이 임기응변적으로 모든 것을 계획하고 결정짓는 분이 아니라는 사실이 분명히 드러난다.

선택에 연관된 하나님의 거룩한 의도는 불변하는 성격을 지니고 있다. 그는 '그리스도 안에서' 자기 자녀들을 선택하심으로써 하나님과 자기 자녀들 사이의 관계를 확증하셨다. 그것은 전적인 하나님의 섭리에 근거하고 있으며, 인간들의 소망을 배경으로 한 일반적인 판단과 결정에 의한 것이 아니었다.

2 하나님의 전적인 은혜

타락한 인간이 영원한 구원을 받게 되는 것은 오직 하나님의 은혜로 인한 것이다. 하나님께서는 인간들의 외적인 행위와 공로를 보고 저들에 대한 구원을 작정하시지 않았다. 만일 인간들이 자신의 능력으로 구원을 쟁취하게 된다면 거기에는 하나님의 은혜가 자리잡을 수 있는 여지가 없어진다. 따라서 하나님의 은혜를 입어 구원받은 성도들은 자기에게 자랑할 만한 것이 아무것도 존재하지 않는다는 사실을 명심해야 한다.

3 우리의 머리가 되시는 그리스도

우리는 예수 그리스도가 교회의 머리라는 사실을 잘 알고 있다. 그가 교회의 머리가 되신 것은 그의 십자가 사역으로 인한 역사적 형편에 따라 그렇게 된 것이 아니었다. 하나님께서는 우주만물을 창조하시기 전부터 이미 그를 성도들의 머리로 삼으셨다.

예수 그리스도께서 십자가 사역을 완성하신 후에는 그의 머리되심이 만방에 드러나게 되었다. 따라서 지상 교회와 그에 속한 성도들은 지체로서 항상 머리에 붙어 있어야 하며, 그 머리의 지시를 듣고 순종해야만 한다. 그것을 통해 세상에 흩어진 모든 교회들이 하나로 엮어져 머리의 뜻을 알 수 있게 된다. 이는 물론 기록된 말씀과 성령 하나님의 도우심을 받아야만 가능한 일이다.

4 그리스도와 성도들의 관계

영원한 구원을 받게 된 성도들과 예수 그리스도 사이에는 특별한 관계가 성립된다. 형제, 목자, 영혼의 감독 등이 그것이다. 교회에 속한 성도들은 이와 같은 관계를 통해 하나님 앞에서 새로운 교제를 지속해 갈 수 있는 것이다.

하나님의 자녀들은 이와 같이 다양한 언어로 표현된 그리스도와의 관계를 본질적으로 이해해야만 한다. 이는 범죄로 인해 완전히 파괴되었던 원래의 관계가 다시 회복되었음을 말해 준다. 성경은 그리스도와 성도의 관계를 '형제' 라는 표현과 더불어 '목자' 와 '영혼의 감독' 등으로 묘사하고 있다. 또한 우리가 하나님을 아버지라 부를 수 있게 된 것은 하나님의 아들이자 상속자가 되었음을 의미하고 있다.

5 육신적인 인간이 가진 능력의 한계

타락한 인간들에게는 영생을 위해 스스로 취할 수 있는 능력이 존재하지 않는다. 실상은 그에 대한 아무런 인식조차 없다. 타락하기 전의 인간들이라 할지라도 역시 지극히 제한적인 능력만 소유하고 있을 따름이다. 하물며 하나님과 적대관계에 놓인 타락한 인간은 거룩한 하나님 앞으로 나아갈 수 없다. 하나님의 아들이신 중보자가 된 메시아가 성도들에게 반드시 필요한 까닭은 바로 그런 이유 때문이었다.

6 인간의 몸을 입으신 성자 하나님

성자 하나님은 피조물인 인간의 몸을 입고 이 세상에 강림하셨다. 그는 완벽한 인간이 되어 우리 가운데 오셨던 것이다. 하지만 그의 완벽한 인성에도 불구하고 그는 보통 인간들과는 분명한 차이가 나는 특별한 분이었다. 이 말은 그에게 하나님의 형상을 닮은 아담에게 연관된 연속성과 더불어 그와 단절된 불연속성이 존재한다는 의미를 지니고 있다.

7 하나님과 인간 사이의 중보자가 되신 예수 그리스도

인간의 몸을 입고 이 세상에 오신 예수님의 주된 목적은 하나님과 인간 사이에 중보자 역할을 하시기 위해서였다. 중보자로서의 그의 지위와 그의 중보 사역이 없이는 죄에 빠진 인간들에게 아무런 소망이 없다. 완벽한 하나님이자 완벽한 인간인 예수님께서 죄인들의 모든 것들을 체휼하셨으며, 하나님의 완벽한 제물이 되어 바쳐짐으로써 하나님의 진노를 완전히 해결하셨던 것이다.

8 성도가 '하나님의 아들' 이 될 수 있는 조건

선택받은 성도들이 하나님의 자녀가 되기 위해서는 반드시 예수 그리스도의 중보 사역이 있어야만 한다. 그리고 그것을 위해서는 성도들이 '믿음' 을 소유해야 한다. 그것이 없이는 결코 하나님의 자녀의 지위를 회복할 수 없다. 하지만 그것은 인간들의 판단과 노력을 통해서가 아니라 하나님의 선물로 허락된 것이다. 교회와 그에 속한 성도들이 항상 하나님께 감사하며 살아갈 수 있는 것은 바로 그와 연관되어 있다.

9 범죄하기 전의 아담과 하나님의 관계

사탄의 유혹을 받아 범죄하기 전의 아담은 하나님과 원활한 관계에 놓여 있었다. 즉 인간은 언제든지 하나님과 긴밀한 대화를 나눌 수 있었다. 그것은 물론 하나님께서 허락하신 특별한 은혜로 말미암는 것이었다. 따라서 아담은 하나님께서 맡기신 우주만물에 대한 관리 임무를 충실하게 감당할 수 있었으며 하나님께 감사와 찬송을 돌릴 수 있었다. 즉 사탄에 의해 죄에 빠지기 전의 아담의 모습은 참 인간의 모습이었던 것이다.

10 하나님을 '아버지'라 부를 수 있는 교제의 회복

하나님의 자녀들은 예수 그리스도의 십자가 사역으로 인해 하나님을 '아버지'라 부를 수 있는 특권을 부여받았다. 일반적인 관점에서 본다면 피조물인 인간이 감히 창조주 하나님을 보고 아버지라 칭한다는 것은 불가능한 일이다. 자녀로 인정받은 자들은 단순히 아버지라는 호칭을 사용할 수 있을 뿐 아니라 특별히 형성된 관계 가운데 놓이게 된다. 이는 또한 아버지의 소유를 상속받을 수 있는 자리에 앉게 됨을 말해준다. 그것은 하나님의 형상을 닮은 피조물에게 주어진 최상의 선물이 아닐 수 없다.

11 유일한 중보자 그리스도를 통해 베풀어진 승리와 은혜

예수 그리스도는 죄에 빠진 인간들이 하나님 앞으로 나아갈 수 있는 유일한 통로가 된다. 십자가에 달리신 그의 몸을 통하지 않고 하나님께 나아갈 수 있는 자는 아무도 없다. 그가 십자가 위에서 완벽한 제물로 하나님께 바쳐짐으로써 사망을 정복하고 궁극적인 승리를 쟁취하셨던 것이다.

어리석은 인간들은 신神에게 나아갈 수 있는 방편이 다양하게 존재한다는 사고를 하고 있다. 그런 자들은 다양한 종교들이 인간들을 천국으로 이끌어 갈 수 있을 것처럼 여긴다. 나아가 인간들의 윤리적인 삶이 저들을 죽음 이후 안락한 미래의 삶으로 인도할 수 있는 것으로 주장한다. 그러나 유일한 중보자이신 예수 그리스도를 통하지 않고는 누구나 영원한 멸망에 빠질 수밖에 없다.

12 형벌의 십자가를 지신 예수 그리스도

하나님의 아들이 인간의 몸을 입고 이 세상에 오셨다는 사실 자체가 우리에게는 놀라운 은혜이다. 그는 자기 자녀들을 사탄의 세력으로부터 구원하시기 위해 하늘에 있는 영광의 보좌를 뒤로 하고 친히 척박한 이땅으로 오셨다. 그렇지만 악한 인간들은 그를 하나님의 아들로 인정하지 않고 도리어 괴롭히며 능욕했다.

배도에 빠진 악한 인간들은 급기야 그를 십자가에 못박아 죽이는 악행을 저질렀다. 그와 같은 인간들의 무모한 행위로 인해 예수님은 견디기 어려운 형벌을 받게 되었다. 그것은 예수님 자신의 죄로 말미암은 형벌이 아니라 죄에 빠진 자기 백성들을 위한 죄 없는 그리스도의 희생적인 대속 사역이었다.

예수 그리스도는 자신의 몸을 처참한 죽음의 자리에 내어줌으로써 인간들의 최종적인 것까지 친히 체휼하셨다. 그것을 통해 사탄으로 인해 세상에 들어온 사망을 완전히 정복하셨으며 자기 자녀들을 그 사망의 세계로부터 끄집어내시게 되었다. 그리스도께서 당하신 십자가 형벌이 그에게 속한 인간들에게는 최상의 선물이 되었던 것이다.

13 심판주

하나님의 아들이신 예수 그리스도는 최종적인 심판주가 되신다. 인간들의 모든 선악은 그의 앞에서 그대로 드러날 수밖에 없다. 세상 마지막

날 그가 재림하시게 되면 모든 인간들을 심판하시게 된다. 나아가 사망의 원인자인 사탄도 그의 심판 아래 놓이게 된다. 따라서 인간들 가운데 그 무서운 심판을 면할 수 있는 자는 아무도 없다.

그렇지만 구원받은 성도들은 보혈로 말미암은 예수 그리스도의 대속 사역에 힘입어 그 심판을 면하게 된다. 엄밀한 의미에서 볼 때 그가 벌써 십자가 위에서 모든 죄악에 대한 형벌을 받으셨으므로 그의 백성들은 또다시 심판받을 필요가 없다. 그러므로 성도들에게는 그 심판이 그냥 지나가게 되는 것이다. 이는 출애굽이 있기 전 이스라엘 백성에게 허락된 유월절 사건과 유사한 것으로 말할 수 있다. 하나님의 심판이 어린 양의 피와 연관된 자들을 넘어간 것처럼 마지막 심판 때도 그와 같다.

14 성도들에게 허락된 선물

지상 교회에 속한 성도들은 예수 그리스도를 통해 하나님으로부터 주어진 영원한 참 생명을 소유하게 되었다. 그리고 아담이 악한 사탄에게 빼앗긴 자유를 되찾아 쟁취하게 되었다. 그것은 인간의 몸을 입고 이땅에 오신 예수 그리스도와 그의 십자가 사역을 통해 허락된 것이다.

그리스도와 그의 십자가 사역 없이는 인간들이 사망의 굴레에서 벗어날 수 없다. 인간들의 자력으로 그렇게 하는 것은 불가능한 일이다. 그러므로 예수 그리스도를 통해 영생과 자유를 얻게 된 성도들은 항상 하나님의 은혜에 감사하는 자세를 유지해야 하며, 그와 더불어 천상에서의 영원한 삶을 바라보게 된다.

스코틀랜드 신앙고백
질 문 과 토 론

1 _ 하나님께서 창세전에 '그리스도 안에서' 자기 백성을 선택하신 사실에 대한 의미를 생각해 보라.

2 _ 창세전부터 그리스도가 우리 곧 교회의 머리로 존재하신 사실의 중요성은 무엇인가?

3 _ 선택받은 백성들은 하나님과 어떤 관계 가운데 놓여 있는가?

4 _ 범죄한 인간이 하나님과 회복된 관계에 놓이게 된 본질적인 의미를 생각해 보라.

5 _ '임마누엘' 곧 인간의 몸을 입으신 하나님이 중보자가 되신 이유는 무엇인가?

6 _ 하나님의 아들이 되는 조건인 '믿음'에 대하여 논의해 보라.

7 _ 하나님의 자녀들이 범죄하기 전의 아담의 상태를 회복해야 하는 까닭은 무엇인가?

8 _ 인간이 구원받아 영원한 천국에 들어가면, 범죄하기 전의 아담과 어떤 차이가 나는지 논의해 보라.

9 _ 하나님이 '우리의 아버지'가 된다는 의미를 생각해 보라.

10 _ 예수님께서 십자가 위에서 끔찍한 형벌을 받아야만 했던 이유는 무엇인가?

11 _ 예수님의 십자가 사역으로 인해 우리에게 어떤 변화가 일어났는지 생각해 보라.

제 9 장

그리스도의 죽음, 고난 그리고 장사

Christ's Death, Passion, and Burial

우리는 주 예수 그리스도께서 우리를 위하여 스스로 희생제물이 되어 그의 아버지께 바쳐진 사실(히10:1-12)을 의심 없이 믿고 고백한다. 그는 죄인들이 당할 고난을 겪으셨으며, 우리의 죄악으로 말미암아 괴로움을 당하시고 상처를 입으셨다(사53:5; 히12:3). 또한 그는 하나님의 순결하고 죄 없는 어린 양(요1:29)으로서 이 세상의 재판정에서 정죄를 당하셨다(마 27:11,26; 막15장; 눅23장). 그것으로 말미암아 우리는 하나님의 법정에서 죄를 용서받게 된다(갈3:13). 그는 단순히 하나님의 판결에 의해 저주를 받아 십자가 위에서 잔인한 죽음의 고통을 받으셨을 뿐 아니라(신21:23), 죄인들에게 당연히 임하게 될 성부 하나님의 진노의 때를 위하여 고통을 당하셨다(마26:38,39). 그러나 우리는 그가 몸과 영혼으로 고통을 당하시고 사람들의 죄를 위하여 완전한 보속補贖을 치르신 그 고난 가운데서도 성부 하나님의 사랑하시는 유일한 복된 아들이었음을 확신한다(고후5:21). 이로부터 우리는 죄를 해결하기 위한 다른 희생제물이 있을 수 없다는 사실을 분명히 고백한다(히9:12; 10:14). 만일 누군가 다른 희생제물이 있는 것으로 주장한다면 그들은 우리를 위한 그리스도의 영원한 속죄에 대한 변상과 그의 죽음을 거부하여 모독하는 자들이라고 간주하기를 망설이지 않는다.

[So we confess, and most undoubtedly believe] That our Lord Jesus Christ offered himself a voluntary sacrifice unto his Father for us(Heb. 10:1-12), that he suffered contradiction of sinners, that he was wounded and plagued for our transgressions(Isa. 53:5; Heb. 12:3), that he, the clean innocent Lamb of God(John 1:29), was condemned in the presence of an earthly judge(Matt.27:11,26; Mark 15; Luke 23), that we should be absolved before the judgment seat of our God(Gal. 3:13); that he suffered not only the cruel death of the cross, which was accursed by the sentence of God(Deut. 21:23), but also that he suffered for a season the wrath of his Father(Matt. 26:38-39), which sinners had deserved. But yet we avow that he remained the only, well beloved, and blessed Son of his Father even in the midst of his anguish and torment which he suffered in body and soul to make full atonement for the sins of the people(2 Cor. 5:21). From this we confess and avow that there remains no other sacrifice for sin(Heb. 9:12; 10:14); if any affirm so, we do not hesitate to say that they are blasphemers against Christ's death and the everlasting atonement thereby purchased for us.

근거 성경 본문

▨ ‖ 히10:1-12 ‖; ‖ 사53:5 ‖ "그가 찔림은 우리의 허물을 인함이요 그가 상함은 우리의 죄악을 인함이라 그가 징계를 받음으로 우리가 평화를 누리고 그가 채찍에 맞음으로 우리가 나음을 입었도다"; ‖ 히12:3 ‖ "너희가 피곤하여 낙심치 않기 위하여 죄인들의 이같이 자기에게 거역한 일을 참으신 자를 생각하라"

▨ ‖ 요1:29 ‖ "이튿날 요한이 예수께서 자기에게 나아오심을 보고 가로되 보라 세상 죄를 지고 가는 하나님의 어린 양이로다"

▨ ‖ 마27:11,26 ‖ " 예수께서 총독 앞에 섰으매 총독이 물어 가로되 네가 유대인의 왕이냐 예수께서 대답하시되 네 말이 옳도다 하시고 … 이에 바라바는 저희에게 놓아주고 예수는 채찍질하고 십자가에 못 박히게 넘겨주니라"; ‖ 막15장 ‖; ‖ 눅23장 ‖

▨ ‖ 갈3:13 ‖ "그리스도께서 우리를 위하여 저주를 받은 바 되사 율법의 저주에서 우리를 속량하셨으니 기록된 바 나무에 달린 자마다 저주 아래 있는 자라 하였음이라"

▒ || **신21:23** | "그 시체를 나무 위에 밤새도록 두지 말고 당일에 장사하여 네 하나님 여호와께서 네게 기업으로 주시는 땅을 더럽히지 말라 나무에 달린 자는 하나님께 저주를 받았음이니라"

▒ || **마26:38,39** | "이에 말씀하시되 내 마음이 심히 고민하여 죽게 되었으니 너희는 여기 머물러 나와 함께 깨어 있으라 하시고 조금 나아가사 얼굴을 땅에 대시고 엎드려 기도하여 가라사대 내 아버지여 만일 할 만하시거든 이 잔을 내게서 지나가게 하옵소서 그러나 나의 원대로 마옵시고 아버지의 원대로 하옵소서 하시고"

▒ || **고후5:21** | "하나님이 죄를 알지도 못하신 자로 우리를 대신하여 죄를 삼으신 것은 우리로 하여금 저의 안에서 하나님의 의가 되게 하려 하심이니라"

▒ || **히9:12** | "염소와 송아지의 피로 아니하고 오직 자기 피로 영원한 속죄를 이루사 단번에 성소에 들어가셨느니라"; || **히10:14** | "저가 한 제물로 거룩하게 된 자들을 영원히 온전케 하셨느니라"

해 설

1 하나님께서 예비하신 완벽한 희생제물

하나님께서는 인간들로부터 제사를 통해 제물을 받기 원하신다. 거기에는 두 가지 중요한 의미가 내포되어 있다. 첫째는 그것을 통해 섬김을 받고자 하시기 때문이다. 이는 하나님의 영광과 직접 연관된 내용이다. 그렇게 함으로써 하나님과 자기 백성 사이에 지속적인 관계가 형성된다.

그리고 둘째는 그것을 통해 반드시 해결해야 할 일이 있다. 즉 희생제물을 받으심으로써 죄에 빠진 자기 자녀들의 죄를 속하고 하나님과 인간 사이에 가려졌던 죄의 벽을 깨뜨리고 화목을 이루어야 한다. 구약시대 하나님께서 동물 제사를 원하셨던 것은 그와 밀접하게 연관되어 있다.

하지만 구약시대 성전을 통해 바쳐진 제물은 완벽하지 않았으며 장차 임하게 될 참된 제물에 대한 예표적인 성격을 지니고 있었다. 즉 하나님께 궁극적으로 바쳐져야 할 제물은 흠 없고 완벽한 제물이어야만 한다. 그 제물은 인간의 몸을 입고 세상에 오신 거룩하신 하나님의 아들 예수 그리스도이시다.

우리가 여기서 기억해야 할 바는 그 모든 것이 인간들의 요청에 의해 이루어진 것이 아니라는 사실이다. 즉 인간들이 먼저 자기의 죄를 깨달아 하나님께 용서를 빌 수 없었다. 하나님께서 먼저 그 일을 작정하셨으며, 예수 그리스도께서는 스스로 영원한 희생제물이 되셨던 것이다.

2 '하나님의 어린 양' 의 고난

예수님께서 이땅에 오신 중요한 목적은 처음부터 하나님의 어린 양이 되어 제물로 바쳐지는 것이었다. 인간의 몸을 입고 이땅에 오신 그 하나님의 아들은 악한 인간들에 의해 모진 고난을 당하셨다. 그는 상상을 초월한 괴로움을 당하고 온 몸에 심한 상처를 입으셨다. 그것은 하나님의 아들이 아니라 죄인들이 당할 고통이었지만 그리스도 스스로 자기 몸을 십자가의 죽음에 내어주는 모든 과정중에 심한 고난을 당하셨던 것이다.

우리는 인간의 몸을 입은 하나님의 아들이 엄청난 고통을 당하신 까닭은 자기 자신의 죄 때문이 아니라 우리의 죄 때문이라는 사실을 분명히 기억하고 있다. 그는 순결하고 죄 없는 하나님의 어린 양으로서 하나님을 위한 희생제물로 바쳐져야 할 분이었다. 그는 하나님의 자녀들이 가진 모든 죄를 그대로 뒤집어쓰고 죽으셨다. 그가 하나님의 어린 양이 되어 기쁨의 제사를 완성하심으로써 하나님과 인간을 위한 사역을 감당하는 중보적인 존재가 되었던 것이다.

3 그리스도께서 정죄당하신 '세상 법정'

하나님의 아들이신 예수님께서는 죄인이 아니라 한 점 흠 없는 거룩한 분임에도 불구하고 본디오 빌라도가 주도하는 세상의 법정에서 죄인으로 간주되어 정죄를 당하셨다. 이는 죄악에 빠진 세상의 악한 속성을 다시금 만천하에 드러내는 역할을 하게 되었다. 타락한 세상은 예수 그리스도

가 자신과 전혀 다른 거룩한 속성을 소유했다는 이유만으로 예수 그리스
도를 용납할 수 없었다.

우리는 이에 대한 올바른 이해를 하지 않으면 안 된다. 그것은 하나님
께 속한 교회와 세상의 상이한 가치관에 밀접하게 연관되어 있기 때문이
다. 악한 세상은 죄에 물든 자기와 맞지 않은 거룩한 대상이라면 곧바로
죄로 규정하기를 서슴지 않는다. 즉 그들은 하나님의 의에 속한 것들을 죄
로 규정하고 참된 진리를 멸시하게 된다.

그리하여 의로운 예수 그리스도께서는 타락한 세상과 근본적으로 상
이한 가치를 소유하고 표현함으로써, 악한 자들의 의도에 따라 죄인의 자
리에 앉게 되었다. 그와 같은 과정을 통해 세상은 또다시 하나님의 의에
저항하는 만행을 만천하에 드러냈다. 그것은 곧 예수 그리스도를 통한 하
나님의 심판과 승리를 궁극적으로 보여주고 있다.

4 우리가 용서받게 될 '천상의 법정'

죄에 빠져 오염된 세상은 궁극적으로 하나님의 심판대 앞에 설 수밖
에 없다. 그것은 어떤 존재도 피할 수 없는 필연적인 길이다. 장차 모든 피
조물들이 하나님의 심판을 받게 될 것이며 모든 인간들 또한 그 과정을 거
쳐야만 한다.

그때 하나님의 자녀들은 그 심판에서 법적으로 의로운 자로 확인받게
된다. 예수 그리스도께서 십자가 위에서 이미 우리를 위한 모든 형벌을 받
으셨기 때문이다. 즉 예수 그리스도께서 자기 백성들을 위해 대신 법적인

정죄를 받으셨으므로 그에게 속한 자들은 또다시 정죄의 심판을 받을 필요가 없게 된 것이다.

5 십자가 사역의 의의

예수님께서 달리신 나무 십자가는 '진노와 저주'의 특별한 도구가 되었다. 인간의 몸을 입으신 그는 십자가 형틀 위에서 하나님의 진노를 한 몸에 받으셨기 때문이다. 진노와 저주를 받을 이유가 전혀 없는 거룩하신 예수님께서 하나님의 무서운 진노를 받으셨으며, 하나님께서는 그 사역을 통해 죄에 빠진 자기 백성들에게 내리실 모든 진노를 그에게 내리셨던 것이다.

따라서 그 십자가 사건은 우리에게는 은혜의 사건이며 그와 상관이 없는 자들에게는 심판의 사건이었다. 우리가 받게 될 무서운 진노와 저주를 예수님께서 십자가 위에서 대신 받으심으로써 우리에게 존재하는 그 진노의 원인이 법적으로 소멸하게 되었다. 즉 그의 십자가 사역이 아니었으면 그 진노와 저주는 마땅히 우리가 받아야만 했다.

예수님께서 십자가 위에서 당하신 고통은 그의 몸과 영혼 즉 전인적으로 임했다. 이는 그의 십자가 사역을 통해 그의 자녀인 우리의 몸과 영혼에 그대로 전가되었다는 사실을 말해주고 있다. 우리는 이를 통해 그리스도의 십자가 사역이 아담으로 말미암은 죄의 문제를 완벽하게 해결했다는 사실을 알게 된다.

6 유일한 속죄제물

죄에 빠진 인간들에게는 죽음의 두려움과 미래의 불확실성으로 인한 종교성宗敎性이 내재하고 있다. 그러나 일반적인 종교는 본질상 매우 위험한 성격을 지니고 있다. 설령 그것이 인간들의 윤리적인 측면에서 어느 정도 긍정적인 면이 있다고 할지라도 그 본질은 죄에 근거하고 있다. 그것은 결국 하나님의 영원한 진리를 거부하게 만든다.

세상에 존재하는 다양한 종교들은 제각기 소위 영생을 추구한다. 영원히 살고자 하는 막연한 욕망과 근거 없는 기대감이 인간들의 내면에 작용하고 있기 때문이다. 하지만 그와 같은 종교적인 사고와 행위가 결코 저들을 영원한 생명으로 인도하지 못한다.

분명한 사실은, 인간의 죄에 연관된 근본적인 문제를 해결하기 위한 유일한 방편은 하나님의 아들이신 예수 그리스도의 십자가 사역이라는 점이다. 즉 그를 통한 제사가 없이는, 타락한 인간들이 하나님의 진노와 저주의 형벌에서 빠져 나올 수 있는 길이 없다. 교회에 속한 성도들은 항상 이 진리를 공적으로 고백하고 있다.

만일 예수 그리스도 외에 다른 구원의 방편이 있다고 주장하는 자가 있다면 그는 하나님을 모독하는 자라 하지 않을 수 없다. 비록 적극적인 언사를 사용하지 않는다고 할지라도 저들의 실상은 그렇다. 그런 판단에 빠진 자들은 그리스도께서 자신의 거룩한 몸을 바쳐 대속의 죽음을 감당한 역사적인 사실을 거부하고 있기 때문이다. 우리 시대에 들어와, 세상의 모든 종교들에 나름대로 구원의 길이 존재하는 듯이 주장하는 종교다원주의자들은 하나님을 모독하는 자들에 지나지 않는다.

스코틀랜드 신앙고백

질 문 과 토 론

1 _ 예수님께서 십자가를 지신 것은 선택적이었는가?

2 _ 하나님의 아들인 예수님이 죄인들이 당할 고난을 경험해야 했던 이유는 무엇인가?

3 _ 그를 '하나님의 어린 양'이라 부른 의미를 생각해 보라.

4 _ 죄 없는 예수님께서 십자가를 지고 죽어야 했던 이유에 대하여 이야기해 보라.

5 _ '세상의 법정'에서 예수님이 당하신 정죄와 형벌의 의미는 무엇인가?

6 _ '천상의 법정'에서 우리가 받게 될 판결에 대해 되새겨 보라.

7 _ '진노와 저주의 십자가'란 말의 의미는 무엇인가?

8 _ 예수님께서 '몸과 영혼'으로 고통을 당하셨다는 의미를 생각해 보라.

9 _ 종교다원주의(christs: christ-pluralism)의 이단성을 비판해 보라.

제 10 장

부 활

The Resurrection

우리는 그 사망의 처참함이 생명의 조성자를 속박하는 것이 불가능하다는 사실을 의심 없이 믿는다(행2:24). 우리 주 예수 그리스도는 십자가에 못 박혀 죽어 매장되어 지옥으로 내려가셨다가 우리를 의롭게 하시기 위하여 다시 살아나셨으며(행3:26; 롬6:5,9; 4:25) 사망의 근원자를 파멸시키시고 그에 속박되어 있던 우리에게 다시금 생명을 공급해 주셨다(히2:14-15). 우리는 주님의 부활이 그의 적병들의 증언에 의하여 증거되었으며(마28:4), 그의 부활로 인해 무덤이 열리고 죽은 사람들이 일어나 예루살렘 거리에 나타나 많은 사람에게 보인 것을 통해 확증된 사실을 알고 있다(마27:52-53). 그것은 또한 천사의 증언(마28:5-6)과 주님의 부활 후에 그와 함께 먹고 마시고 대화한 사도들과 여러 사람들의 체험적인 증언에 의해 입증되었다(요20:27; 21:7,12-13; 눅24:41-43).

We undoubtedly believe, since it was impossible that the sorrows of death should retain in bondage the Author of life(Acts 2:24), that our Lord Jesus crucified, dead, and buried, who descended into hell, did rise again for our justification(Acts 3:26; Rom. 6:5,9; 4:25) and the destruction of him who was the author of death, brought life again to us that were subject to death and its bondage(Heb. 2:14-15). We know that his resurrection was confirmed by the testimony of his enemies(Matt. 28:4), and by the resurrection of the dead, whose sepulchers opened, and they rose and appeared to many within the city of Jerusalem(Matt. 27:52-53). It was also confirmed by the testimony of his angels(Matt. 28:5-6), and by the senses and judgment of his apostles and of others, who had conversation, and ate and drank with him after his resurrection(John 20:27; 21:7,12-13; Luke 24:41-43).

근거 성경 본문

▨ ‖ **행2:24** ‖ "하나님께서 사망의 고통을 풀어 살리셨으니 이는 그가 사망에게 매여 있을 수 없었음이라"

▨ ‖ **행3:26** ‖ "하나님이 그 종을 세워 복 주시려고 너희에게 먼저 보내사 너희로 하여금 돌이켜 각각 그 악함을 버리게 하셨느니라"; ‖ **롬6:5,9** ‖ "만일 우리가 그의 죽으심을 본받아 연합한 자가 되었으면 또한 그의 부활을 본받아 연합한 자가 되리라 … 이는 그리스도께서 죽은 자 가운데서 사셨으매 다시 죽지 아니하시고 사망이 다시 그를 주장하지 못할 줄을 앎이로라"; ‖ **롬4:25** ‖ "예수는 우리 범죄함을 위하여 내어줌이 되고 또한 우리를 의롭다 하심을 위하여 살아나셨느니라"

▨ ‖ **히2:14,15** ‖ "자녀들은 혈육에 함께 속하였으매 그도 또한 한 모양으로 혈육에 함께 속하심은 사망으로 말미암아 사망의 세력을 잡은 자 곧 마귀를 없이 하시며 또 죽기를 무서워하므로 일생에 매여 종노릇하는 모든 자들을 놓아주려 하심이니"

▨ ‖ **마28:4** ‖ "수직하던 자들이 저를 무서워하여 떨며 죽은 사람과 같이 되었더라"

▨ ‖ **마27:52,53** ┃ "무덤들이 열리며 자던 성도의 몸이 많이 일어나되 예수의 부활 후에 저희가 무덤에서 나와서 거룩한 성에 들어가 많은 사람에게 보이니라"

▨ ‖ **마28:5,6** ┃ "천사가 여자들에게 일러 가로되 너희는 무서워 말라 십자가에 못 박히신 예수를 너희가 찾는 줄을 내가 아노라 그가 여기 계시지 않고 그의 말씀하시던 대로 살아나셨느니라 와서 그의 누우셨던 곳을 보라"

▨ ‖ **요20:27** ┃ "도마에게 이르시되 네 손가락을 이리 내밀어 내 손을 보고 네 손을 내밀어 내 옆구리에 넣어보라 그리하고 믿음 없는 자가 되지 말고 믿는 자가 되라"; ‖ **요21:7,12,13** ┃ "예수의 사랑하시는 그 제자가 베드로에게 이르되 주시라 하니 시몬 베드로가 벗고 있다가 주라 하는 말을 듣고 겉옷을 두른 후에 바다로 뛰어내리더라 … 예수께서 가라사대 와서 조반을 먹으라 하시니 제자들이 주신줄 아는 고로 당신이 누구냐 감히 묻는 자가 없더라 예수께서 가셔서 떡을 가져다가 저희에게 주시고 생선도 그와 같이 하시니라"; ‖ **눅24:41-43** ┃ "저희가 너무 기쁘므로 오히려 믿지 못하고 기이히 여길 때에 이르시되 여기 무슨 먹을 것이 있느냐 하시니 이에 구운 생선 한 토막을 드리매 받으사 그 앞에서 잡수시더라"

해 설

1 '생명'과 '사망'

성경에서 정의되는 근원적 의미의 생명과 사망은 사람들이 일반적으로 이해하는 것과 전혀 다른 개념을 지니고 있다. 세상에서 말하는 생명이란 일반 이성과 경험에 따른 현상적인 생명을 의미하고 있다. 그리고 죽음에 관한 이해도 인간의 경험속에 놓여있는 한시적인 현상에 연관되어 있다.

이에 반해 성경이 언급하고 있는 생명이란 죽음과 아무런 접촉점이 없는 상태의 참 생명을 의미한다. 이는 진정한 생명이라면 사망과 어떤 유사성이나 연결고리가 존재하지 않는다는 사실을 말해주고 있다. 즉 타락한 세상 가운데 살아있는 모든 생명들은 현상적으로 살아 움직이지만 실상은 죽음에 밀착된 상태에 놓여 있으므로 궁극적으로는 죽은 것과 마찬가지다.

일반적인 개념의 죽음에 관해서도 이와 동일한 관점에서 해석되어야한다. 즉 영원한 사망이란 세상에서의 생명이 끊어지는 것을 뜻하는 것이 아니라 참 생명이신 예수 그리스도와 상관이 없는 상태를 의미한다. 예수 그리스도로부터 분리된 자들은 이 세상에서의 육체적인 활동과 무관하게 이미 죽은 상태에 놓여 있는 것이다.

2 예수 그리스도의 부활과 사망에 대한 정복

예수 그리스도의 사역은 인간과 우주만물에 대한 생명과 죽음의 갈림
대 역할을 하게 된다. 특히 십자가 사역과 부활사건은 생명과 죽음의 근원
을 완전히 분리시키게 되었다. 즉 타락한 세상에서는 현상적으로 생명과
죽음이 공존하는 듯이 간주되지만 이제 그것은 상호 접촉하거나 만날 수
없는 상황이 된 것이다.

이는 십자가에 달려 돌아가신 예수님의 부활에 그 뿌리를 두고 있다.
그것으로써 사탄이 아담을 통해 세상에 들여보낸 사망을 정복하셨기 때문
이다. 물론 사망을 이긴 그리스도의 사역은 보편적 개념에서의 모든 결과
를 담보하지 않는다. 즉 예수 그리스도께서는 창세전에 택하신 자기 자녀
들을 사망으로부터 해방시켜 저들에게 생명을 공급하셨지만, 하나님의 언
약과 상관이 없는 자들에게는 그 효력이 전혀 미치지 않는다.

3 그리스도의 '지옥 강하'와 그 목적

십자가에 달려 돌아가신 예수님은 지옥으로 내려가셨다. 그가 무덤에
묻혀 있는 사흘 동안에는 그의 시신은 무덤에 놓여 있었지만 그의 영혼은
지옥으로 내려가셨던 것이다. 사도신경에는 그에 대한 내용이 있으며 우
리가 항상 공적으로 고백해야 할 내용이다. 그럼에도 불구하고 한글 번역
에는 안타깝게도 그 구절이 빠져 있다. 그리스도께서 지옥으로 내려가신
사실("He descended into hell")이 생략되어 있는 것이다.

과거 한국 교회가 사도신경을 번역하면서 왜 그것이 빠졌는지 모르지만, 이는 바르게 고쳐져야 할 부분이다. 그러므로 "… 본디오 빌라도에게 고난을 받으사, 십자가에 못 박혀 죽으시고, 장사[되어 지옥으로 내려가셨다가], 사흘 만에 죽은 자 가운데서 다시 살아나시며, 하늘에 오르사 …"로 정정되어야 한다. 물론 이것은 개인이 아니라 공교회 차원에서 공적으로 확인해야 할 내용이다.

십자가에 달려 돌아가신 그리스도께서 지옥으로 내려가신 까닭은 거기에 갇혀 있는 영들에게 하나님의 승리를 선포하시기 위해서였다. 그는 우주만물과 지상의 가시적인 영역뿐 아니라 지옥의 세력을 정복하시고 저들에게 승리를 선포하셨다. 그것은 지옥에 있는 영들에게 구원을 선포하시기 위해서가 아니라, 사탄이 지배하고 있는 모든 영역에 대해 완벽한 승리를 선언하시기 위한 것이었다.

4 '공격적인 성격의 부활' 과 궁극적인 승리

예수님의 부활은 단순히 죽음에서 일어난 상태적인 사건이 아니라, 음부의 권세에 대한 공격적인 성격의 부활을 통해 영원한 승리를 가져왔다. 즉 그가 사망을 이기고 부활했다는 사실은 공격적인 의미를 지니는 것으로서 가시적인 현상만을 의미하지 않는다. 그것은 가시적이며 물리적인 모든 영역과 더불어 불가시적인 음부의 모든 권세를 정복한 후의 부활에 연관되어 있는 것이다.

그러므로 예수 그리스도의 부활은 사탄의 세력에 대한 최종적인 승리와 연관되어 있다. 따라서 눈에 보이는 것들뿐 아니라 사탄에 속한 불가시적인 모든 존재들은 하나님 앞에 무릎을 꿇어야만 했다. 즉 그의 부활은 지엽적이지 않았으며 역사적 한 시점의 사건을 넘어 전 우주에 영향을 미치는 하나님의 사역이었던 것이다.

5 부활의 증거

십자가를 지고 돌아가신 후 사흘간 무덤에 묻혔던 예수님께서 부활하신 것에 대한 증거는 다각도로 나타났다. 천사들이 그에 대한 첫번째 증언을 했으며, 예수님을 대적했던 자들이 그 사실을 증언했다. 또한 예수님의 사도들을 비롯한 많은 사람들이 그의 부활을 직접 목격했다. 나아가 이미 죽어 무덤에 묻혀 있던 여러 성도들도 죽음에서 일어나 그에 대한 증거를 했다.

(1) 천사들의 증언

예수님의 부활에 대한 첫번째 증언은 천사들에 의해 이루어졌다. 예수님께서 십자가에 달려 돌아가신 후 뒤따른 안식일 날은 종일토록 무덤에 갇혀 계셨다. 그러나 예수님이 무덤에서 부활하시게 되리라고 믿은 사람은 아무도 없었다.

그리하여 안식일 후 첫날 생전에 그를 따르던 여인들이 그가 묻힌 곳을 찾아갔다. 그들은 예수님의 시신에 향품을 처리함으로써 장례를 마무리하고자 했던 것이다. 이는 부활에 대한 저들의 불신앙의 결과이다. 여인들이 무덤을 찾았을 때, 그의 부활을 상상도 하지 않던 저들에게 천사들이 나타나 그 사실을 알려 주었다.

이는 하나님께서 직접 그리스도의 부활을 사람들에게 선포하며 증언하셨음을 말해준다. 하나님으로부터 이루어진 이 첫번째 증언은 인간들 스스로 그렇게 할 수 없었다는 사실을 잘 보여주고 있다. 즉 부활에 대한 증언은 인간들의 신앙심에서 나온 것이 아니라 하나님으로부터 허락되어 제자들과 여러 성도들에게 전달되었던 것이다.

(2) 군병들에 의한 증거

예수님의 부활은 천사들과 그를 따르던 사람들만 증거한 것이 아니다. 오히려 제자들을 비롯한 성도들이 그의 부활을 받아들이기 전에 이미 무덤을 지키던 병사들이 그 사실을 알게 되었다. 그들은 무덤에 묻혀 있어야 할 사형수의 시체가 사라진 것을 알고 무서워 떨었으며 죽은 사람 같이 되었다.[6]

그들은 계속해서 무덤을 지키고 있었기 때문에 외부인들이 그 시신을 훔쳐가거나 다른 의심을 가질 만한 일이 발생하지 않았다는 사실을 가장 잘 알고 있었다. 따라서 예수님의 시신은 당연히 그 안에 있어야만 했던 것이다.

6) 무덤을 지키는 임무를 맡은 병사들이 예수님의 시체가 사라진 것을 알고 크게 두려워했던 까닭은 두 가지 이유와 연관되었을 것으로 보인다. 첫째는 죽음을 이긴 그리스도의 부활 사실을 알았기 때문이다. 그리고 둘째는 사형수의 시체를 제대로 지키지 못한 것에 대한 상부의 문책이 두려웠기 때문이었을 것이다.

그런데 그 무덤 안에 당연히 있어야 할 시신이 없어졌다. 무덤 안을 들여다 본 군인들이 크게 놀랐던 것은 전혀 이상하지 않다. 우리는 이를 통해 예수 그리스도의 부활이 그를 따르던 자들이 아니라 군병들에 의해 먼저 증거되었다는 사실을 알게 되는 것이다.

(3) 사도들과 목격자들의 증언

십자가에 달려 돌아가신 예수님이 부활하신 첫날 아침 맨 먼저 그 사실을 알게 된 여성들과 사도들은 저들의 믿음에 의해 그의 부활을 확인한 것이 아니었다. 나중 부활하신 그의 모습을 직접 목격한 사도들조차도 스스로는 그를 알아보지 못했다. 엠마오로 가는 도상에서 예수님을 만나 대화를 나눈 두 제자들은 그가 누구인지 몰랐다. 도마는 예수님과 한 방 안에 있으면서도 그를 알아볼 수 없었다.

예수님의 제자들은 부활한 그의 육체를 손으로 만져보기도 했으며, 갈릴리 바닷가에서는 함께 식사를 나누기도 했다. 하지만 목격자들이 부활하신 주님을 만났을 때 저를 알아보게 된 것은 전적인 하나님의 은혜로 말미암은 것이었다. 오직 하나님의 은혜가 저들에게 임함으로써 부활의 주님을 알아보는 것이 가능했던 것이다.

그들이 예수님의 부활 사실을 증언했던 것은 저들의 신실함에 달려 있었던 것이 아니다. 즉 증언 자체는 개인적인 성실도와 아무런 상관이 없다. 그들은 부활하신 주님을 직접 만나 목격했기 때문에 사실 그대로 말했을 따름이다.

(4) '죽은 자들' 의 증거

예수님의 십자가 사역과 더불어 사람들의 이성과 경험으로는 결코 이해할 수 없는 놀라운 사건이 일어났다. 그것은 그 전에 이미 죽었던 성도들 가운데 다시 살아난 자들이 있었기 때문이다. 즉 죽은 자들이 무덤에서 나와 예루살렘 성으로 들어가 많은 사람들에게 보였던 것이다(마27:52,53).

우리는 물론 그 전에 저들을 알고 있던 다른 사람들이 직접 저들과 개별적인 교제를 나누었는가 하는 것은 별개의 문제로 이해해야 한다. 나아가 무덤에서 나온 자들이 집단적으로 행동한 것으로 볼 수도 없다. 아마도 과거에 저들과 함께 살았던 사람들은 거의 죽었을 것이며, 일시적으로 살아난 저들의 얼굴을 알지 못하는 후손들만 여러 곳에 흩어져 살고 있었을 것이다.

물론 우리는, 그들이 무덤에서 일어나 예루살렘에 나타나서 다시금 집을 짓고 가정을 꾸려 생활했던 것으로 말하기 어렵다. 그들은 부활하신 예수님이 일정 기간 세상에 계셨듯이 저들도 그러했을 것으로 보인다.

그러므로 그들과 현실적인 교제가 없이 일시적으로 나타나 보였다고 할지라도 그것은 전적인 하나님의 섭리적인 사역에 연관되어 있다. 그들이 예루살렘 성 안에 보인 것은 예수 그리스도의 지옥 강하와 더불어 죽었던 자들의 실제적인 증거가 필요했기 때문이었을 것으로 여겨진다. 즉 당시 사람들이 저들을 구체적으로 알아보지 못했다 할지라도 죽은 성도들을 통해 부활이 선포된 사실이 하나님의 말씀으로 계시되었다는 사실은 매우 중요한 의미를 지니고 있다.

질 문 과 토 론

1 _ 성경이 본질적으로 의미하고 있는 '참 생명'과 '사망'에 관해 생각해 보라.

2 _ '생명의 조성자'와 '사망의 근원자'는 누구인가?

3 _ 예수님의 십자가 사역과 부활 사건의 효과와 영향에 대하여 생각해 보라.

4 _ 예수님의 육체가 죽어 무덤에 묻혀 있던 사흘 동안 그의 영혼은 지옥에 내려가셨는데 그 목적은 무엇인가?

5 _ 예수님께서 사망을 정복하신 사실과 그 전체적인 정복 범위에 대해 생각해 보라.

6 _ '공격적인 성격의 부활'에 관한 의미를 생각해 보라.

7 _ 예수님의 부활의 승리는 다양한 인간들과 우주만물에 어떤 결과를 가져오게 되었는가?

8 _ 예수님의 부활을 증언한 여러 부류의 사람들과 저들의 다양한 형편에 연관된 특성에 대하여 이야기 해 보라.

제 11 장

승 천
The Ascension

우리는 동정녀의 몸에서 출생하여 십자가에 달려 죽어 장사되었다가 다시 살아나신 주님의 그 동일한 몸이 모든 것들을 성취하시기 위해 하늘로 올라가신 사실을 의심하지 않는다(막16:9; 마28:6; 눅24:51; 행1:9). 또 주님은 우리 가운데서 우리의 위로를 위해 하늘과 땅의 모든 권세를 받으셨다(마28:18). 또한 그는 성부 하나님 우편에 앉아서 그의 나라에서 왕위에 오르셨으며 우리를 위해서는 대변자이자 유일한 중보자이시다(요일2:1; 딤전2:5). 주님만이 성도들 가운데서 영광과 존귀와 특권을 소유하시다가 마침내 그의 모든 원수들은 그의 발아래 놓이는 발등상이 될 것이다(시110:1; 마22:44; 막12:36; 눅20:42-43). 그렇게 하여 우리는 그 원수들이 최후의 심판을 받을 것으로 확신한다. 또 그 심판의 집행을 위하여 우리 주 예수 그리스도가 먼저 승천하신 모습 그대로 눈으로 볼 수 있게 재림하실 것을 믿으며(행1:8) 그때 모든 것들이 새로 회복되어(행3:19) 의를 위하여 학대와 굴욕과 악에 시달려 고난을 받은 사람들이 창세부터 약속된 불멸의 복된 생명을 이어받을 것을 믿는다(마25:34; 살후1:4-8).

하지만 그와 반대로 강퍅하여 불순종하는 잔인한 박해자들과 더럽혀진 자들과 우상숭배자들과 여러가지 불신하는 자들은 완전한 흑암 속에 던져지게 될 것인데 거기에서는 구더기도 죽지 않을 것이며 뜨거운 불이 꺼지지 않을 것이다(계21:27; 사66:24; 마25:41; 막9:44-48; 마22:13). 우리에게 있어서 그 날과 그 때 있게 될 심판을 기억하는 것은 우리의 육체적인 욕망을 억제할 뿐 아니라 무한한 위로가 된다. 또한 그것으로 인해 세상의 왕들의 위협과 현세의 위험과 죽음의 공포가 우리로 하여금 머리이신 유일한 중보자 예수 그리스도 안에 있는 복된 공동체를 포기하지 못하도록 한다(벧후3:11; 고후5:9-11; 눅21:27-28; 요14:1 등). 우리는 그리스도 예수를 약속의 메시아, 교회의 유일한 머리, 의로우신 율법의 주권자, 유일한 대제사장, 대언자, 중보자임을 고백하고 공적으로 고백한다(사7:14; 엡1:22; 골

1:18; 히9:11,15; 10:21; 요일 2:1; 딤전2:5). 사람이나 혹은 천사가 주님의 영예와 직무에 저항하여 스스로 교만을 부린다면 우리는 우리의 주권자이시며 최고의 지배자이신 예수 그리스도를 모독하는 것으로 간주하여 저들을 철저히 혐오하고 증오할 것이다.

We do not doubt but that the selfsame body which was born of the virgin, was crucified, dead, and buried, and which rose again, ascended into the heavens, for the accomplishment of all things(Mark 16:9; Matt. 28:6; Luke 24:51; Acts 1:9), where in our names and for our comfort he has received all power in heaven and earth(Matt. 28:18), where he sits at the right hand of the Father, having received his kingdom, the only advocate and mediator for us(1 Jn. 2:1; 1 Tim. 2:5); which glory, honor, and prerogative, he alone among the brethren shall possess until all his enemies are made his footstool(Ps. 110:1; Matt. 22:44; Mark 12:36; Luke 20:42-43), as we undoubtedly believe they shall be in the Last Judgment. We certainly believe that the same our Lord Jesus shall visibly return for this Last Judgment as he was seen to ascend(Acts 1:8). And then, we firmly believe, the time of refreshing and restitution of all things shall come(Acts 3:19), so that those who from the beginning have suffered violence, injury, and wrong, for righteousness' sake, shall inherit that blessed immortality promised them from the beginning(Matt.25:34; 2Thess. 1:4-8).

But, on the other hand, the stubborn, disobedient, cruel persecutors, filthy persons, idolaters, and all sorts of the unbelieving, shall be cast into the dungeon of utter darkness, where their worm shall not die, nor their fire be quenched(Rev. 21:27; Isa. 66:24; Matt. 25:41; Mark 9:44,46,48; Matt. 22:13). The remembrance of that day, and of the Judgment to be executed in it, is not only a bridle by which our carnal lusts are restrained but also such inestimable comfort that neither the threatening of worldly princes, nor the fear of present danger or of temporal death, may move us to renounce and forsake that blessed society which we, the members, have with our Head and only Mediator, Christ Jesus(2 Pet. 3:11; 2 Cor. 5:9-11; Luke 21:27-28; John 14:1, etc): whom we confess and avow to be the promised Messiah, the only Head of his Kirk, our just Lawgiver, our only High Priest, Advocate, and Mediator(Isa. 7:14; Eph. 1:22; Col. 1:18; Heb. 9:11,15; 10:21; 1 John 2:1; 1 Tim. 2:5). To which honors and offices, if man or angel presume to intrude themselves, we utterly detest and abhor them, as blasphemous to our sovereign and supreme Governor, Christ Jesus.

근거 성경 본문

▨ ‖ **막16:9** ‖ "예수께서 안식 후 첫날 이른 아침에 살아나신 후 전에 일곱 귀신을 쫓아내어 주신 막달라 마리아에게 먼저 보이시니"; ‖ **마28:6** ‖ "그가 여기 계시지 않고 그의 말씀하시던 대로 살아나셨느니라 와서 그의 누우셨던 곳을 보라"; ‖ **눅24:51** ‖ "축복하실 때에 저희를 떠나 하늘로 올리우시니"; ‖ **행1:9** ‖ "이 말씀을 마치시고 저희 보는데서 올리워 가시니 구름이 저를 가리워 보이지 않게 하더라"

▨ ‖ **마28:18** ‖ "예수께서 나아와 일러 가라사대 하늘과 땅의 모든 권세를 내게 주셨으니"

▨ ‖ **요일2:1** ‖ "나의 자녀들아 내가 이것을 너희에게 씀은 너희로 죄를 범치 않게 하려 함이라 만일 누가 죄를 범하면 아버지 앞에서 우리에게 대언자가 있으니 곧 의로우신 예수 그리스도시라"; ‖ **딤전2:5** ‖ "하나님은 한 분이시요 또 하나님과 사람 사이에 중보도 한 분이시니 곧 사람이신 그리스도 예수라"

▨ ‖ **시110:1** ‖ "여호와께서 내 주에게 말씀하시기를 내가 네 원수로 네 발등상 되게 하기까지 너는 내 우편에 앉으라 하셨도다"; ‖ **마22:44** ‖ "주

께서 내 주께 이르시되 내가 네 원수를 네 발 아래 둘 때까지 내 우편에 앉았으라 하셨도다 하였느냐"; ‖ **막12:36** ‖ "다윗이 성령에 감동하여 친히 말하되 주께서 내 주께 이르시되 내가 네 원수를 네 발 아래 둘 때까지 내 우편에 앉았으라 하셨도다 하였느니라"; ‖ **눅20:42-43** ‖ "시편에 다윗이 친히 말하였으되 주께서 내 주께 이르시되 내가 네 원수를 네 발의 발등상으로 둘 때까지 내 우편에 앉았으라 하셨도다 하였느니라"

▨ ‖ **행1:8** ‖ "오직 성령이 너희에게 임하시면 너희가 권능을 받고 예루살렘과 온 유대와 사마리아와 땅 끝까지 이르러 내 증인이 되리라 하시니라"

▨ ‖ **행3:19** ‖ "그러므로 너희가 회개하고 돌이켜 너희 죄 없이 함을 받으라 이같이 하면 유쾌하게 되는 날이 주 앞으로부터 이를 것이요"

▨ ‖ **마25:34** ‖ "그 때에 임금이 그 오른편에 있는 자들에게 이르시되 내 아버지께 복 받을 자들이여 나아와 창세로부터 너희를 위하여 예비된 나라를 상속하라"; ‖ **살후1:4-8** ‖ "그리고 너희의 참는 모든 핍박과 환난중에서 너희 인내와 믿음을 인하여 하나님의 여러 교회에서 우리가 친히 자랑함이라 이는 하나님의 공의로운 심판의 표요 너희로 하여금 하나님 나라에 합당한 자로 여기심을 얻게 하려 함이니 그 나라를 위하여 너희가 또한 고난을 받느니라 너희로 환난 받게 하는 자들에게는 환난으로 갚으시

고 환난 받는 너희에게는 우리와 함께 안식으로 갚으시는 것이 하나님의 공의시니 주 예수께서 저의 능력의 천사들과 함께 하늘로부터 불꽃 중에 나타나실 때에 하나님을 모르는 자들과 우리 주 예수의 복음을 복종치 않는 자들에게 형벌을 주시리니"

▨ ‖ **계21:27** ‖ "무엇이든지 속된 것이나 가증한 일 또는 거짓말 하는 자는 결코 그리로 들어오지 못하되 오직 어린 양의 생명책에 기록된 자들뿐이라"; ‖ **사66:24** ‖ "그들이 나가서 내게 패역한 자들의 시체들을 볼 것이라 그 벌레가 죽지 아니하며 그 불이 꺼지지 아니하여 모든 혈육에게 가증함이 되리라"; ‖ **마25:41** ‖ "또 왼편에 있는 자들에게 이르시되 저주를 받은 자들아 나를 떠나 마귀와 그 사자들을 위하여 예비된 영영한 불에 들어가라"; ‖ **막9:44-48** ‖ "만일 네 발이 너를 범죄케 하거든 찍어버리라 절뚝발이로 영생에 들어가는 것이 두 발을 가지고 지옥에 던지우는 것보다 나으니라 … 만일 네 눈이 너를 범죄케 하거든 빼어버리라 한 눈으로 하나님의 나라에 들어가는 것이 두 눈을 가지고 지옥에 던지우는 것보다 나으니라 거기는 구더기도 죽지 않고 불도 꺼지지 아니하느니라"; ‖ **마22:13** ‖ "임금이 사환들에게 말하되 그 수족을 결박하여 바깥 어두움에 내어던지라 거기서 슬피 울며 이를 갊이 있으리라 하니라"

▨ ‖ **벧후3:11-13** ‖ "이 모든 것이 이렇게 풀어지리니 너희가 어떠한 사람이 되어야 마땅하뇨 거룩한 행실과 경건함으로 하나님의 날이 임하기를

바라보고 간절히 사모하라 그 날에 하늘이 불에 타서 풀어지고 체질이 뜨거운 불에 녹아지려니와 우리는 그의 약속대로 의의 거하는 바 새 하늘과 새 땅을 바라보도다"; || **고후5:9-11** | "그런즉 우리는 거하든지 떠나든지 주를 기쁘시게 하는 자 되기를 힘쓰노라 이는 우리가 다 반드시 그리스도의 심판대 앞에 드러나 각각 선악간에 그 몸으로 행한 것을 따라 받으려 함이라 우리가 주의 두려우심을 알므로 사람을 권하노니 우리가 하나님 앞에 알리워졌고 또 너희의 양심에도 알리워졌기를 바라노라"; || **눅21:27-28** | "그 때에 사람들이 인자가 구름을 타고 능력과 큰 영광으로 오는 것을 보리라 이런 일이 되기를 시작하거든 일어나 머리를 들라 너희 구속이 가까왔느니라 하시더라"; || **요14:1** | "너희는 마음에 근심하지 말라 하나님을 믿으니 또 나를 믿으라"

▨ || **사7:14** | "그러므로 주께서 친히 징조로 너희에게 주실 것이라 보라 처녀가 잉태하여 아들을 낳을 것이요 그 이름을 임마누엘이라 하리라"; || **엡1:22** | "또 만물을 그 발 아래 복종하게 하시고 그를 만물 위에 교회의 머리로 주셨느니라"; || **골1:18** | "그는 몸인 교회의 머리라 그가 근본이요 죽은 자들 가운데서 먼저 나신 자니 이는 친히 만물의 으뜸이 되려 하심이요"; || **히9:11,15** | "그리스도께서 장래 좋은 일의 대제사장으로 오사 손으로 짓지 아니한 곧 이 창조에 속하지 아니한 더 크고 온전한 장막으로 말미암아 ... 이를 인하여 그는 새 언약의 중보니 이는 첫 언약 때에 범한 죄를 속하려고 죽으사 부르심을 입은 자로 하여금 영원한 기업의 약속을 얻게

하려 하심이니라"; ‖ **히10:21** ‖ "또 하나님의 집 다스리는 큰 제사장이 계시매"; ‖ **요일2:1** ‖ "나의 자녀들아 내가 이것을 너희에게 씀은 너희로 죄를 범치 않게 하려 함이라 만일 누가 죄를 범하면 아버지 앞에서 우리에게 대언자가 있으니 곧 의로우신 예수 그리스도시라"; ‖ **딤전2:5** ‖ "하나님은 한 분이시요 또 하나님과 사람 사이에 중보도 한 분이시니 곧 사람이신 그리스도 예수라"

해 설

1 '동정녀의 몸' 에서 출생하신 예수 그리스도

창세기 3장 15절에 예언된 '그 여자의 후손' 은 처음부터 특별한 존재라는 사실이 선언되었다. 그는 인간의 모습으로 이땅에 오시게 되지만 아담을 유혹하여 파멸에 빠뜨린 사탄을 궁극적으로 심판하시기 위한 왕적인 인물이다. 따라서 그는 전능하신 하나님으로서 완벽한 인간의 모습으로 이 세상에 오셨다.

메시아가 동정녀의 몸에서 출생하리라는 사실은 구약시대부터 이미 예언되어 온 바였다. 이는 그가 천상의 나라로부터 내려오신 자라는 사실을 입증하는 의미를 지니고 있다. 따라서 예수님은 완벽한 인간이시지만 동시에 완벽한 하나님이시기 때문에 보통 사람들과는 확연히 구별된 특별한 존재였던 것이다.

2 주님의 지상 사역의 목적과 성취

예수님께서 인간의 몸을 입고 이 세상에 오신 가장 중요한 목적 가운데 하나는 거룩한 어린 양으로서 하나님께 속죄제물과 화목제물로 바쳐지기 위해서였다. 이는 인간이 되신 하나님의 아들이 죄인들을 위해 대신 죽으실 목적으로 이땅에 오셨다는 말과도 같다. 그가 그렇게 하시고자 한 것은 창세전에 택하신 자기 백성들을 구원하시기 위한 목적 때문이었다.

그는 지상에서 의도하신 바 모든 사역을 성취하신 후 천상의 나라로 승천하셨다. 그가 부활한 몸으로 하늘로 올라간 사건은 많은 증인들이 지켜보는 가운데 이루어졌다. 그것을 통해 일차적인 그의 사역을 완성하셨으며, 사람들이 승천할 때 본 그대로 그가 다시 재림하시게 되면 모든 것이 완성된다. 그것은 사탄에 의해 오염된 피조세계에 대한 하나님의 완벽한 회복을 의미하고 있다.

3 '만물의 권세자' 이자 '만왕의 왕' 이신 주님

십자가 사역을 완성하신 후 사흘 동안 무덤에 묻혔다가 부활하신 주님은 우주만물의 권세자가 되셨다. 그는 지금 영원한 왕위에 올라 하나님 우편에 앉아 계신다. 그리스도께서는 만왕의 왕이 되어 인간들을 비롯한 우주만물의 모든 피조세계를 통치하게 된 것이다. 그가 하나님으로부터 모든 권세를 받아 왕이 되신 사실은 그의 자녀들인 성도들에게 커다란 위로가 된다.

4 우리의 대변자이자 유일한 중보자

예수 그리스도는 하나님의 자녀들을 위한 대변자 곧 변호인(advocate)
으로 사역하시는 분이다. 변호인이란 심판을 위한 기능을 담당하는 법적
인 전문가라 할 수 있다. 성경은, 악한 사탄이 모든 인간들을 배신자로 몰
아붙여 하나님께 고소하는 자라는 사실을 언급하고 있다(욥1:6; 슥3:1). 또한
성경에는 모세의 율법이 인간들을 고소하는 기능을 한다는 사실이 기록되
어 있다(요5:45).

이런 상황에서 모든 인간들은 하나님 앞에서 죄인이 되어 정죄받을
수밖에 없는 상황에 처하게 된다. 그때 예수 그리스도께서는 성도들을 위
한 변호인이 되어 우리의 무죄를 주장하여 입증하게 된다. 자기가 저들의
죄를 지고 십자가 위에서 대신 죽었기 때문에 저들에게는 죄가 없음을 변
호하게 되는 것이다.

이와 같이 예수님은 하나님과 인간들 사이를 중재하는 중보자로서 사
역을 감당하셨다. 그의 중보사역 없이 거룩한 하나님 앞으로 나아갈 수 있
는 인간은 존재하지 않는다. 그리스도께서 하나님의 자녀들을 위한 유일
한 중보자가 되셨기 때문에 구원받은 자들은 그에게로 나아갈 수 있게 된
것이다.

5 주님의 영광과 궁극적인 승리

진정한 영광과 존귀를 받을 수 있는 특권은 오직 예수 그리스도 한 분

만 가지고 계신다. 그 이외에 어느 누구도 그것을 받을 만한 자격을 갖춘 자들이 없다. 만일 인간들 가운데 그와 같은 대우를 받고자 한다면 그것은 하나님의 영광과 존귀를 가로채고자 하는 악한 태도를 드러내는 것에 지나지 않는다.

이 말은 예수 그리스도가 사탄의 세력을 궁극적으로 심판하시는 유일한 승리자라는 사실에 연관되어 있다. 그는 모든 성도들 가운데서, 사탄의 세력을 발등상 삼아 그의 발을 올려놓고 짓밟게 된다. 우리는 그렇게 하여 그 원수들이 영원한 심판자이신 예수 그리스도에 의해 준엄한 최후 심판을 받게 된다는 사실을 확실히 알고 있다.

6 주님의 육체적 승천과 재림

예수님께서는 십자가 사역을 완성하신 후 부활하신 몸으로 천상으로 올라가셨다. 그는 천상의 나라에 있는 거룩한 보좌에 앉으시게 되었다. 성경은 천상의 나라의 실체를 증거하기 위해 구약시대에 이미 에녹과 엘리야를 산채로 하늘로 불러 올리셨다. 예수님께서는 구약성경을 통해 보여주신 바로 그곳으로 올라가 심판주로 좌정하고 계신다.

장차 때가 이르면 그가 모든 것들을 심판하시기 위하여 천상으로부터 다시 이 세상에 내려오시게 된다. 그는 승천하시던 모습 그대로 사람들이 눈으로 볼 수 있도록 육체를 입은 몸으로 다시 오실 것을 약속하셨다. 그가 재림하시게 되면 하나님의 계획에 따라 모든 것을 완벽하게 회복하신다.

7 '최후의 심판'과 의인과 악인

부활하신 예수님께서 승천하신 후 지상에서는, 사탄이 온갖 방법들을 동원해 발악을 한다. 사탄의 편에 선 자들은 세상에서의 만족을 최대한 누리려고 할 것이며, 하나님의 편에 선 성도들은 타락한 세상에서 유무형의 박해를 받게 된다. 나아가 입술로 하나님의 이름을 떠올리는 자들 가운데서도 많은 배도자들이 나타난다.

그런 자들은 지옥이 없다고 주장하며 현세지향적인 태도로 살아가기를 좋아한다. 그러나 마지막 때가 되면 하나님을 불신하는 자들과 배도자들은 영원한 흑암에 던져져 구더기도 죽지 않는 뜨거운 불 속에서 당하는 고통을 피할 수 없게 된다. 이에 반해 하나님의 성도들은 세상에서 일시적인 고통을 당하지만 영화로운 삶을 보장받는다. 이렇게 하여 최후의 날이 이르면 의인과 악인은 정반대의 처소로 완전히 갈라지게 된다.

8 '최후의 심판'을 항상 기억해야 할 성도들

하나님의 자녀들은 세상에서 고난을 당하는 가운데 항상 최후의 심판을 염두에 두고 살아가야 한다. 불신자들이 그에 대하여 거부할 때 성도들은 그 날을 기억하며 영원한 소망을 가져야 하는 것이다. 그것이 하나님의 자녀들에게 주어진 이땅에서의 특권이다.

최후의 심판이 도래한다는 사실은 타락한 세상에 살아가는 성도들에게 커다란 위로가 된다. 또한 그와 같은 신앙을 가진 자들은 세상에서의 욕망을 억제할 수 있는 힘을 얻는다. 더욱 중요한 것은, 최후의 심판을 바라보는 믿음이 성도들을 지상에 존재하는 주님의 교회 공동체에 묶어 두는 순전한 기능을 한다는 사실이다.

9 우리의 고백

하나님의 백성들은 예수 그리스도를 지상 교회의 유일한 머리이자 약속의 메시아, 율법의 주권자, 대제사장, 대변자 및 중보자로 믿고 공적으로 고백한다. 그것을 무시하고 주님의 모든 직책과 영광에 맞서서 그 권위를 거부하고 교만에 빠진 자들은 만물의 주권자이신 하나님의 아들을 모독하는 자들이다. 하나님의 자녀들은 예수 그리스도를 거부하고 모독하는 자들을 혐오하고 증오하지 않을 수 없게 된다.

스코틀랜드 신앙고백
질 문 과 토 론

1 _ 예수님이 동정녀의 몸에서 출생해야만 하는 이유가 무엇인가?

2 _ 주님은 자신의 거룩한 목적을 이루시기 위해 어떤 사역을 감당하셨는가?

3 _ 주님의 통치 범위에 대해 이야기해 보라.

4 _ 예수 그리스도는 우리를 위하여 어떤 지위에 계시는 분인가?

5 _ 하나님의 궁극적인 승리의 결과에 대하여 논의해 보라.

6 _ 부활하신 주님의 승천과 육체적 재림에 대하여 생각해 보라.

7 _ 최후 심판에 의해 분리될 수밖에 없는 두 부류의 인간들에 대해 논의해 보라.

8 _ 최후 심판을 기억하는 것으로 인해 성도들이 얻게 되는 중요한 유익에는 어떤 것들이 있는가?

9 _ 최후 심판과 연관하여 하나님의 자녀들이 고백해야 할 내용과 신앙적인 자세에 대하여 생각해 보라.

제 12 장

성령 안에 존재하는 믿음

Faith in the Holy Spirit

이와 같은 우리의 믿음과 그에 대한 확신은 육과 혈, 즉 우리 인간 안에 있는 자연적인 힘에서 생겨나는 것이 아니라 성령의 감동으로 발생한다(마16:17; 요14:26; 15:26; 16:13). 우리는 성령을 성부와 성자와 동등한 하나님으로 고백한다. 성령은 우리를 성결하게 하여 그의 사역을 통해 모든 진리로 인도하신다. 성령 없이는 우리는 영원한 하나님의 대적자로 남아 성자이신 예수 그리스도를 알지 못한다(행5:3-4). 왜냐하면 우리는 자연 그대로는 죽은 자이며 눈이 어두워 강퍅할 뿐 아니라, 주 예수의 성령이 죽은 상태를 자극하여 우리의 마음에서 어두움을 제거하여 그의 기뻐하시는 뜻에 복종하도록 완고한 마음을 굴복시키지 않는다면, 찔려도 느끼지 못하며 빛이 드러나도 볼 수 없으며 계시로 드러나도 하나님의 뜻에 따르거나 복종할 수 없다(골2:13; 엡2:1; 요9:39; 계3:17; 마17:17; 막9:19; 눅9:41; 요6:63; 미7:8; 왕상8:57-58). 이리하여 우리는, 아직 우리가 존재하지 않았을 때 성부 하나님께서 우리를 창조하신 사실과(시100:3), 우리가 여전히 원수가 되어 있을 때 예수 그리스도께서 우리를 속량하신 사실을 고백한다(롬5:10). 우리는 또한 중생 여부와 상관없이 우리에게서 나오는 어떠한 공로도 없는 상태에서 성령께서 우리를 성화시키시고 중생시켰음을 고백한다(요3:5; 딛3:5; 롬5:8). 이것을 더욱 분명한 말로 설명하자면, 우리가 자신의 창조와 구속에 대하여 아무런 명예와 영광을 스스로 취할 수 없는 것처럼(빌3:7) 우리의 중생과 성화에 대해서도 동일한 자세를 유지해야 한다. 왜냐하면 우리 스스로는 단 하나의 선한 생각도 할 수 없을 뿐더러 우리 가운데서 지속적인 사역을 시작하신 하나님 한 분만이(빌1:6; 고후3:5) 우리를 그의 넘치는 은혜의 영광과 찬양으로 인도하시기 때문이다(엡1:6).

This our faith and its assurance do not proceed from flesh and blood, that is to say, from natural powers within us, but are the inspiration of the Holy Spirit(Matt. 16:17; John 14:26; 15:26; 16:13); whom we confess to be God, equal with the Father and with his Son, who sanctifies us, and brings us into all truth by his own working, without whom we should remain forever enemies to God and ignorant of his Son, Christ Jesus(Acts 5:3-4). For by nature we are so dead, so blind, and so perverse, that neither can we feel when we are pricked, see the light when it shines, nor assent to the will of God when it is revealed, unless the Spirit of the Lord Jesus quicken that which is dead, remove the darkness from our minds, and bow our stubborn hearts to the obedience of his blessed will(Col. 2:13; Eph. 2:1; John 9:39; Rev. 3:17; Matt. 17:17; Mark 9:19; Luke 9:41; John 6:63; Micah 7:8; 1 Kings 8:57-58). And so, as we confess that God the Father created us when we were not(Ps. 100:3), as his Son our Lord Jesus redeemed us when we were enemies to him(Rom. 5:10), so also we confess that the Holy Spirit sanctifies and regenerates us, without respect to any merit proceeding from us, be it before or after our regeneration(John 3:5; Titus 3:5; Rom. 5:8). To put this even more plainly; as we willingly disclaim any honor and glory from our own creation and redemption(Phil. 3:7), so do we willingly also for our regeneration and sanctification; for by ourselves we are not capable of thinking one good thought, but he who has begun the work in us alone continues us in it(Phil 1:6; 2 Cor. 3:5), to the praise and glory of his undeserved grace(Eph. 1:6).

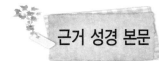

근거 성경 본문

▨ ‖ **마16:17** ‖ "예수께서 대답하여 가라사대 바요나 시몬아 네가 복이 있도다 이를 네게 알게 한 이는 혈육이 아니요 하늘에 계신 내 아버지시니라"; ‖ **요14:26** ‖ "보혜사 곧 아버지께서 내 이름으로 보내실 성령 그가 너희에게 모든 것을 가르치시고 내가 너희에게 말한 모든 것을 생각나게 하시리라"; ‖ **요15:26** ‖ "내가 아버지께로서 너희에게 보낼 보혜사 곧 아버지께로서 나오시는 진리의 성령이 오실 때에 그가 나를 증거하실 것이요"; ‖ **요16:13** ‖ "그러하나 진리의 성령이 오시면 그가 너희를 모든 진리 가운데로 인도하시리니 그가 자의로 말하지 않고 오직 듣는 것을 말하시며 장래 일을 너희에게 알리시리라"

▨ ‖ **행5:3-4** ‖ "베드로가 가로되 아나니아야 어찌하여 사단이 네 마음에 가득하여 네가 성령을 속이고 땅값 얼마를 감추었느냐 땅이 그대로 있을 때에는 네 땅이 아니며 판 후에도 네 임의로 할 수가 없더냐 어찌하여 이 일을 네 마음에 두었느냐 사람에게 거짓말 한 것이 아니요 하나님께로다"

▨ ‖ **골2:13** ‖ "또 너희의 범죄와 육체의 무할례로 죽었던 너희를 하나님이 그와 함께 살리시고 우리에게 모든 죄를 사하시고"; ‖ **엡2:1** ‖ "너희의

허물과 죄로 죽었던 너희를 살리셨도다"; ‖ 요9:39 ‖ "예수께서 가라사대 내가 심판하러 이 세상에 왔으니 보지 못하는 자들은 보게 하고 보는 자들은 소경되게 하려 함이라 하시니"; ‖ 계3:17 ‖ "네가 말하기를 나는 부자라 부요하여 부족한 것이 없다 하나 네 곤고한 것과 가련한 것과 가난한 것과 눈 먼 것과 벌거벗은 것을 알지 못하도다"; ‖ 마17:17 ‖ "예수께서 대답하여 가라사대 믿음이 없고 패역한 세대여 내가 얼마나 너희와 함께 있으며 얼마나 너희를 참으리요 그를 이리로 데려오라 하시다"; ‖ 막9:19 ‖ "대답하여 가라사대 믿음이 없는 세대여 내가 얼마나 너희와 함께 있으며 얼마나 너희를 참으리요 그를 내게로 데려오라 하시매"; ‖ 눅9:41 ‖ "예수께서 대답하여 가라사대 믿음이 없고 패역한 세대여 내가 얼마나 너희와 함께 있으며 너희를 참으리요 네 아들을 이리로 데리고 오라 하시니"; ‖ 요6:63 ‖ "살리는 것은 영이니 육은 무익하니라 내가 너희에게 이른 말이 영이요 생명이라"; ‖ 미7:8 ‖ "나의 대적이여 나로 인하여 기뻐하지 말찌어다 나는 엎드러질찌라도 일어날 것이요 어두운데 앉을찌라도 여호와께서 나의 빛이 되실 것임이로다"; ‖ 왕상8:57-58 ‖ "우리 하나님 여호와께서 우리 열조와 함께 계시던것 같이 우리와 함께 계시옵고 우리를 떠나지 마옵시며 버리지 마옵시고 우리의 마음을 자기에게로 향하여 그 모든 길로 행하게 하옵시며 우리 열조에게 명하신 계명과 법도와 율례를 지키게 하시기를 원하오며"

▨ ‖ 시100:3 ‖ "여호와가 우리 하나님이신줄 너희는 알찌어다 그는 우

리를 지으신 자시요 우리는 그의 것이니 그의 백성이요 그의 기르시는 양이로다"

▨ ‖ **롬5:10** ‖ "곧 우리가 원수 되었을 때에 그 아들의 죽으심으로 말미암아 하나님으로 더불어 화목되었은즉 화목된 자로서는 더욱 그의 살으심을 인하여 구원을 얻을 것이니라"

▨ ‖ **요3:5** ‖ "예수께서 대답하시되 진실로 진실로 네게 이르노니 사람이 물과 성령으로 나지 아니 하면 하나님 나라에 들어갈 수 없느니라"; ‖ **딛3:5** ‖ "우리를 구원하시되 우리의 행한 바 의로운 행위로 말미암지 아니하고 오직 그의 긍휼하심을 좇아 중생의 씻음과 성령의 새롭게 하심으로 하셨나니"; ‖ **롬5:8** ‖ "우리가 아직 죄인 되었을 때에 그리스도께서 우리를 위하여 죽으심으로 하나님께서 우리에게 대한 자기의 사랑을 확증하셨느니라"

▨ ‖ **빌3:7** ‖ "그러나 무엇이든지 내게 유익하던 것을 내가 그리스도를 위하여 다 해로 여길 뿐더러"

▨ ‖ **빌1:6** ‖ "너희 속에 착한 일을 시작하신 이가 그리스도 예수의 날까지 이루실 줄을 우리가 확신하노라"; ‖ **고후3:5** ‖ "우리가 무슨 일이든지 우리에게서 난 것 같이 생각하여 스스로 만족할 것이 아니니 우리의 만족

은 오직 하나님께로서 났느니라"

▨ ‖ 엡1:6 ‖ "이는 그의 사랑하시는 자 안에서 우리에게 거저 주시는 바 그의 은혜의 영광을 찬미하게 하려는 것이라"

해 설

1 '믿음과 그에 대한 확신'의 근거

하나님의 자녀들은 믿음을 소유하고 있으며 하나님의 존재와 사역에 대한 확신을 가지고 있다. 그렇지만 그것은 인간들의 판단이나 결단에 의하여 생성되지 않는다. 즉 참된 믿음과 확신은 인간 내부의 자연적인 힘에서 생겨난 것이라 할 수 없다.

그 믿음은 성령 안에 존재하며 오직 성령의 감동으로 말미암아 제공된다. 성령 하나님은 자기 백성들을 성결하게 하며 그의 사역을 통해 저들을 모든 진리로 인도하시게 된다. 인간들은 하나님의 적극적인 도움이 없이는 어떤 믿음도 소유할 수 없다.

2 삼위일체 하나님

우리에게 믿음을 허락하시고 진리로 인도하시는 분은 성령이시다. 그는 인격적인 존재로서 삼위일체 가운데 한 위격을 지니고 계신다. 성령은 성부와 성자 하나님과 동등한 하나님으로서 동일 본질을 소유한 분이다. 이는 성령은 단순한 현상적인 존재가 아니라 성부와 성자 하나님과 마찬가지로 인격을 갖추신 하나님이란 사실을 말해준다. 따라서 우리는 성령을 성부와 성자와 동등한 하나님으로 믿고 고백한다.

3 타락한 '자연인'의 존재

아담의 배신으로 말미암아 하나님을 떠난 모든 인간은 타락하게 되었다. 성령 하나님의 도우심을 받지 못한 인간들은 사탄에 속한 자로서 '하나님의 대적자'로 존재한다. 그들은 중생하지 못한 자연 상태로는 생명이 없는 죽은 자에 지나지 않는다.

죽은 자들은 진리에 대한 아무런 감각이 없는 이기적인 존재로서 강팍한 상태에 놓여 있다. 그들은 빛을 볼 수 없는 장님이며 예리한 것에 의해 찔려도 그에 대하여 아무것도 느끼지 못한다. 따라서 죽은 상태에서는 여호와 하나님을 알 수 없으며 그의 뜻에 따르는 것 자체가 불가능하다.

4 성령의 사역

예수 그리스도의 영 곧 성령은 창세전에 예정된 자기 백성들에게 '믿음'을 선물로 주신다. 또한 죽은 상태에 놓인 하나님의 자녀들을 자극하여 마음을 지배하고 있는 어두움을 제거하는 사역을 감당한다. 그것은 단순한 상태 변화에 머물지 않고 질적인 변화를 동반하게 된다. 그리하여 악한 인간들의 완고한 마음을 하나님 앞에 굴복시키신다. 성도들이 계시로 보여주신 하나님의 뜻을 따르고 복종하게 되는 것은 전적으로 성령의 사역에 근거한다.

5 성도들의 '존재 시점'

하나님의 자녀인 우리는 이 세상에 출생하기도 전에 이미 언약 가운데 존재하고 있던 인물들이다. 즉 창세전의 예정 가운데 선택받은 성도들은 이 세상에 우연히 태어난 자들이 아니다. 하나님께서는 우주만물이 존재하기 전에 이미 자기 자녀들을 세상에 보내기로 작정하고 계셨던 것이다. 우리는 그것이 하나님의 영광과 밀접하게 연관되어 있다는 사실을 기억해야만 한다.

6 성도들에 대한 그리스도의 속량의 시기

예수 그리스도께서는 자신의 십자가 사역을 통해 성도들을 사탄의 통치와 죄의 굴레로부터 완전히 속량하셨다. 그것은 인간들이 스스로 자신의 잘못을 깨닫거나 뉘우친 후에 그렇게 된 것이 아니었다. 도리어 여전히 하나님의 원수가 되어 있는 상태에서 그리스도께서 자기 자녀들을 완전히 속량해 주셨다.

이는 전적으로 하나님의 영원한 사랑에 기초한다. 하나님의 놀라운 은혜가 아니라면 원수가 되어 하나님을 모독하는 상태에 놓인 인간들을 구원해 주실 리 없다. 우리가 분명히 기억해야 할 바는 인간들이 아직 하

나님의 원수로 살아갈 때 그리스도께서 저들을 위한 구원 사역을 이룩하
셨다는 사실이다.

7 중생과 성화의 조건

인간의 중생은 개인적인 어떤 공로에 의해 이루어지지 않는다. 참된
중생은 오직 하나님의 창세전 선택과 성령의 사역에 의해 실천적으로 시
행된다. 성화 역시 마찬가지다. 인간들의 노력과 의지에 따라 성화되어 가
지 않는다. 우리는 종교성이 넘치는 윤리적인 삶의 변화를 성화라 말하지
않는다.

성도들의 성화되어 가는 삶도 성령께서 자기 자녀들 가운데 역사하심
으로써 드러나게 된다. 즉 인간들의 특별한 노력과 공로로 인해 중생이나
성화가 이루어지는 것이 아니다. 따라서 성도들이 거듭 태어나고 성화되
어 가는 것이 하나님의 전적인 은혜에 기인한다는 것을 깨닫는 것은 매우
중요한 일이다.

8 명예와 영광을 가질 수 없는 인간

이 세상에 태어나는 모든 인간들은 원천적으로 타락한 상태에 놓여
있다. 그런 인간들이 스스로 명예와 영광을 가진다는 것은 어불성설語不成
說이다. 따라서 성숙한 신앙인이라면 그에 대해 분명한 깨달음을 가져야
한다.

모든 명예와 영광은 오직 하나님께 돌아갈 수 있을 따름이다. 더구나

주님의 몸된 교회 가운데서 인간들이 스스로 영광을 취하려고 한다면 그
것은 하나님의 것을 가로채는 악행에 지나지 않는다. 단지 하나님의 자녀
들은 그의 놀라운 영광에 참여하는 은혜를 누리게 될 따름이다.

9 전적으로 부패한 인간

인간은 선한 것이 전혀 없이 완전히 부패한 존재이다. 즉 인간 자체로
는 하나님의 진노의 대상일 뿐이며 선한 속성이 조금도 남아 있지 않다.
따라서 타락한 존재인 인간에게는 참된 선이 전혀 없으며 선한 생각을 하
는 것 자체가 불가능하다. 부패한 존재인 인간으로부터 나오는 모든 것들
은 완전히 썩은 것에 지나지 않기 때문이다.

인간들이 살아가면서 선한 것으로 간주하는 것은 윤리적인 관점에서
그렇게 인식될 따름이다. 즉 타락한 인간들의 이성과 경험에 따른 것일 뿐
거룩한 하나님께 조화되는 선은 아니다. 우리가 이에 대한 올바른 깨달음
을 가지는 것은 매우 중요하다. 그래야만 하나님의 선하심과 인간의 불의
가 선명하게 대조될 수 있을 것이기 때문이다.

10 하나님의 지속적인 구원사역

하나님께서는 자기 자녀들을 구원하시기 위해 인간 역사 가운데 지속
적으로 일하신다. 우주만물이 창조되기도 전에 하나님은 언약과 더불어
자녀들을 예정하셨으며, 삼위일체 하나님에 대한 아무런 인식조차 없이
대적하는 원수의 자리에 있을 때 선택된 자녀들을 부르시고 저들에게 믿

음을 선물로 주셨다. 그는 자녀들에게 믿음을 주셨을 뿐 아니라 중생과 성화에 관련된 모든 사역을 감당하셨다.

하나님께서는 자기 백성들을 위해 그 일을 계속하실 것이며 저들을 자신의 영원한 영광과 찬양의 자리로 참여하도록 인도하신다. 그 놀라운 일은 주님께서 재림하여 모든 것을 심판하심으로써 재창조가 완성될 때까지 지속된다. 지상에 존재하는 참된 교회는 하나님께서 진행하시는 그 사역 가운데 존재하는 성도들의 공동체이다.

스코틀랜드 신앙고백
질 문 과 토 론

1 _ '믿음'은 어디서 나오는가?

2 _ 타락한 인간의 본질적 속성에 대하여 논의하라.

3 _ '성령의 사역에' 관해 기술해 보라.

4 _ 성도들의 '존재 시점'에 대하여 생각해 보라.

5 _ 성도들에 대한 그리스도의 속량 시기와 조건에 대해 정리해 보라.

6 _ 중생과 성화의 근거와 조건에 대해 생각해 보라.

7 _ 인간은 스스로 명예와 영광을 가질 수 있는 존재인가?

8 _ 인간은 '전적으로 부패한 존재'라는 의미를 생각해 보라.

9 _ 하나님의 지속적인 구원사역에 관해 논의해 보라.

제 13 장

선행의 근거
The Cause of Good Works

우리는 선한 행위가 인간의 자유의지에 달려 있는 것이 아니라 주 예수 그리스도의 영에 근거하는 것으로 고백한다. 그 영은 참된 믿음에 의해 우리의 심령 안에 거하며, 하나님께서 우리로 하여금 그 안에서 그와 같은 선한 일을 행하도록 예비해 주신다. 그러므로 우리는 성화의 영이 없는 자들의 심령 안에도 그리스도 예수가 존재하신다고 주장하는 것은 하나님을 모독하는 것이라 확신한다(엡2:10; 빌2:13; 요15:5; 롬8:9). 그러므로 살인자, 억압하는 자, 잔인한 박해자, 간음하는 자, 악행에 물든 자, 우상 숭배자, 술 취하는 자, 도둑질하는 자, 그리고 불의를 행하는 모든 자들은 참된 신앙이 없을 뿐 아니라 주 예수 그리스도의 성령의 어떤 것도 소유하지 않은 자들로서 사악한 일을 지속적으로 행하게 된다.

하나님의 선택을 받은 자녀들은 누구든지 참된 믿음에 의해 주 예수의 성령을 소유하게 되어 그로 말미암아 새 사람으로 다시 태어나게 된다. 그리하여 그들이 전에 사랑하던 것들을 미워하고 전에 미워하던 것을 사랑하게 된다. 그와 동시에 하나님의 자녀들의 마음 가운데서 영과 육 사이의 지속적인 투쟁이 벌어진다. 그것은 육적이며 자연적인 인간이 부패한 상태에서 스스로 쾌락과 향락에 도취되어, 고난을 당할 때는 불평하며 번영할 때는 교만에 빠져 항상 감히 엄위하신 하나님께 저항하는 경향성을 지니고 있다(롬7:15-25; 갈5:17). 그러나 우리가 하나님의 자녀라는 사실을 영혼 가운데 증거하시는 하나님의 성령께서(롬8:16) 그 타락의 속박으로부터의 구출을 위해 우리로 하여금 불순한 쾌락에 저항하고 하나님 면전에서 탄식하도록 한다(롬7:24; 8:22). 그리하여 마침내 죄가 우리의 죽어야 할 몸을 지배하지 못하도록 억누르고 궁극적인 승리의 나팔을 불도록 한다(롬6:12).

하나님의 성령이 없는 육의 사람에게는 이러한 투쟁이 없고 탐욕을 품으면서도 회개하지 않는다. 그들은 마귀와 같이 행동하며 죄를 따르게 되

어 저들의 타락한 본성이 그들을 더욱 부패시킨다. 그러나 하나님의 자
녀들은 앞서 말한 대로 죄와 맞서 싸우고 악한 일에 유혹되었음을 깨닫
게 되면 더욱 큰 탄식에 빠진다. 만일 그들이 넘어지면 신실한 회개와
더불어 다시 일어나게 된다(딤후2:26). 그들은 이러한 일을 저들 스스로의
힘이 아니라 주 예수의 능력으로 행하게 되며 그가 없이는 아무 것도 할
수 없다(요15:5).

The cause of good works, we confess, is not our free will, but the Spirit of the Lord Jesus, who dwells in our hearts by true faith, brings forth such works as God has prepared for us to walk in. For we most boldly affirm that it is blasphemy to say that Christ Jesus abides in the hearts of those in whom is no spirit of sanctification(Eph. 2:10; Phil 2:13; John 15:5; Rom. 8:9). Therefore we do not hesitate to affirm that murderers, oppressors, cruel persecutors, adulterers, filthy persons, idolaters, drunkards, thieves, and all workers of iniquity, have neither true faith nor anything of the Spirit of the Lord Jesus, so long as they obstinately continue in wickedness.

For as soon as the Spirit of the Lord Jesus, whom God's elect children receive by true faith, takes possession of the heart of any man, so soon does he regenerate and renew him, so that he begins to hate what before he loved, and to love what he hated before. Thence comes that continual battle which is between the flesh and Spirit in God's children, while the flesh and the natural man, being corrupt, lust for things pleasant and delightful to themselves, are envious in adversity and proud in prosperity, and every moment prone and ready to offend the majesty of God(Rom. 7:15-25; Gal. 5:17). But the Spirit of God, who bears witness to our spirit that we are the sons of God(Rom. 8:16), makes us resist filthy pleasures and groan in God's presence for deliverance from this bondage of corruption(Rom. 7:24; 8:22), and finally to triumph over sin so that it does not reign in our mortal bodies(Rom. 6:12).

Carnal men do not share this conflict since they do not have God's Spirit, but they readily follow and obey sin and feel no regrets, since they act as the devil and their corrupt nature urge. But the sons of God, as already said, fight against sin, sob and mourn when they find themselves tempted to do evil, and if they fall, they rise again with earnest and unfeigned repentance(2 Tim. 2:26). They do these things, not by their own power, but by the power of the Lord Jesus, apart from whom they can do nothing(John 15:5).

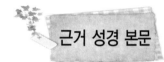

근거 성경 본문

▨ ‖ **엡2:10** ‖ "우리는 그의 만드신 바라 그리스도 예수 안에서 선한 일을 위하여 지으심을 받은 자니 이 일은 하나님이 전에 예비하사 우리로 그 가운데서 행하게 하려 하심이니라"; ‖ **빌2:13** ‖ "너희 안에서 행하시는 이는 하나님이시니 자기의 기쁘신 뜻을 위하여 너희로 소원을 두고 행하게 하시나니"; ‖ **요15:5** ‖ "나는 포도나무요 너희는 가지니 저가 내 안에, 내가 저 안에 있으면 이 사람은 과실을 많이 맺나니 나를 떠나서는 너희가 아무 것도 할 수 없음이라"; ‖ **롬8:9** ‖ "만일 너희 속에 하나님의 영이 거하시면 너희가 육신에 있지 아니하고 영에 있나니 누구든지 그리스도의 영이 없으면 그리스도의 사람이 아니라"

▨ ‖ **롬7:15-25** ‖ "나의 행하는 것을 내가 알지 못하노니 곧 원하는 이것은 행하지 아니하고 도리어 미워하는 그것을 함이라 만일 내가 원치 아니하는 그것을 하면 내가 이로 율법의 선한 것을 시인하노니 이제는 이것을 행하는 자가 내가 아니요 내 속에 거하는 죄니라 내 속 곧 내 육신에 선한 것이 거하지 아니하는 줄을 아노니 원함은 내게 있으나 선을 행하는 것은 없노라 내가 원하는 바 선은 하지 아니하고 도리어 원치 아니하는 바 악은 행하는도다 만일 내가 원치 아니하는 그것을 하면 이를 행하는 자가 내가 아니요 내 속에 거하는 죄니라 그러므로 내가 한 법을 깨달았노니 곧 선을

행하기 원하는 나에게 악이 함께 있는 것이로다 내 속사람으로는 하나님의 법을 즐거워하되 내 지체 속에서 한 다른 법이 내 마음의 법과 싸워 내 지체 속에 있는 죄의 법 아래로 나를 사로잡아 오는 것을 보는도다 오호라 나는 곤고한 사람이로다 이 사망의 몸에서 누가 나를 건져내랴 우리 주 예수 그리스도로 말미암아 하나님께 감사하리로다 그런즉 내 자신이 마음으로는 하나님의 법을, 육신으로는 죄의 법을 섬기노라"; ‖ **갈5:17** ‖ "육체의 소욕은 성령을 거스리고 성령의 소욕은 육체를 거스리나니 이 둘이 서로 대적함으로 너희의 원하는 것을 하지 못하게 하려 함이니라"

▨ ‖ **롬8:16** ‖ "성령이 친히 우리 영으로 더불어 우리가 하나님의 자녀인 것을 증거하시나니"

▨ ‖ **롬7:24** ‖ "오호라 나는 곤고한 사람이로다 이 사망의 몸에서 누가 나를 건져내랴"; ‖ **롬8:22** ‖ "피조물이 다 이제까지 함께 탄식하며 함께 고통하는 것을 우리가 아나니"

▨ ‖ **롬6:12** ‖ "그러므로 너희는 죄로 너희 죽을 몸에 왕노릇하지 못하게 하여 몸의 사욕을 순종치 말고"

▨ ‖ **딤후2:26** ‖ "저희로 깨어 마귀의 올무에서 벗어나 하나님께 사로잡힌 바 되어 그 뜻을 좇게 하실까 함이라"

▨ ‖ **요15:5** ‖ "나는 포도나무요 너희는 가지니 저가 내 안에, 내가 저 안에 있으면 이 사람은 과실을 많이 맺나니 나를 떠나서는 너희가 아무것도 할 수 없음이라"

해 설

1 타락한 인간과 선행

모든 인간은 저들의 조상 아담의 범죄로 말미암아 전적으로 타락하게 되었다. 따라서 타락한 인간에게서는 어떤 선한 것도 생겨날 수 없다. 사람들의 일반적인 시각과 느낌으로 판단하는 윤리적인 선이나 선행은 인간의 이성과 경험에 따른 해석일 뿐 절대적인 의미를 가지지 않는다.[7]

그러므로 타락한 인간은 자신의 자유의지에 따라 하나님께서 원하시는 선을 행하지 못한다. 스스로 진정한 선한 행동을 할 수 있는 능력을 원천적으로 상실한 상태에 놓여 있기 때문이다. 우리가 일반적인 관점에서 말하는 인간들의 선행은 지극히 한시적인 개념에서만 그렇게 인식되고 있을 따름이다.

2 '선한 일'의 근거와 드러남

성경에서 말하는 '선'은 인간이 아니라 하나님의 편에서 정의되어야

---

7) 우리가 일반적으로 생각하는 인간들의 선행은 나름대로 사회적인 가치를 가지게 되지만 하나님 앞에서는 아무런 효력을 가질 수 없다.

할 개념이다. 성도들의 참된 선행은 타락한 인간의 심성에 근거하지 않는
다. 하나님께서 원하시는 진정한 선은 오직 하나님의 은혜로 말미암아 그
자녀들을 통해서 드러나게 된다. 그것은 성령 하나님의 사역에 의해 이루
어진다. 따라서 하나님을 믿는 성도들의 경건한 삶은 성령 하나님의 도우
심에 의존할 수밖에 없다.

3 '성화의 영'과 예수 그리스도

하나님의 자녀가 되기 위해서는 근본적으로 그 안에 성화의 영(spirit of
sanctification)이 역사해야만 가능하다. 성령과 아무런 상관이 없는 사람들의
심령 가운데도, 예수 그리스도께서 이룩하신 사역의 결과적인 의미가 존
재한다고 주장하는 것은 잘못된 것이다. 나아가 그와 같은 인본적인 논리
를 내세우는 것은 하나님을 모독하는 것이 된다. 그런 주장을 하는 것은
하나님의 영원한 뜻을 통해 진행되는 성령과 예수 그리스도 사이의 상호
관계를 부인하는 결과를 가져오기 때문이다.

4 불의한 인간들의 행위

타락한 아담의 자손인 자연인은 예외 없이 하나님의 뜻과 아무런 상관
없이 살아가게 된다. 그들은 사탄의 통치 아래 태어나 그 상태를 벗어나지
못하고 있다. 그러므로 항상 살인, 억압, 박해, 간음, 악행, 우상숭배, 술 취
함, 도둑질을 비롯한 모든 불의한 것들에 노출되어 있다.

이는 그들이 하나님에 대한 참된 신앙이 없기 때문에 항상 불의한 것

들의 직접적인 영향 아래 놓여 있음을 말해 준다. 예수 그리스도의 성령에 의해 거듭나지 않은 존재로서는 사악한 상태를 벗어날 수 없는 것이다. 이 세상에 존재하는 모든 인간들은 하나님을 떠난 불의한 존재라는 사실을 기억하는 것은 매우 중요하다.

5 '새 사람'의 조건

하나님의 특별한 구원의 은혜를 받지 않은 자연인으로서는 원래의 멸망의 상태에서 빠져나올 수 있는 방법이 없다. 오직 하나님께서 허락하신 선물인 참된 믿음과 더불어 예수 그리스도와 성령의 사역을 통해 새 사람이 되어야만 그것이 가능하다. 이는 타락한 세상에서 자연인으로 출생한 옛 사람을 죽이고 천상의 나라에 속한 사람으로서 새롭게 태어나는 의미를 지니고 있다.

6 '새 사람'의 변화된 삶

새 사람으로 거듭 태어나게 되면 타락한 이 세상에서 익히고 배운 모든 가치관들을 버려야 한다. 그렇게 함으로써 과거에 관심을 가지고 사랑해 온 것들을 미워하게 되며, 그전에 관심이 없던 것들을 사랑하게 된다. 이는 이 세상에 살아가는 인간의 삶이 지니는 의미와 목적에 근본적인 변화가 일어났음을 의미한다.

여호와 하나님을 알지 못한 채 타락한 세상에 속해 있는 자들은 세상에서의 목적을 달성하기 위해 최선의 노력을 기울인다. 그에 반해 하나님의 은혜로 말미암아 천상의 나라에 속하게 된 성도들은 타락한 세상의 가치에 따라 움직이는 것이 아니라 하나님의 요구에 의한 삶을 살아간다. 즉 이 세상에 존재하는 일시적인 것들에 궁극적인 의미를 두지 않으며 영원한 삶에 진정한 관심을 두게 되는 것이다.

7 성도의 내적인 자기투쟁

하나님의 자녀로 부르심을 받아 주님의 몸된 교회에 속하게 된 성도들은 타락한 세상에서 살아가기가 더욱 힘들게 된다. 육신의 죽음으로 인해 세상을 완전히 결별하기 전에는 범죄한 아담의 속성을 완전히 떨쳐버릴 수 없기 때문이다. 따라서 거룩한 성도이면서도 죄인의 모습을 지닌 겉사람은 여전히 세상의 것들을 추구하기에 급급하다.

하지만, 새롭게 변화 받은 속사람은 본질상 세상의 것들을 포기하고 영원한 천상의 가치를 추구하며 살아가야 한다. 이는 세상의 악한 속성을 거부하며 인생을 살아가야 할 성도들이 내면적으로 상당한 갈등을 겪을 수밖에 없다는 사실을 말해준다. 즉 하나님의 자녀들은 이 세상에서 살아가는 동안 영과 육 사이에 발생하는 지속적인 갈등과 투쟁을 감내해야만 하는 것이다.

8 타락한 인간의 본성

사탄의 유혹을 받아 타락한 아담의 후손으로 태어난 모든 인간들은 본성적으로 죄를 사랑한다. 즉 하나님께서 원하시는 선을 따르는 것이 아니라 도리어 그가 원하지 않는 인간의 욕망을 추구하게 되는 것이다. 따라서 인간들은 부패한 상태에서 스스로 세상의 쾌락과 향락에 도취되어 가기를 원한다.

그러므로 어리석은 인간들은 세상에서 고통을 당하고 있다는 생각이 들면 온갖 불평들을 쏟아놓는다. 하지만 스스로 번영하고 있다고 판단되면 즉시 교만하게 되어 감히 엄위하신 하나님께 저항하는 행동을 한다. 보통 인간들에게는 그에 대한 참된 깨달음이 없을 뿐 아니라 아무런 인식조차 없는 경우가 일반적이다. 분명한 사실은 타락한 인간의 본성은 그것 자체로서 악하므로 자신을 위해 죄를 사랑하게 된다는 점이다.

9 성도들의 특별한 '저항 정신'

거룩한 하나님의 자녀가 된 성도들은 세상의 불순한 쾌락에 저항하는 자세를 소유하게 된다. 하지만 그것은 인간들의 종교적인 노력이나 힘으로 되는 것이 아니다. 범죄한 아담의 속성을 지닌 인간들은 본성적으로 타락한 세상에 친화적인 성품을 지니고 있기 때문이다. 하지만 교회에 속한 성도들은 성령의 도우심을 받아 오염된 세상의 것들을 거부하는 가운데 악한 세력에 저항할 수 있게 된다. 따라서 모든 성도들은 성령의 인도하심에 온전히 순종함으로써 세상과 맞서 싸우지 않으면 안 된다.

10 성도들의 '탄식'

영원한 천상의 나라에 소망을 두고 살아가는 성도들은 이 세상에 살아가면서 자신의 죄성으로 말미암아 하나님 앞에서 탄식하는 마음을 가지게 된다. 그것은 매우 자연스런 이치라 말할 수 있다. 타락한 세상의 속박으로부터 벗어나기 위해 저항하는 과정에서 그렇게 될 수밖에 없다. 즉 스스로 그 험난한 과정을 이겨내기 어렵기 때문에 하나님의 적극적인 도움을 얻고자 부르짖을 수밖에 없는 것이다.

그 탄식은 더러운 죄가 성도들의 삶을 지속적으로 지배하지 못하도록 하는 선한 역할을 하게 된다. 즉 그것은 장차 이르게 될 영원한 기쁨을 소유하기 위한 필수적인 과정이라 할 수 있다. 따라서 영원한 천상을 바라보며 살아가는 성도들은 장차 도래할 궁극적인 승리의 나팔을 기대하며 탄식하는 마음으로 이 세상을 능히 이겨낼 수 있게 되는 것이다.

11 '육의 사람들' 과 '하나님의 자녀들' 의 삶

하나님의 성령과 무관한 육에 속한 사람들은 세상에 저항하여 투쟁하는 삶을 살아갈 이유가 없다. 따라서 그들은 탐욕을 가득히 품고 있으면서도 그것을 당연한 욕망으로 여기며 회개하는 마음을 가지지 못한다. 그들은 하나님께 저항하는 사탄이 지향하는 바와 동일한 맥락에서 행동하며 죄로 인한 욕망을 따르며 추구하게 되는 것이다. 인간의 타락한 본성은 그로 말미암아 저들의 삶을 더욱 구체적으로 부패하게 만들어 간다.

이와는 달리 하나님께 속한 빛의 자녀들은 사악한 죄와 맞서 싸우기를 게을리하지 않는다. 그들은 악한 것으로부터 유혹받고 있는 것을 깨닫게 되면 그것이 하나님께 저항하는 행위인 줄 알고 즉시 탄식하며 슬퍼하는 자리에 앉게 된다. 그들은 죄의 유혹을 받아 쓰러지거나 넘어지게 되는 일이 발생할 경우에도 즉시 하나님 앞에서 회개함으로써 성도로서의 삶을 회복하게 되는 것이다.

12 '하나님의 능력'에 의한 도우심

타락한 세상에서 살아가는 성숙한 성도들은 이땅에서 축적한 개인의 힘으로 모든 것을 이겨낼 수 없다는 사실을 알고 있다. 인간들이 자신의 능력으로 사탄의 강력한 세력을 물리치는 것은 불가능하다. 즉 하나님의 자녀가 되었다 할지라도 성령 하나님의 적극적인 도우심이 없이는 잠시도 온전한 삶을 유지하기 어려운 것이다. 지상 교회에 속한 성도들은 오직 예수 그리스도와 성령 하나님의 도우심에 의해 사탄이 지배하는 타락한 세상을 능히 이겨나갈 수 있게 된다.

스코틀랜드 신앙고백
질 문 과 토 론

1 _ '거룩한 하나님의 형상을 닮은 인간'과 '타락한 아담의 형상'을 지닌 인간 사이에는 어떤 차이가 나는가?

2 _ 성경이 말하는 '선한 일'이란 무엇을 의미하는가?

3 _ 타락한 인간에게서 참된 선한 행위가 생성될 수 있는가?

4 _ '성화의 영'과 예수 그리스도의 관계에 대하여 생각해 보라.

5 _ 불의한 인간들에게서 발생하는 행위들이 가지는 의미에 대하여 논의해 보라.

6 _ '새 사람'이 될 수 있는 기본적인 조건은 무엇인가?

7 _ '새 사람'으로 변화된 성도의 삶은 어떠해야 하는가?

8 _ 성도의 '내적인 자기투쟁'에 대하여 생각해 보라.

9 _ 타락한 인간의 본성으로부터 드러나는 악한 것들을 나열해 보라. 그것들이 현재의 '나 자신'과는 어떤 관계가 있는가?

10 _ 신앙에 근거한 '성도들의 저항 정신'에 관한 의미를 생각해 보라.

11 _ 성도들이 소유하게 되는 '탄식'에 대하여 생각해 보라.

12 _ '육의 사람들'과 '하나님의 자녀들'의 삶 사이에는 구체적으로 어떤 차이가 나는가?

13 _ 성도들에게 필수적으로 요구되는 하나님의 능력과 도우심에 대하여 생각해 보라.

제 14 장

하나님 앞에서 선한 것으로
인정받는 선행

The Works Which Are Counted Good Before God

우리는 하나님께서 자신의 거룩한 율법을 인간에게 주셔서 그것을 통해 하나님의 신성한 존엄에 반역하는 모든 행위를 금하셨을 뿐 아니라, 하나님을 기쁘게 하는 것과 보상을 위해 그가 약속하신 것들을 실천하도록 요구된 사실을 인정하고 고백한다(출20:3 이하; 신5:6 이하). 또한 그러한 행위는 두 가지로 구분된다. 하나는 하나님의 영광을 위한 것이며, 다른 하나는 이웃의 유익을 위한 것으로서 그 둘은 저들의 확실한 약속으로서 계시된 하나님의 뜻이다.

유일하신 하나님을 마음에 두고 유일하신 하나님을 예배하고 유일하신 하나님께 영광을 돌리는 일과 우리의 모든 고난 가운데서 하나님을 찾아 부르며 그의 거룩한 이름을 숭상하며 그의 거룩한 성례에 참여하는 것은 첫 번째 계명에 속한 것들이다(눅10:27-28; 미6:8). 부모, 군주들, 통치자들, 위에 있는 권위자들을 존경하는 일, 그리고 그들을 사랑하고 협조하며, 또한 하나님의 계명에 반하지 않는 한 저들의 명령에 복종하며, 무지한 생명을 구해주며, 횡포를 억압하며, 학대당하는 자들을 옹호하며, 우리의 몸을 순결하고 거룩하게 지키며, 경건과 절제 가운데 생활하며, 말과 행동에 있어서 모든 사람과 더불어 올바른 자세를 유지하며, 그리고 결과적으로 우리의 이웃을 해치려는 어떤 욕망이라 할지라도 억제하는 일(엡6:1-7; 겔22:11,12; 고전6:19-20; 살전4:3-7; 렘22:3 등; 사50:1 등)은 두 번째 계명에 언급된 선행으로서 이러한 것들은 하나님께서 친히 저들에게 명령한 것으로 하나님께서 가장 기쁘게 받으실 만한 행위들이다.

이에 반대되는 것은, 항상 하나님을 불쾌하게 하며 그로 하여금 진노를 불러일으키는 죄이다. 그것은 우리가 간구할 것이 있을 때 하나님 한 분만 찾아 부르지 않고, 경건한 마음으로 그의 말씀을 듣지 않는 것이다.

대신 그들은 그것을 비난하고 멸시하며 우상을 경배하며 우상숭배에 빠져 그에 의존하면서 하나님의 거룩한 이름을 경홀히 여겨 예수 그리스도의 성례를 모독하고 남용하며 폐기하고자 한다. 또한 그들은 직분자들이 그 권한을 벗어나지 않는데도 하나님께서 허락하신 권위에 불순종하며 저항한다(롬13:2). 나아가 만일 우리가 그것을 방지하고자 하면 그들은 죽이려고 덤벼들 것이며 증오심을 가지고 무죄한 피를 흘리려 할 것이다(겔22:13). 결과적으로 우리는 첫 번째와 두 번째 유형의 명령을 벗어난 어떤 것이라 할지라도 죄가 된다는 사실을 확실하게 고백한다(요일3:4). 그로 말미암아 하나님의 진노와 노여움이 오만하고 배은망덕한 세상을 향해 불붙게 된다.

그리하여 우리는 선행들은 오직 믿음 안에서만 이루어진다는 사실(롬14:23; 히11:6)과 하나님의 율법에서 자신이 기뻐하는 것을 제시하신 하나님의 계명에 기초한다는 사실을 확신한다(삼상15:22; 고전10:31). 우리는 또한, 악행들은 하나님의 계명에 반하는 행위로 표현된 것들뿐 아니라 인간적인 재주와 판단으로 행하는 종교적인 방편들로써 하나님을 경배하는 행위도 그와 동일한 악행이 된다는 사실을 확실히 고백한다. 우리가 선지자 이사야로부터 배우는 것처럼 처음부터 하나님께서는 그렇게 배척당하셨으며(사29:13), 우리 주님도 그와 같이 당하셨다. 따라서 그리스도 예수께서는 "그들은 나를 헛되이 예배하며 사람의 계명을 하나님의 것인 양 가르친다"(사29:13; 마15:9; 막7:7)고 말씀하셨던 것이다.

We confess and acknowledge that God has given to man his holy law, in which not only all such works as displease and offend his godly majesty are forbidden, but also those which please him and which he has promised to reward are commanded(Ex. 20:3, etc.; Deut. 5:6, etc.). These works are of two kinds. The one is done to the honor of God, the other to the profit of our neighbors, and both have the revealed will of God as their assurance.

To have one God, to worship and honor him, to call upon him in all our troubles, to reverence his holy Name, to hear his word and to believe it, and to share in his holy sacraments, belong to the first kind(Luke 10:27-28; Micah 6:8). To honor father, mother, princes, rulers, and superior powers; to love them, to support them, to obey their orders if they are not contrary to the commands of God, to save the lives of the innocent, to repress tyranny, to defend the oppressed, to keep our bodies clean and holy, to live in sobriety and temperance, to deal justly with all men in word and deed, and, finally, to repress any desire to harm our neighbor(Eph. 6:1-7; Ezek. 22:11,12; 1Cor. 6:19-20; 1 Thess. 4:3-7; Jer. 22:3, etc.; Isa. 50:1, etc.), are the good works of the second kind, and these are most pleasing and acceptable to God as he has commanded them himself.

Acts to the contrary are sins, which always displease him and provoke him to anger, such as, not to call upon him alone when we have need, not to hear his word with reverence, but to condemn and despise it, to have or worship idols, to maintain and defend idolatry, lightly to esteem the reverent name of God, to profane, abuse, or condemn the sacraments of Christ Jesus, to disobey or resist any whom God has placed in authority, so long as they do not exceed the bounds of their office(Rom. 13:2), to murder, or to consent thereto, to bear hatred, or to let innocent blood be shed if we can prevent it(Ezek. 22:13, etc). In conclusion, we confess and affirm that the breach of any other commandment of the first or second kind is sin(1 John 3:4), by which God's anger and displeasure are kindled against the proud, unthankful world.

So that we affirm good works to be only those that are done in faith(Rom. 14:23; Heb. 11:6) and at the command of God(1 Sam. 15:22; 1 Cor. 10:31) who, in his law, has set forth the things that please him. We affirm that evil works are not only those expressly done against God's command(1 John 3:4), but also, in religious matters and the worship of God, those things which have no other warrant than the invention and opinion of man. From the beginning God has rejected such, as we learn from the words of the prophet Isaiah(Isa. 29:13) and of our master, Christ Jesus, "In vain do they worship Me, teaching the doctrines and commandments of men"(Matt. 15:9.; Mark 7:7).

근거 성경 본문

▨ ‖ **출20:3** ‖ "너는 나 외에는 다른 신들을 네게 있게 말찌니라"; ‖
신5:6 ‖ "나는 너를 애굽 땅에서 종 되었던 집에서 인도하여 낸 너희 하나
님 여호와로라"

▨ ‖ **눅10:27-28** ‖ "대답하여 가로되 네 마음을 다하며 목숨을 다하며 힘
을 다하며 뜻을 다하여 주 너의 하나님을 사랑하고 또한 네 이웃을 네 몸과
같이 사랑하라 하였나이다 예수께서 이르시되 네 대답이 옳도다 이를 행
하라 그러면 살리라 하시니"; ‖ **미6:8** ‖ "사람아 주께서 선한 것이 무엇임
을 네게 보이셨나니 여호와께서 네게 구하시는 것이 오직 공의를 행하며
인자를 사랑하며 겸손히 네 하나님과 함께 행하는 것이 아니냐"

▨ ‖ **엡6:1-7** ‖ "자녀들아 너희 부모를 주 안에서 순종하라 이것이 옳으
니라 네 아버지와 어머니를 공경하라 이것이 약속 있는 첫계명이니 이는
네가 잘 되고 땅에서 장수하리라 또 아비들아 너희 자녀를 노엽게 하지 말
고 오직 주의 교양과 훈계로 양육하라 종들아 두려워하고 떨며 성실한 마
음으로 육체의 상전에게 순종하기를 그리스도께 하듯하여 눈가림만 하여
사람을 기쁘게 하는 자처럼 하지 말고 그리스도의 종들처럼 마음으로 하
나님의 뜻을 행하여 단 마음으로 섬기기를 주께 하듯하고 사람들에게 하

듯하지 말라"

▨ ‖ **겔22:11,12** ‖ "혹은 그 이웃의 아내와 가증한 일을 행하였으며 혹은 그 며느리를 더럽혀 음행하였으며 네 가운데 혹은 그 자매 곧 아비의 딸과 구합하였으며 네 가운데 피를 흘리려고 뇌물을 받는 자도 있었으며 네가 변전과 이식을 취하였으며 이를 탐하여 이웃에게 토색하였으며 나를 잊어버렸도다 나 주 여호와의 말이니라"; ‖ **고전6:19-20** ‖ "너희 몸은 너희가 하나님께로부터 받은 바 너희 가운데 계신 성령의 전인 줄을 알지 못하느냐 너희는 너희의 것이 아니라 값으로 산 것이 되었으니 그런즉 너희 몸으로 하나님께 영광을 돌리라"; ‖ **살전4:3-7** ‖ "하나님의 뜻은 이것이니 너희의 거룩함이라 곧 음란을 버리고 각각 거룩함과 존귀함으로 자기의 아내 취할 줄을 알고 하나님을 모르는 이방인과 같이 색욕을 좇지 말고 이 일에 분수를 넘어서 형제를 해하지 말라 이는 우리가 너희에게 미리 말하고 증거한 것과 같이 이 모든 일에 주께서 신원하여 주심이니라 하나님이 우리를 부르심은 부정케 하심이 아니요 거룩케 하심이니"; ‖ **렘22:3** ‖ "여호와께서 이같이 말씀하시되 너희가 공평과 정의를 행하여 탈취당한 자를 압박하는 자의 손에서 건지고 이방인과 고아와 과부를 압제하거나 학대하지 말며 이곳에서 무죄한 피를 흘리지 말라"; ‖ **사50:1** ‖ "나 여호와가 이같이 이르노라 내가 너희 어미를 내어보낸 이혼서가 어디 있느냐 내가 어느 채주에게 너희를 팔았느냐 오직 너희는 너희의 죄악을 인하여 팔렸고 너희 어미는 너희의 허물을 인하여 내어보냄을 입었느니라"

▨ ‖ **롬13:2** ‖ "그러므로 권세를 거스리는 자는 하나님의 명을 거스림이니 거스리는 자들은 심판을 자취하리라"

▨ ‖ **겔22:13,14** ‖ "너의 불의를 행하여 이를 얻은 일과 네 가운데 피 흘린 일을 인하여 내가 손뼉을 쳤나니 내가 네게 보응하는 날에 네 마음이 견디겠느냐 네 손이 힘이 있겠느냐 나 여호와가 말하였으니 이룰찌라"

▨ ‖ **요일3:4** ‖ "죄를 짓는 자마다 불법을 행하나니 죄는 불법이라"

▨ ‖ **롬14:23** ‖ "의심하고 먹는 자는 정죄되었나니 이는 믿음으로 좇아 하지 아니한 연고라 믿음으로 좇아 하지 아니하는 모든 것이 죄니라"; ‖ **히11:6** ‖ "믿음이 없이는 기쁘시게 못하나니 하나님께 나아가는 자는 반드시 그가 계신 것과 또한 그가 자기를 찾는 자들에게 상 주시는 이심을 믿어야 할찌니라"

▨ ‖ **삼상15:22** ‖ "사무엘이 가로되 여호와께서 번제와 다른 제사를 그 목소리 순종하는 것을 좋아하심 같이 좋아하시겠나이까 순종이 제사보다 낫고 듣는 것이 수양의 기름보다 나으니"; ‖ **고전10:31** ‖ "그런즉 너희가 먹든지 마시든지 무엇을 하든지 다 하나님의 영광을 위하여 하라"

▨ ‖ **사29:13** ‖ "주께서 가라사대 이 백성이 입으로는 나를 가까이하며

입술로는 나를 존경하나 그 마음은 내게서 멀리 떠났나니 그들이 나를 경외함은 사람의 계명으로 가르침을 받았을 뿐이라"

▨ || **마15:9** | "사람의 계명으로 교훈을 삼아 가르치니 나를 헛되이 경배하는도다 하였느니라 하시고"; || **막7:7** | "사람의 계명으로 교훈을 삼아 가르치니 나를 헛되이 경배하는도다 하였느니라"

1 하나님과 율법, 그리고 인간

우리가 일반적으로 생각하는 법은 세속 국가와 직접 연관되어 있다. 전체적인 시민질서를 유지하기 위해서는 반드시 법이 필요하다. 국가가 제정한 법은 사회적 합의를 배경으로 하고 있으며 강제성을 지니고 있다. 나아가 그것들은 사람들의 이성과 경험을 기초로 하여 만들어진다. 따라서 세상의 조류가 변천함에 따라 그 법도 끊임없이 변하게 된다.

하지만 성경의 율법은 그와 전혀 다르다. 하나님은 인간들과의 합의에 따라 율법을 주신 것이 아니라 일방적으로 자신의 거룩한 법을 제시하셨다. 즉 성경의 법은 인간들이 종교적으로 고안하고 만들어낸 법이 아니다. 그 법은 절대적인 성격을 지니고 있으므로 모든 인간들은 그 법을 지켜야만 한다.

2 율법이 가진 두 가지 계명

성경의 율법은 전반적으로 하나님과 인간에 대한 사랑의 의무에 연관된 내용을 기록하고 있다. 즉 하나님을 위해 인간으로서 순종해야 할 내용과 인간들 가운데 행해야 할 실천 내용을 담고 있다. 특히 언약의 백성들에게 주어진 계약문서인 십계명에서는 그에 대한 분명한 의미를 드러내 보여주고 있다. 모든 인간들은 그에 대한 순종의지를 가지지 않으면 안 된다.

십계명의 전반부에는 인간들이 하나님에 대하여 지녀야 할 신앙자세에 관한 내용이 기록되어 있으며, 후반부에는 이웃에게 어떤 자세로 살아가야 할지에 대한 내용을 담고 있다. 그것은 하나님의 자녀로서 마땅히 실행해야 할 의무에 해당된다. 물론 죄에 빠진 인간으로서는 그 의무를 완벽하게 행할 수 없으므로 그리스도의 사역이 그것을 완성한다.

3 하나님의 영광을 위해 교회가 감당해야 할 사명

하나님의 자녀들에게 가장 중요한 것은 하나님의 영광이 되는 삶이다. 그것을 위해 성도들은 말씀을 좇아 하나님을 예배해야 한다. 하나님을 경외하는 자들은 세상의 고난 가운데서 하나님을 찾아 부르며 그의 이름을 높이게 된다. 또한 공예배 가운데서 그의 거룩한 성례에 참여해야 한다.

그러므로 교회는 모든 성도들에게 하나님의 말씀을 통한 올바른 교육을 시켜야 한다. 하나님께서 교회를 위해 계시하신 말씀을 올바르게 전해야 하는 것이다. 말씀이 사라지게 되면 인간들의 이성과 경험이 힘을 가지게 되고 하나님의 영광은 뒷전으로 밀려나게 되어 교회가 세속화의 늪에 빠지지 않을 수 없다.

4 이웃을 위한 삶과 진정한 선행

하나님의 자녀들은 오염된 이 세상에 살아가면서 하나님께서 원하시는 삶을 살아가야 한다. 그것은 하나님께서 세우신 질서 가운데 행동해야 된다는 사실을 의미하고 있다. 지상 교회에 속한 성도들은 부모를 공경해야 하며 국가의 통치자들과 지도자들을 존경하고 저들의 일에 협조할 수 있어야 한다. 이는 물론 그들이 하나님의 계명에 반하지 않을 경우에 해당되는 말이다. 만일 그 사람들이 하나님께 저항하는 주장과 행동을 한다면 우리는 그에 순종해서는 안 된다.

또한 성도들은 무지한 자들의 생명을 구해주며, 횡포를 억압하는 일에 참여해야 하며, 학대당하는 자들을 옹호하는 자리에 서야만 한다. 뿐만 아니라 자신의 몸을 순결하게 지키는 가운데 경건한 삶과 더불어 절제하는 생활을 해야 한다. 그것을 위해서는 신앙인으로서 올바른 언어사용과 건전한 몸가짐을 유지하도록 해야 한다. 이는 주변의 이웃을 해치게 하는 어떤 마음도 먹어서는 안 된다는 사실을 말해주고 있다.

이와 같은 하나님의 모든 명령에 온전히 순종하는 것은 곧 하나님을 기쁘시게 하는 것과 연관된다. 따라서 교회에 속한 성도들은 항상 이웃을 위한 자신의 존재를 올바르게 깨달아야 한다. 특별히 책임 있는 위치에 있는 모든 성도들은 다른 이웃으로부터 존경받을 수 있는 신실한 책무를 다하지 않으면 안 된다.

5 인간들의 저항에 대한 하나님의 진노

모세의 율법 가운데는 하나님께서 금지하는 명령들이 있는가 하면 실천을 요구하는 명령도 들어 있다. 금령을 어기거나 요구에 대한 실천을 하지 않는 것은 하나님께 저항하는 행위가 된다. 그것은 하나님의 율법을 멀리하고 세상의 경험이나 인간적인 판단에 따라 사고하며 행동하겠다는 말이 되기 때문이다.

하나님의 금령을 삼가지 않고 행하는 것은 거룩한 하나님을 모독하는 적극적인 저항이 된다. 한편 하나님의 요구를 실천하지 않고 불순종하는 것은 소극적인 저항 행위가 된다. 우리가 여기서 분명히 깨달아야 할 바는 적극적이든 소극적이든 그런 태도는 하나님께 저항하는 것이 되며 동시에 하나님을 욕되게 하는 것이 된다는 사실이다. 따라서 인간들의 그와 같은 행동은 세상에 대한 탐욕의 결과로서 하나님의 무서운 진노를 재촉하게 된다.

6 믿음과 선행의 관계

타락한 인간에게는 참된 선행을 실천할 수 있는 능력이 아예 존재하지 않는다. 전적으로 부패한 인간들 속에서는 더러운 것들만 생성된다. 하지만 새 사람으로 거듭 태어난 하나님의 자녀들에게는 참된 선행이 따른다. 물론 이 말이 저들의 모든 생각과 행동이 완벽하게 선하다는 것을 의미하지는 않는다.

오직 성령의 도우심으로 하나님의 말씀에 온전히 순종할 때 성도들에게 선한 행위가 나타나게 된다. 그것은 오직 믿음 안에서만 이루어질 수 있다. 이는 참된 선행의 근거는 인간이 아니라 십자가 사역을 완성하신 예수 그리스도께 근거한다는 사실을 말해주고 있다. 따라서 어떤 선행이라 할지라도 인간의 공로가 될 수 없는 것이다.

7 인본적인 종교행위

아담의 후손으로 출생한 자연 상태의 인간들은 대개 나름대로의 종교성을 지니고 있다. 그것은 계시된 하나님의 말씀에 근거한 것이 아니라 인간의 오염된 심성에 연관되어 있다. 복음을 깨닫게 된 성도들에게도 하나님을 알기 전에 가졌던 그 종교성이 여전히 잔재해 있다. 그러나 교회에 속한 성도들은 성령의 도우심을 힘입어 그것들을 제거해 버리고 하나님께서 요구하시는 참된 종교성을 가져야만 한다.

그럼에도 불구하고 신앙이 어린 교인들 가운데는 인간의 본성에서 나오는 그 종교성을 앞세우는 경우가 많다. 그런 자들은 인간적인 기교와 다양한 종교적인 방편들을 동원해 사용하기를 좋아한다. 그런 것들로서 하나님을 섬기면 하나님이 기뻐하실 것으로 여기는 것이다. 그러나 그것은

하나님을 영화롭게 하는 것이 아니라 도리어 하나님을 욕되게 하는 것이
될 수 있다. 성경과 성령의 도우심에 의한 것이 아닌 타락한 인간 본성으
로부터 온 모든 종교 행위들은 악한 것에 지나지 않기 때문이다.

8 율법을 통해 드러난 하나님의 뜻

하나님의 율법에 의한 계명과 인간들이 만들어낸 종교적인 계명은 본
질적으로 다르다. 배도에 빠진 자들은 인간의 이성과 경험에 의하여 형성
된 것들로써 하나님의 계명의 자리에 놓으려고 한다. 인간들의 눈에는 그
것이 값어치 있고 보람 있어 보일지 모르지만 하나님 보시기에는 전혀 그
렇지 않다.

어리석은 인간들은 하나님을 예배함에 있어서도 하나님이 원하시는
법에 따르기를 거부하고 인간적인 재주를 동원하기를 좋아한다. 하지만
그것은 참된 예배가 아니라 헛된 예배에 지나지 않는다. 우리는 그와 같은
종교 행위가 하나님을 영화롭게 하는 것이 아니라 도리어 욕되게 한다는
사실을 기억해야만 한다.

스코틀랜드 신앙고백

질 문 과 토 론

1 _ 하나님께서는 율법을 통해 인간들에게 무엇을 요구하셨는가?

2 _ 율법은 하나님에 대한 어떤 요구를 하고 있는가?

3 _ 율법은 인간에 대한 어떤 요구를 하고 있는가?

4 _ 성경이 말하는 '이웃'이란 누구를 지칭하고 있는가? 좁은 의미와 넓은 의미에 대하여 생각해 보라.

5 _ 교회와 그에 속한 성도들은 하나님의 영광을 위해 어떻게 해야 하는가?

6 _ 이웃을 위한 '선행'에 대하여 생각해 보라.

7 _ 하나님에 대한 적극적인 저항과 소극적인 저항에 대하여 논의해 보라.

8 _ 믿음과 선행 사이에는 어떤 관계가 있는가?

9 _ 인간의 열정으로 말미암은 인본적인 종교행위의 본질에 대하여 생각해 보라.

10 _ 하나님의 뜻이 율법을 통해 드러나야 한다는 것은 무엇을 의미하는가?

제 15 장

율법의 완전성과 인간의 불완전성

The Perfection of the Law and The Imperfection of Man

우리는 하나님의 율법이 가장 의롭고 공정할 뿐 아니라 거룩하고 완벽하며, 또한 그 명령이 온전히 지켜질 때 인간에게 생명을 부여하며 영원한 복락을 가져다주는 것으로 받아들여 고백한다(레18:5; 갈3:12; 딤전1:8; 롬7:12; 시19:7-9; 19:11). 그러나 인간의 본성은 지극히 타락하여 연약하고 불완전하므로 우리는 결코 하나님의 율법을 완전하게 준행할 수 없다(신5:29; 롬10:3). 비록 우리가 중생한 후라 할지라도, 죄가 없다고 주장한다면 그것은 스스로를 속이는 일이며 하나님의 진리가 자기 안에 존재하지 않는다는 사실을 보여줄 따름이다(왕상8:46; 대하6:36; 잠20:9; 전7:22; 요일1:8). 그러므로 율법의 목표이자 완성이신 그리스도 예수의 의와 속죄 안에서 그를 온전히 붙잡는 것이 우리를 위한 가장 기본적인 삶이다. 또한 우리가 비록 모든 면에서 율법을 지키지 못함에도 불구하고 그로 말미암아 하나님의 저주가 우리 위에 떨어지지 않게 되어 참된 자유를 얻을 수 있었다(롬10:4; 갈3:13; 신27:26). 성부 하나님께서는 그의 아들 그리스도 예수의 몸 안에서 우리를 바라보시며, 비록 불완전한 순종이라 할지라도 그것을 완벽한 것인 양 간주하시고 받아주신다(빌2:15). 그리고 많은 허물과 함께 더러워진 우리의 행위를 그의 아들의 의로써 덮어주신다(사64:6). 우리가 이미 알고 있듯이, 이는 자유를 얻은 성도들이라고 해서 율법에 복종할 의무가 없어진다는 것을 의미하지 않는다. 우리는 율법이 요구하는 것들에 순종하는 행위에 대하여 과거와 현재와 미래에 복종하시는 그리스도 예수 이외에는 지구상의 어느 누구도 그 율법을 다 행할 수 없다는 사실을 확신한다. 우리가 모든 일들을 행했을 때는 겸손하게 무릎꿇고 솔직한 심정으로 무익한 종임을 고백할 수 있어야 한다(눅17:10). 그러므로 자기 자신의 행위의 공로를 자랑하거나 자기의 넘치는 공적을 신뢰하는 사람은 누구든지 헛된 것을 자랑하는 것이 되며 저주받을 우상에 신뢰를 두는 것과 같다.

We confess and acknowledge that the law of God is most just, equal, holy, and perfect, commanding those things which, when perfectly done, can give life and bring man to eternal felicity(Lev. 18:5; Gal. 3:12; 1 Tim. 1:8; Rom. 7:12; Ps. 19:7-9; 19:11). But our nature is so corrupt, weak, and imperfect, that we are never able perfectly to fulfill the works of the law(Deut. 5:29; Rom. 10:3). Even after we are reborn, if we say that we have no sin, we deceive ourselves and the truth of God is not in us(1 Kings 8:46; 2 Chron. 6:36; Prov. 20:9; Eccl. 7:22; 1 John 1:8). It is therefore essential for us to lay hold on Christ Jesus, in his righteousness and his atonement, since he is the end and consummation of the Law and since it is by him that we are set at liberty so that the curse of God may not fall upon us, even though we do not fulfill the Law in all points(Rom. 10:4; Gal. 3:13; Deut. 27:26). / For as God the Father beholds us in the body of his Son Christ Jesus, he accepts our imperfect obedience as if it were perfect(Phil 2:15), and covers our works, which are defiled with many stains(Isa. 64:6), with the justice of his Son.

We do not mean that we are so set at liberty that we owe no obedience to the law - for we have already acknowledged its place - but we affirm that no man on earth, with the sole exception of Christ Jesus, has given, gives, or shall give in action that obedience to the Law which the Law requires. When we have done all things we must fall down and unfeignedly confess that we are unprofitable servants(Luke 17:10). Therefore, whoever boasts of the merits of his own works or puts his trust in works of supererogation, boasts of what does not exist, and puts his trust in damnable idolatry.

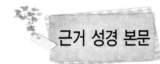

근거 성경 본문

▨ | **레18:5** | "너희는 나의 규례와 법도를 지키라 사람이 이를 행하면 그로 인하여 살리라 나는 여호와니라"; | **갈3:12** | "율법은 믿음에서 난 것이 아니라 이를 행하는 자는 그 가운데서 살리라 하였느니라"; | **딤전1:8** | "그러나 사람이 율법을 법 있게 쓰면 율법은 선한 것인줄 우리는 아노라"; | **롬7:12** | "이로 보건대 율법도 거룩하며 계명도 거룩하며 의로우며 선하도다"; | **시19:7-11** | "여호와의 율법은 완전하여 영혼을 소성케 하고 여호와의 증거는 확실하여 우둔한 자로 지혜롭게 하며 여호와의 교훈은 정직하여 마음을 기쁘게 하고 여호와의 계명은 순결하여 눈을 밝게 하도다 여호와를 경외하는 도는 정결하여 영원까지 이르고 여호와의 규례는 확실하여 다 의로우니 ... 또 주의 종이 이로 경계를 받고 이를 지킴으로 상이 크니이다"

▨ | **신5:29** | "다만 그들이 항상 이같은 마음을 품어 나를 경외하며 나의 모든 명령을 지켜서 그들과 그 자손이 영원히 복받기를 원하노라"; | **롬10:3** | "하나님의 의를 모르고 자기 의를 세우려고 힘써 하나님의 의를 복종치 아니하였느니라"

▨ | **왕상8:46** | "범죄치 아니하는 사람이 없사오니 저희가 주께 범죄함

으로 주께서 저희에게 진노하사 저희를 적국에게 붙이시매 적국이 저희를 사로잡아 원근을 물론하고 적국의 땅으로 끌어간 후에"; ‖ **대하6:36** ‖ "범죄치 아니하는 사람이 없사오니 저희가 주께 범죄하므로 주께서 저희에게 진노하사 저희를 적국에게 붙이시매 적국이 저희를 사로잡아 땅의 원근을 물론하고 끌어간 후에"; ‖ **잠20:9** ‖ "내가 내 마음을 정하게 하였다 내 죄를 깨끗하게 하였다 할 자가 누구뇨"; ‖ **전7:22** ‖ "너도 가끔 사람을 저주한 것을 네 마음이 아느니라"; ‖ **요일1:8** ‖ "만일 우리가 죄 없다 하면 스스로 속이고 또 진리가 우리 속에 있지 아니할 것이요"

▨ ‖ **롬10:4** ‖ "그리스도는 모든 믿는 자에게 의를 이루기 위하여 율법의 마침이 되시니라"; ‖ **갈3:13** ‖ "그리스도께서 우리를 위하여 저주를 받은 바 되사 율법의 저주에서 우리를 속량하셨으니 기록된 바 나무에 달린 자마다 저주 아래 있는 자라 하였음이라"; ‖ **신27:26** ‖ "이 율법의 모든 말씀을 실행치 아니하는 자는 저주를 받을 것이라 할 것이요 모든 백성은 아멘 할찌니라"

▨ ‖ **빌2:15** ‖ "이는 너희가 흠이 없고 순전하여 어그러지고 거스리는 세대 가운데서 하나님의 흠없는 자녀로 세상에서 그들 가운데 빛들로 나타내며"

▨ ‖ **사64:6** ‖ "대저 우리는 다 부정한 자 같아서 우리의 의는 다 더러운 옷 같으며 우리는 다 쇠패함이 잎사귀 같으므로 우리의 죄악이 바람 같이

우리를 몰아가나이다"

▨ ‖ **눅17:10** ‖ "이와 같이 너희도 명령 받은 것을 다 행한 후에 이르기를 우리는 무익한 종이라 우리의 하여야 할 일을 한 것뿐이라 할찌니라"

1 하나님의 율법의 완전성

하나님께서 모세를 통해 이스라엘 백성에게 주신 율법은 그것 자체로서 완벽하다. 이는 세상의 국가가 제정한 법과는 근본적인 차이가 난다. 하나님의 율법은 인간들의 합의에 의해 작성된 것이 아니라 하나님께서 일방적으로 제정해 주셨기 때문이다.

그러므로 그 율법은 의로우며 공정할 뿐 아니라 거룩하고 완전하다. 이 말은 죄에 빠진 인간들이 세속 국가를 위해 필요하기 때문에 논의를 거쳐 제정한 법령에는 많은 문제점이 있을 수밖에 없다는 사실을 말해주고 있다. 이를 통해 우리는 타락한 인간으로서 완벽한 하나님의 율법을 온전히 지켜낼 재간이 없다는 사실을 깨닫게 된다.

2 율법의 역할

원리적으로 볼 때 모든 인간들은 하나님의 율법을 지킬 수 있어야만 한다. 그러나 하나님을 알지 못하는 인간들은 그 율법의 존재와 그것이 가지는 본질적인 의미조차 알지 못한다. 그에 반해 우리는 모세를 통해 계시된 거룩한 율법을 소유한 백성이 얼마나 큰 은혜 가운데 존재하는가를 분명히 깨닫지 않으면 안 된다.

그 율법을 온전히 지키는 자들은 참 생명과 더불어 영원한 복락을 얻을 수 있다. 하지만 하나님의 자녀가 되었다고 할지라도 죄성을 지닌 인간들에게는 여전히 한계가 따른다. 오직 인간의 몸을 입고 이 세상에 오신 예수 그리스도만 그 율법을 완전하게 지키게 된다. 그것을 통해 하나님의 자녀들에게 참 생명과 진정한 복락이 주어지게 되는 것이다.

3 인간의 본성과 하나님의 율법

아담의 범죄로 말미암아 사탄에게 속하게 된 인간의 본성은 전적으로 타락한 상태에 놓이게 되었다. 사탄에 의해 하나님을 떠나게 된 인간은 그 자체로서 완전히 부패한 존재이다. 자연인 상태의 인간에게는 진정한 의가 전혀 남아 있지 않은 것이다.

타락한 인간은 항상 연약하고 불완전한 존재에 지나지 않는다. 그와 같은 상태에서의 인간은 결코 하나님의 율법을 준수하거나 그에 온전히 순종할 수 없다. 그럴 만한 능력이 인간에게는 아예 존재하지 않기 때문이다. 형식상의 율법 행위는 본질에서 멀리 떨어져 있으므로 그것 자체로는 특별한 의미를 발생시키지 않는다. 따라서 하나님의 적극적인 도움이 없는 상태에서 인간들은 하나님의 율법을 올바르게 준수할 수 없는 것이다.

4 중생한 성도의 행위

하나님의 은혜와 그의 특별한 관여로 인해 중생하게 된 성도들의 삶과 행위는 보통 사람들과 달라야 한다. 예수 그리스도로 말미암아 옛 사람이 죽고 새 사람으로 거듭 태어난 것으로 고백하는 성도가 과거와 다른 새로운 삶을 살게 되는 것은 지극히 당연한 일이다. 그것은 관념적인 것이 아니라 실제로 적용되고 겉으로 드러나야 한다.

그렇지만 이 말은 중생한 성도의 삶이 완벽해야 한다는 의미와 다르다. 만일 어떤 사람이 자기는 거듭 태어났으므로 더이상 죄가 없다고 주장한다면 스스로 속이는 것에 지나지 않는다. 하나님의 진리가 그 속에 내재한다면 결코 그렇게 주장할 수 없다. 그렇지만 새 사람이 된 성도들은 하나님을 경외함으로써 믿음의 삶을 살아가지 않으면 안 된다.

5 율법의 완성자이신 예수 그리스도

예수 그리스도는 율법의 목표이자 완성이다. 즉 하나님의 율법은 본질적으로 그리스도를 향하고 있으며, 인간들이 완벽하게 지키도록 요구하는 것이 일차적인 목적이 아니었다. 그대신 그것을 완벽하게 지킬 수 있는 분은 오직 죄없는 하나님의 아들 한 분밖에 없다.

어떤 인간도 온전히 지킬 수 없는 하나님의 율법이, 언약의 백성에게 주어진 중요한 목적 가운데 하나는 장차 오실 그리스도로 하여금 그것을 완벽하게 지키도록 하고자 하는 의미를 지니고 있다. 그러므로 하나님의 은혜를 입은 성도들은 그리스도 안에 속함으로써 그 율법을 지키는 자의 자리에 놓이게 된다. 교회에 속한 성도들은 모세를 통해 계시된 율법으로 인해 하나님의 은혜를 누릴 수 있다. 따라서 우리는 율법을 완성하신 하나님의 아들이신 예수 그리스도를 온전히 붙잡는 삶을 살아야만 한다.

6 성도의 율법 준수의 한계와 하나님의 구속사역

타락한 인간들이 스스로 하나님의 율법을 다 지킨다는 것은 불가능한 일이다. 거듭난 성도라 할지라도 세상에 살아가는 동안에는 아담의 속성을 그대로 지니고 있다. 이는 율법을 온전히 지킬 수 없다는 사실을 말해주고 있다.

그럼에도 불구하고 예수 그리스도를 통한 십자가 사역으로 인해, 무서운 저주가 우리 위에 즉시 떨어지지 않게 되었다. 즉 우리가 여전히 죄인임에도 불구하고 불안에 떨지 않고 담대한 마음으로 살아갈 수 있는 것은 구속 사역을 완성하신 예수 그리스도께서 우리와 함께 계시기 때문이다. 그로 말미암아 하나님의 자녀들은 참된 자유를 얻어 하나님 안에서 당당하게 살아갈 수 있게 된 것이다.

7 죄인인 성도에게 허락된 칭의

하나님께서는 우리를 보실 때 예수 그리스도의 몸을 통해서 바라보신다. 우리 자신을 그냥 보시게 되면 더러운 죄인에 지나지 않기 때문에 진노의 대상이 될 수밖에 없다. 하지만 그리스도를 통해 우리를 보시기 때문에 우리의 모든 죄악은 감추어지게 된다.

그러므로 하나님은 죄인인 우리를 그리스도 안에서 완벽한 사람으로 받아주신다. 비록 불순종하는 것이 많이 있을지라도 그냥 내치지 않으시는 것이다. 이는 우리에게 존재하는 많은 허물과 더러워진 행위를 그의 아들의 완전한 의로 덮어주시기 때문이다. 즉 하나님의 자녀들은 예수 그리스도로 말미암아 의로운 존재로 인정받게 된 것이다.

8 율법준수의 의무

하나님에 의해 의로운 자로 인정받게 된 성도들이라 해서 율법준수 의무가 사라지는 것은 아니다. 참된 자유를 얻은 성도들이라 할지라도 여전히 율법에 복종해야 할 의무를 지닌다. 물론 우리는 그것을 통해 율법에 온전히 순종하지 못하는 자신의 부족한 모습을 들여다보며, 그리스도의 사역과 진정한 사랑을 깨달을 수 있다. 즉 오직 예수 그리스도 한 분만이 과거와 현재와 미래에 연관된 모든 율법을 지킬 수 있다는 사실을 더욱 깊이 알게 된다. 성도들은 자기에게 부과된 율법에 순종하고자 하는 삶을 통해 예수 그리스도의 사역과 사랑을 더욱 분명히 깨달을 수 있게 되는 것이다.

9 신앙 윤리적인 행위에 대한 성도의 자세

하나님의 자녀들은 율법을 준수할 때 그것이 개인의 자랑거리나 공로가 되지 않는다. 도리어 하나님 앞에 겸손하게 무릎을 꿇는 마음 자세와 솔직한 심정으로 자신은 무익한 종이라는 사실을 고백할 수 있어야 한다. 따라서 자신의 행위와 공적을 내세워 신뢰하는 사람은 헛된 것을 자랑하는 것에 지나지 않는다. 우리는 그것이 곧 저주받을 우상에 신뢰를 두고 살아가는 것과 마찬가지라는 사실을 올바르게 이해하지 않으면 안 된다.

스코틀랜드 신앙고백
질 문 과 토 론

1 _ 하나님의 율법과 일반 국가법 사이에는 어떤 차이가 나는가?

2 _ 언약의 백성들에게 율법이 주어진 목적은 무엇인가?

3 _ 율법의 역할에 대하여 생각해 보라.

4 _ 인간의 본성과 율법의 관계에 대하여 논의해 보라.

5 _ 중생한 성도들은 과연 율법을 온전히 지킬 수 있는가?

6 _ 율법과 예수 그리스도 사이의 구체적인 관계에 대해 설명해 보라.

7 _ 율법 준수에 대한 인간의 한계와 하나님의 은혜에 대하여 논의해 보라.

8 _ 하나님의 자녀들에게 허락된 칭의에 연관된 내용을 생각해 보라.

9 _ 거듭난 성도들에게 과연 율법준수의 의무와 책임이 존재하는가?

10 _ 율법을 완성하신 예수 그리스도의 사역에 관하여 설명해 보라.

11 _ 성도들은 자신의 신앙 윤리적인 행위에 대하여 어떤 자세를 취해야 하는가?

제 16 장

교 회

The Kirk

우리는 성부, 성자, 성령 한 하나님을 믿듯이, 처음부터 있었고, 지금도 있고 또 세상 끝 날에도 있을 하나의 교회, 즉 예수 그리스도 안에서 참된 신앙으로 그를 받아들이고 하나님을 예배하는 선택받은 많은 사람들과 하나의 교회 공동체의 존재를 굳게 믿는다(마28:20; 엡1:4). 교회는 그리스도 예수의 몸이자 신부로서 그리스도가 교회의 유일한 머리가 되신다. 이 교회는 모든 시대, 모든 지역, 다양한 민족과 언어들, 유대인과 이방인들을 포함하고 있으므로 가톨릭 즉 보편적인 성격을 지니고 있다. 그것은 성부 하나님과 성자이신 그리스도 예수와 더불어 성령에 의한 성화를 통해 영적인 공동체를 이루게 된다(골1:18; 엡5:23-24 등; 계7:9). 그러므로 교회는 세속적인 사람들이 모인 곳이 아니라 천상의 예루살렘 시민으로서 모인 성도들의 공동체라 불린다(엡2:19). 그들은 한 하나님, 한 주 예수 그리스도, 한 믿음, 그리고 한 세례로부터 오는 측량할 수 없이 유익한 열매들을 소유하고 있다(엡4:5).

이 교회 밖에는 참 생명이 없을 뿐 아니라 영원한 복락이 존재하지 않는다. 따라서 우리는 이를 모독하는 자들을 철저히 혐오한다. 그대신 공평과 정의를 추구하며 그에 따라 살고자 하여 믿음을 고백하는 사람들이 구원을 받는다는 사실을 확신한다. 이는 그리스도 없이는 생명과 구원이 존재하지 않기 때문이다(요3:36). 그러므로 성부께서 그의 아들 예수 그리스도에게 주신 자들이 아니고는 아무도 그를 믿고 고백함으로써 정해진 때에 그에게 나아와 교회에 속할 수 없다(요5:24; 6:37; 6:39; 6:65; 17:6). 우리는 믿음의 부모들과 더불어 그 자녀들을 교회에 속한 자로 받아들인다(행2:39). 또한 불가시적인 교회에 대해서는 하나님 한 분만이 알고 계시며, 그만 홀로 자신이 택한 자들을 알고 계신다(딤후2:19; 요13:18). 그 교회는 이미 세상을 떠난 선택받은 성도들과, 일반적으로 승리의 교회라고 칭해지면서 현재 죄와 사탄에 대항하여 싸우는 성도들뿐 아니라 장차 이 세상에 태어나 살아가게 될 성도들을 포함하고 있다(엡1:10; 골1:20; 히12:4).

As we believe in one God, Father, Son, and Holy Spirit, so we firmly believe that from the beginning there has been, now is, and to the end of the world shall be, a kirk, that is to say, one company and multitude of men chosen by God, who rightly worship and embrace him by true faith in Jesus Christ(Matt. 28:20; Eph. 1:4), who is the only Head of the kirk, even as it is the body and spouse of Christ Jesus. This kirk is catholic, that is, universal, because it contains the elect of all ages, of all realms, nations, and tongues, be they of the Jews or be they of the Gentiles, who have communion and society with God the Father, and with his Son, Christ Jesus, through the sanctification of his Holy Spirit(Col. 1:18; Eph. 5:23-24, etc.; Rev. 7:9). It is therefore called the communion, not of profane persons, but of saints, who, as citizens of the heavenly Jerusalem(Eph. 2:19), have the fruit of inestimable benefits, one God, one Lord Jesus, one faith, and one baptism(Eph. 4:5).

Out of this Kirk there is neither life nor eternal felicity. Therefore we utterly abhor the blasphemy of those who hold that men who live according to equity and justice shall be saved, no matter what religion they profess. For since there is neither life nor salvation without Christ Jesus(John 3:36); so shall none have part therein but those whom the Father has given unto his Son Christ Jesus, and those who in time come to him(John 5:24; 6:37; 6:39; 6:65; 17:6), avow his doctrine, and believe in him. We include the children with the faithful parents(Acts 2:39). This kirk is invisible, known only to God, who alone knows whom he has chosen(2 Tim. 2:19; John 13:18), and includes both the chosen who are departed, commonly called the kirk triumphant, those who yet live and fight against sin and Satan, and those who shall live hereafter(Eph. 1:10; Col. 1:20; Heb. 12:4).

근거 성경 본문

▨ ‖ **마28:20** ‖ "내가 너희에게 분부한 모든 것을 가르쳐 지키게 하라 볼 찌어다 내가 세상 끝날까지 너희와 항상 함께 있으리라 하시니라"; ‖ **엡1:4** ‖ "곧 창세 전에 그리스도 안에서 우리를 택하사 우리로 사랑 안에서 그 앞에 거룩하고 흠이 없게 하시려고"

▨ ‖ **골1:18** ‖ "그는 몸인 교회의 머리라 그가 근본이요 죽은 자들 가운데서 먼저 나신 자니 이는 친히 만물의 으뜸이 되려 하심이요"; ‖ **엡5:23-24** ‖ "이는 남편이 아내의 머리됨이 그리스도께서 교회의 머리됨과 같음이니 그가 친히 몸의 구주시니라 그러나 교회가 그리스도에게 하듯 아내들도 범사에 그 남편에게 복종할찌니라"; ‖ **계7:9** ‖ "이 일 후에 내가 보니 각 나라와 족속과 백성과 방언에서 아무라도 능히 셀 수 없는 큰 무리가 흰 옷을 입고 손에 종려가지를 들고 보좌 앞과 어린 양 앞에 서서"

▨ ‖ **엡2:19** ‖ "그러므로 이제부터 너희가 외인도 아니요 손도 아니요 오직 성도들과 동일한 시민이요 하나님의 권속이라"

▨ ‖ **엡4:5** ‖ "주도 하나이요 믿음도 하나이요 세례도 하나이요"

▨ || **요3:36** | "아들을 믿는 자는 영생이 있고 아들을 순종치 아니하는 자
는 영생을 보지 못하고 도리어 하나님의 진노가 그 위에 머물러 있느니라"

▨ || **요5:24** | "내가 진실로 진실로 너희에게 이르노니 내 말을 듣고 또
나 보내신 이를 믿는 자는 영생을 얻었고 심판에 이르지 아니하나니 사망
에서 생명으로 옮겼느니라"; || **요6:37-39** | "아버지께서 내게 주시는 자
는 다 내게로 올 것이요 내게 오는 자는 내가 결코 내어쫓지 아니하리라 내
가 하늘로서 내려온 것은 내 뜻을 행하려 함이 아니요 나를 보내신 이의 뜻
을 행하려 함이니라 나를 보내신 이의 뜻은 내게 주신 자 중에 내가 하나도
잃어버리지 아니하고 마지막 날에 다시 살리는 이것이니라"; || **요6:65** |
"또 가라사대 이러하므로 전에 너희에게 말하기를 내 아버지께서 오게 하
여 주지 아니하시면 누구든지 내게 올 수 없다 하였노라 하시니라"; ||
요17:6 | "세상 중에서 내게 주신 사람들에게 내가 아버지의 이름을 나타
내었나이다 저희는 아버지의 것이었는데 내게 주셨으며 저희는 아버지의
말씀을 지키었나이다"

▨ || **행2:39** | "이 약속은 너희와 너희 자녀와 모든 먼데 사람 곧 주 우리
하나님이 얼마든지 부르시는 자들에게 하신 것이라 하고"

▨ || **딤후2:19** | "그러나 하나님의 견고한 터는 섰으니 인침이 있어 일렀
으되 주께서 자기 백성을 아신다 하며 또 주의 이름을 부르는 자마다 불의

에서 떠날찌어다 하였느니라"; ‖ **요13:18** ‖ "내가 너희를 다 가리켜 말하
는 것이 아니라 내가 나의 택한 자들이 누구인지 앎이라 그러나 내 떡을 먹
는 자가 내게 발꿈치를 들었다 한 성경을 응하게 하려는 것이니라"

▨   ‖ **엡1:10** ‖ "하늘에 있는 것이나 땅에 있는 것이 다 그리스도 안에서
통일되게 하려 하심이라"; ‖ **골1:20** ‖ "그의 십자가의 피로 화평을 이루사
만물 곧 땅에 있는 것들이나 하늘에 있는 것들을 그로 말미암아 자기와 화
목케 되기를 기뻐하심이라"; ‖ **히12:4** ‖ "너희가 죄와 싸우되 아직 피흘리
기까지는 대항치 아니하고"

해 설

1 '하나의 교회' 인 예배 공동체

하나님께서 세우신 지상 교회는 하나의 공동체를 구성하고 있다. 세
상에는 여러 지교회들이 있어서 역사적인 환경과 지역에 따라 다른 언어
를 사용하며 상이한 습성 가운데 살아가지만 전체적으로 동질의 한 공동
체이다. 그 교회의 목적 가운데 가장 중요한 것은 천상에 계시는 하나님을
예배하는 일이다. 따라서 모든 지교회들은 하나님을 온전히 예배할 수 있
어야 하며 항상 눈에 보이지 않는 불가시적인 보편교회를 염두에 두어야
만 한다.

2 교회의 근거

지상 교회는 사람들의 종교적인 판단에 의해 세워진 조직이 아니다. 즉 인간들의 합의를 통해 교회가 세워지지 않는다. 참된 교회는 오로지 하나님의 뜻에 의해 세워진 거룩한 공동체여야만 한다. 따라서 교회의 설립에 관해서 뿐 아니라 역사 가운데 진행되는 모든 과정에 있어서도 항상 성경에 기록된 주님의 뜻이 반영되어야 한다.

우리는 창세전에 이미 하나님께서 자기 백성들을 선택해 두고 계셨다는 사실을 잘 알고 있다. 아담과 하와가 사탄의 유혹에 빠져 범죄했을 때 하나님은 저들을 따로 불러 모아 교회로 세워가고자 하셨다. 그리하여 다양한 시대 다양한 지역에 살아가고 있는 자기 자녀들을 교회라는 한 우리 안으로 불러 모으셨던 것이다.

3 교회의 존재적 성격

지상에 존재하는 참된 교회는 예수 그리스도의 몸이다. 교회가 그리스도의 몸체라고 하는 의미는 그가 곧 교회의 머리가 된다는 사실을 말해주고 있다. 따라서 그리스도의 몸에 붙어있지 않는 참된 교회란 존재할 수 없다. 교회라는 이름만 가지고 있으면서 예수 그리스도에게 붙어 있지 않다면 그것은 교회를 빙자한 거짓 종교집단에 지나지 않는다.

또한 지상 교회는 예수 그리스도의 신부이다. 이는 교회가 하나님 곧 그리스도의 기쁨의 대상이 되어야 한다는 의미를 지니고 있다. 나아가 교회는 그리스도의 성품을 닮아 거룩해야만 한다. 따라서 지상 교회는 항상 하나님을 기쁘시게 하는 자리에 머물러 있어야 하며 순결한 상태를 유지하지 않으면 안 된다.

4 우주적 보편교회

지상 교회는 흐르는 인간 역사와 세계에 흩어진 다양한 지역 가운데 존재한다. 따라서 인종과 일반적인 문화 및 습성을 초월한다. 역사 가운데 존재했었던 참된 교회들과 현재 전 세계에 흩어져 있는 모든 지교회들은 개별적인 형태를 띠고 있지만 완전히 독자적이지는 않다.

우리가 알아야 할 바는 지상에 흩어진 모든 교회들은 하나의 끈으로 엮어져 있다는 사실이다. 이는 시대와 장소를 초월하여 존재하는 교회들은 우주적이며 보편적인 성격을 지니고 있음을 말해 준다. 마치 모자이크를 맞추듯 모든 지교회들을 모아서 맞춘다면 거대한 하나의 교회가 된다. 따라서 지상의 교회는 과거와 현재뿐 아니라 미래에도 존재한다.

5 성화되어 가는 영적 공동체

이 세상에 존재하는 교회들은 항상 생동하는 성격을 지니고 있다. 교회는 세월이 흘러감에 따라 성장하게 되는 것이 원칙이다. 이 말은 개체적 성격을 지닌 지교회가 말씀으로 성숙해져 가는 것에 연관되어 있는 동시에 종말에 가까워짐에 따라 교회의 모습이 선명한 모습으로 드러나게 된다는 의미를 지닌다. 이는 교회 공동체가 성화를 이루어 갈 때 가능한 일이다.

여기서 말하는 성화란 윤리적인 개념이 아니라 참된 진리와 연관되어 있다. 하나님 앞에서의 성화란 인간의 윤리적인 성품의 개선을 의미하지 않는다. 그런 것이라면 인간들 스스로 그렇게 변화되어 갈 수 있다. 하지만 진정한 성화란 삼위일체 하나님 특히 성령의 도우심에 의해서만 가능하다. 이는 인간이 거룩한 하나님 앞에서 자신의 죄와 무능함을 철저히 깨닫게 될 때 더욱 선명하게 드러나게 되는 것이다.

6 '천상의 나라' 에 속한 성도들의 모임

교회는 지상에 존재하지만 거기 모이는 사람들은 단순히 이 세상에 속한 사람들이 아니다. 성도들은 세상에 대해서는 그리스도와 함께 죽고 다시 살아난 자들이기 때문이다. 그들의 육신은 세상에서 살아가지만 천상의 예루살렘에 속한 시민으로서 하나의 공동체로 일컬어진다. 그들은 그리스도의 몸된 교회에 소속되어 한 하나님, 한 주 예수 그리스도, 한 믿음, 한 세례로부터 오는 측량할 수 없이 유익한 열매들을 소유하고 있다.

7 생명과 복락의 공동체

지상 교회는 생명의 공동체이자 복락의 공동체이다. 이 말은 타락한 세상에는 영원한 생명과 복락이 존재하지 않는다는 사실을 말해주고 있다. 하지만 어리석은 인간들은 그것들을 거부하며 모독하는 것을 예사로 여긴다. 우리는 하나님의 뜻을 멸시하는 그런 자들을 철저히 혐오한다. 그

대신 공평과 정의를 추구하며 하나님의 말씀에 순종하여 살고자하는 자세로 믿음을 고백하는 성도들은 영원한 구원을 받게 된다. 이는 예수 그리스도가 없이는 참 생명과 구원이 허락되지 않는다는 사실을 말해준다.

8 하나님의 부르심과 교회

하나님께서는 이땅에 자신의 피로 값 주고 사신 성도들의 거룩한 교회를 세우고자 하셨다. 그것은 하나님의 창세전 작정과 섭리에 연관된 것이었다. 성부 하나님은 독생자이신 예수 그리스도께 자신이 선택한 백성들을 주시게 된다. 그런 역사적 과정을 거치지 않고는 아무도 그의 몸된 교회에 소속될 수 없다. 이는 인간들의 종교적인 결단에 의해 교회가 형성되는 것이 아니라는 사실을 말해 주고 있다.

또한 우리가 여기서 분명히 기억해야 할 점은 언약의 자녀들에 관한 문제이다. 하나님께서는 성도들을 통해 그 자녀들을 선물로 주신다. 따라서 믿음의 가정에서 출생한 자녀들은 저들의 부모와 더불어 지상 교회에 속하게 된다. 이는 주님의 재림때까지 존속되어야 할 교회의 상속과 밀접하게 연관되어 있다. 교회가 언약의 자녀들에게 세례를 베풀게 되는 것은 저들을 통해 지속적인 상속이 이루어져 간다는 사실을 보여준다.

9 불가시적인 무형교회

우리가 이 세상에서 눈으로 볼 수 있는 유형 교회들은 참된 성도들을 보호하기 위한 언약에 연관된 것으로 이해해야 한다. 즉 지상 교회 자체가 언약적 의미를 지니고 있다. 그러나 지상 교회에 소속되어 있다는 사실만으로 영원한 구원이 담보되지는 않는다. 그 가운데는 하나님을 알지 못하는 배도자들도 상당수 섞여 있을 것이기 때문이다.

그러므로 완벽한 보편교회는 인간들의 육안으로 볼 수 없다. 즉 그 교회는 가시적인 조직에 얽매이지 않는다. 하나님 한 분만이 창세전에 선택받은 성도들과 불가시적인 완벽한 교회를 알고 계신다. 불가시적인 무형교회 가운데는 이미 죽은 성도들과 현재 이 세상에서 살아가는 성도들, 그리고 장차 이땅에 태어나 살아가게 될 모든 성도들을 포함하고 있다.

10 지상교회의 역할

타락한 세상에 존재하는 교회와 그에 속한 성도들은 항상 죄와 맞서 싸워야 한다. 지상 교회는 거룩한 하나님을 예배할 뿐 아니라 그의 백성들을 미혹하며 공격하는 사탄과 맞서 싸우는 공동체이다. 지상 교회는 그에 대한 인식을 분명히 하고 있어야만 한다. 그래야만 어린 성도들을 보호할 수 있을 것이며, 저들이 장차 도래하는 시대의 교회를 온전히 상속해 갈 수 있을 것이기 때문이다. 따라서 천상의 나라에 속한 하나님의 자녀들은, 사탄이 장악하고 있는 타락한 세상에서 복락을 누리며 만족스럽게 살아가는 것을 목적으로 삼지 않는다.

질 문 과 토 론

1 _ '하나인 교회'에 대하여 설명해 보라.

2 _ 교회의 존재 의미와 근원적인 목적은 무엇인가?

3 _ 교회의 존재 근거에 대하여 생각해 보라.

4 _ 지상 교회가 지닌 존재적 성격을 어떻게 이해해야 하는가?

5 _ 우주적 보편교회란 무엇을 의미하는가?

6 _ 성화된 영적 공동체로서 교회에 관하여 논의해 보라.

7 _ 지상 교회가 천상의 나라에 속해 있다는 구체적인 의미는 무엇인가?

8 _ 교회가 참 생명과 진정한 복락의 공동체란 어떤 의미를 지니는가?

9 _ 하나님의 부르심과 지상 교회 사이에는 어떤 상관관계가 있는가?

10 _ 불가시적인 무형교회와 가시적인 유형교회의 차이에 대하여 생각해 보라.

11 _ 세상에 존재하는 교회의 근원적인 역할에 대하여 논의해 보라.

제 17 장

영혼의 불멸

The Immortality of Souls

선택받은 성도들이 죽게 되면 세상의 일들로부터 해방되어 평안과 안식을 얻게 된다(계14:13). 어떤 광신자들이 주장하듯이 그들은 자는 것도 아니고 또는 망각에 빠지는 것도 아니며 이 세상에서 받는 모든 공포, 고통 및 모든 유혹으로부터 구출받게 된다(사25:8; 계7:14-17; 21:4). 우리를 비롯한 선택된 하나님의 자녀들은 이 세상에서 받는 모든 공포, 고통 및 모든 유혹으로부터 구출받는다(사25:8; 계7:14-17; 21:4). 따라서 성도들은 그 과정에서 일어나는 문제로 인해 전투하는 교회로 불려진다. 이와는 달리 믿음이 없는 자들은 죽은 후 말로 형언할 수 없는 고뇌와 고통을 당하게 된다(계16:10-11; 사66:24; 막9:44,46,48). 그들이 기쁨과 고통을 느낄 수 없는 잠에 빠지지 않는 것은, 누가복음 16장의 예수 그리스도의 비유(눅16:23-26)와 한편 강도를 향한 예수님의 말씀(눅23:43), 그리고 제단 아래서 울부짖는 영혼이 "거룩하시고 진실하신 주님, 우리가 얼마나 더 오래 기다려야 땅위에 사는 자들을 심판하시고 또 우리가 흘린 피의 원수를 갚아 주시겠나이까?"(계6:9-10)라는 구절에서 증거되고 있다.

The elect departed are in peace, and rest from their labors(Rev. 14:13); not that they sleep and are lost in oblivion as some fanatics hold, for they are delivered from all fear and torment, and all the temptations to which we and all God's chosen are subject in this life(Isa. 25:8; Rev. 7:14-17; 21:4), and because of which are called the kirk militant. On the other hand, the reprobate and unfaithful departed have anguish, torment, and pain that cannot be expressed(Rev. 16:10-11; Isa. 66:24; Mark 9:44, 46, 48). Neither the one nor the other is in such sleep that they feel no joy or torment, as is testified by Christ's parable in Luke 16(Luke 16:23-26), his words to the thief(Luke 23:43), and the words of the souls crying under the altar, "O Lord, you who are righteous and just, how long shall you not revenge our blood upon those that dwell in the earth?"(Rev. 6:9-10).

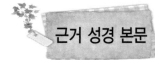
근거 성경 본문

▨ ‖ 계14:13 ‖ "또 내가 들으니 하늘에서 음성이 나서 가로되 기록하라 지금 이후로 주 안에서 죽는 자들은 복이 있도다 하시매 성령이 가라사대 그러하다 저희 수고를 그치고 쉬리니 이는 저희의 행한 일이 따름이라 하시더라"

▨ ‖ 사25:8 ‖ "사망을 영원히 멸하실 것이라 주 여호와께서 모든 얼굴에서 눈물을 씻기시며 그 백성의 수치를 온 천하에서 제하시리라 여호와께서 이같이 말씀하셨느니라"; ‖ 계7:14-17 ‖ "내가 가로되 내 주여 당신이 알리이다 하니 그가 나더러 이르되 이는 큰 환난에서 나오는 자들인데 어린 양의 피에 그 옷을 씻어 희게 하였느니라 그러므로 그들이 하나님의 보좌 앞에 있고 또 그의 성전에서 밤낮 하나님을 섬기매 보좌에 앉으신 이가 그들 위에 장막을 치시리니 저희가 다시 주리지도 아니하며 목마르지도 아니하고 해나 아무 뜨거운 기운에 상하지 아니할찌니 이는 보좌 가운데 계신 어린 양이 저희의 목자가 되사 생명수 샘으로 인도하시고 하나님께서 저희 눈에서 모든 눈물을 씻어 주실 것임이러라"; ‖ 계21:4 ‖ "모든 눈물을 그 눈에서 씻기시매 다시 사망이 없고 애통하는 것이나 곡하는 것이나 아픈 것이 다시 있지 아니하리니 처음 것들이 다 지나갔음이러라"

▦ ‖ **계16:10-11** ‖ "또 다섯째가 그 대접을 짐승의 보좌에 쏟으니 그 나라가 곧 어두워지며 사람들이 아파서 자기 혀를 깨물고 아픈 것과 종기로 인하여 하늘의 하나님을 훼방하고 저희 행위를 회개치 아니하더라"; ‖ **사66:24** ‖ "그들이 나가서 내게 패역한 자들의 시체들을 볼 것이라 그 벌레가 죽지 아니하며 그 불이 꺼지지 아니하여 모든 혈육에게 가증함이 되리라"; ‖ **막9:44,46,48** ‖ "만일 네 발이 너를 범죄케 하거든 찍어버리라 절뚝발이로 영생에 들어가는 것이 두 발을 가지고 지옥에 던지우는 것보다 나으니라 … 만일 네 눈이 너를 범죄케 하거든 빼어버리라 한 눈으로 하나님의 나라에 들어가는 것이 두 눈을 가지고 지옥에 던지우는 것보다 나으 니라 … 거기는 구더기도 죽지 않고 불도 꺼지지 아니하느니라"

▦ ‖ **눅16:23-26** ‖ "저가 음부에서 고통중에 눈을 들어 멀리 아브라함과 그의 품에 있는 나사로를 보고 불러 가로되 아버지 아브라함이여 나를 긍휼히 여기사 나사로를 보내어 그 손가락 끝에 물을 찍어 내 혀를 서늘하게 하소서 내가 이 불꽃 가운데서 고민하나이다 아브라함이 가로되 애 너는 살았을 때에 네 좋은 것을 받았고 나사로는 고난을 받았으니 이것을 기억하라 이제 저는 여기서 위로를 받고 너는 고민을 받느니라 이뿐 아니라 너희와 우리 사이에 큰 구렁이 끼어 있어 여기서 너희에게 건너가고자 하되 할 수 없고 거기서 우리에게 건너올 수도 없게 하였느니라"

▦ ‖ **눅23:43** ‖ "예수께서 이르시되 내가 진실로 네게 이르노니 오늘 네

가 나와 함께 낙원에 있으리라 하시니라"

▓ ‖ 계6:9-10 ‖ "다섯째 인을 떼실 때에 내가 보니 하나님의 말씀과 저희의 가진 증거를 인하여 죽임을 당한 영혼들이 제단 아래 있어 큰 소리로 불러 가로되 거룩하고 참되신 대주재여 땅에 거하는 자들을 심판하여 우리 피를 신원하여 주지 아니하시기를 어느 때까지 하시려나이까 하니"

해 설

1 '하나님의 선택'

영원한 구원에 참여하게 되는 성도들은 창세전에 하나님으로부터 특별히 선택받은 자들이다. 하나님께서는 우주만물이 존재하기 전에 이미 자기와 관계된 자들을 거룩한 뜻에 따라 확정지으셨다. 우리는 물론 인간들 가운데 누가 그에 속한 자인지에 대해 정확하게 알지 못한다. 하지만 하나님께서 창세전에 자기 자녀들을 미리 택정해 두셨다는 사실에 대해서는 성경이 분명히 밝히고 있다.

2 죽은 성도들의 영원한 삶

성령에 의해 거듭난 성도들이라 할지라도 이 세상에서 영원히 사는 것이 아니라 일정기간 육체로 살다가 인생을 마감하게 된다. 그들은 죽은 후에 타락한 세상에서의 힘든 일들로부터 완전한 자유를 얻어 영원한 평안과 안식을 누리며 살아간다. 그것은 오직 선택받은 하나님의 자녀들에게만 주어진 특권이다.

그렇지만 어리석은 자들은 사람이 세상에서 살다가 죽으면 모든 것이 끝이라고 주장한다. 나아가 그들은 사람이 죽으면 그 영혼이 영원한 수면에 들어가기 때문에 아무것도 기억하지 못하는 것처럼 생각한다. 그러나 성경은 인간들의 육체적 죽음 이후에도 완전히 끝나지 않는다는 사실을 증거하고 있다. 하나님의 자녀들뿐 아니라 불신자들마저도 저들의 영혼이 소멸되거나 영원히 잠들지 않고 영생이나 영멸을 맞이할 수밖에 없다.

3 전투하는 교회

하나님의 백성들은 사탄이 지배하는 타락한 세상에서 살아가기가 쉽지 않다. 이 세상에서 받는 모든 공포와 고통 및 모든 유혹이 결코 만만치 않기 때문이다. 하지만 선택받은 자들은 죽음과 더불어 영원한 구원을 받게 된다. 따라서 인간의 육체를 가지고 살아가는 동안에는 세상의 악한 것들과 맞서 싸우지 않을 수 없다. 지상 교회가 세상에서 전투하는 교회로 불리는 것은 바로 그 이유 때문이다.

4 불신자들의 사후 세계

하나님을 알지 못하는 자들도 세상에서의 생애를 마친 후에 여전히 또 다른 삶의 영역으로 들어가야만 한다. 성경은 그들이 끔찍한 고통에 빠져 죽고자 해도 마음대로 죽을 수 없다는 사실을 교훈하고 있다. 여호와 하나님과 예수 그리스도에 대한 진정한 믿음을 가진 교회 공동체에 속하지 않는 자들의 삶은 이 세상의 것과는 비교가 되지 않는 고통과 고뇌가 이어지는 삶으로부터 벗어날 수 없다는 것이다.

5 '영혼 멸절'에 대한 허망한 주장

어리석은 자들은 인간의 죽음 이후에는 기쁨과 고통을 전혀 느낄 수 없는 영원한 잠을 자게 된다는 주장을 펼치고 있다. 특히 하나님을 알지 못하는 자들의 영혼은 완전히 멸절하게 된다고 생각한다. 하지만 성경에는 영원한 지옥과 영원한 천국이 있어서 하나님의 은혜를 받은 자들은 참된 기쁨과 더불어 영화로운 삶을 살게 되는데 반해, 그렇지 않은 자들은 뜨거운 불꽃 가운데서 영원히 고통을 당하게 된다는 내용이 기록되어 있다.

6 누가복음 16:23-26

누가복음에는 죽은 후 뜨거운 불이 이글거리는 지옥에 간 부자와 나사로에 관한 기록이 나타난다. 거기에는 지옥불로 인해 고통당하는 자의 모습이 그려져 있다. 그리고 천국과 지옥 사이는 완전히 분리되어 있어서 서로간 아무런 교류가 없다는 사실이 언급되어 있다. 따라서 세상에서의 일시적인 부귀영화는 아무런 의미가 없으며 영원한 세계가 인간의 궁극적인 영역이 된다는 사실을 말해준다.

7 요한계시록 6:9-10

하나님의 자녀들은 이 세상으로부터 핍박을 당하며 고통을 겪게 된다. 사탄에게 속한 원수들이 성도들을 가만히 두지 않고 괴롭히기 때문이다. 요한계시록에는 그에 관한 분명한 기록이 나타난다. 성도들의 영혼이 천상의 제단 아래서 울부짖으며, 하나님께서 땅 위에 사는 자들을 심판하여 성도들의 피를 흘린 악한 자들에게 원수를 갚아달라는 것이다. 이는 세상에 살아가는 성도들의 삶은 결코 평안하고 만족스러운 것이 아니라 오히려 환난과 핍박 가운데 놓여있다는 사실을 말해 주고 있다.

스코틀랜드 신앙고백

질 문 과 토 론

1 _ 하나님의 선택과 예정에 대하여 생각해 보라.

2 _ 성도들에게는 죽음 이후에 어떤 삶이 약속되어 있는가?

3 _ '전투하는 교회'란 무슨 의미인가?

4 _ 불신자들의 사후 세계에 관하여 생각해 보라.

5 _ '영혼멸절설'이란 무엇인가?

6 _ 누가복음 16:23-26을 해석해 보라.

7 _ 요한계시록 6:9-10을 해석해 보라.

제 18 장

참 교회와 거짓 교회가 구별되는 특징과 올바른 교리 표준에 대한 주체

The Notes by Which the True Kirk Is Discerned from The False, and Who Shall Be Judge of Doctrine

사탄은 처음부터 사악한 유대인 회당을 하나님의 교회란 이름으로 위장했다. 그리고 살인자들의 잔인한 마음으로 참된 교회와 그에 속한 성도들을 핍박하고 문제를 일으켜 괴롭히기 위해 온갖 노력을 다 기울였다. 그것은 마치 가인이 아벨에게(창4:8), 이스마엘이 이삭에게(창21:9), 에서가 야곱에게(창27:41), 또한 유대인 제사장들이 그리스도 예수와 나중 그의 사도들에게 행했던 것과 같다(마23:34; 요15:18-20,24; 11:47,53; 행4:1-3; 5:17 등). 그러므로 가장 본질적인 것은 참 교회가 명확하고 완전한 징표에 의해 오염된 회당과 구별되어 무엇을 버리고 무엇을 수용할지 분명히 알아 스스로 속지 않음으로써 우리 자신을 저주에 빠지지 않도록 해야 한다. 그리스도 예수의 신부로서 배도한 창부와 구별되는 확실한 특징과 표지는 결단코 오래된 역사와 잘못된 칭호에 달린 것이 아니며 또 영원한 감독직의 세습이나 특별한 장소에 달린 것도 아니며 어떤 사실에 동조하는 자들의 수에 달려 있지도 않다. 가인은 나이와 형제 관계에서는 아벨과 셋을 앞섰다(창4:1). 예루살렘은 지구상의 모든 다른 장소들에 비해 우선시 되었고(시48:2-3; 마5:35) 그 안에서 제사장은 아론의 직계 후손들로 이어져 왔다. 또한 많은 사람들이 그리스도 예수와 그의 교훈을 믿고 따르기보다 서기관들과 바리새인들과 제사장들을 추종했다(요12:42). 하지만 우리는 그전에 제멋대로 판단하는 자들이 하나님의 교회라는 이름을 붙여 사용했을지라도 그것을 받아들이지 않는다.

그러므로 우리는 하나님의 참된 교회의 표지는 다음과 같은 조건을 갖추어야 하는 것으로 믿고 고백한다: 첫째, 하나님께서 자신을 우리에게 드러내 보여주시도록 성경에 기록된 선지자들과 사도들의 글이 순수하게 선포되어야 한다. 둘째, 그리스도 예수의 성례가 올바르게 시행되어야 하며 그것을 통해 우리의 마음속에 그것들을 인치고 확증함으로써 하나님의 말씀과 약속이 우리 가운데 결합되어야 한다(엡2:20; 행2:42; 요10:27; 18:37; 고전1:13; 마18:19-20; 막16:15-16; 고전11:24-26; 롬4:11). 셋째, 하나님의 말씀이 규정하는 대로 악행이 억제되고 선행이 고양되도록 교회의 권징이 정당하게 시행되어야 한다(마18:15-18; 고전5:4-5). 이러한 표지들이 언제든지 드러나고 지속된다면 수에 무관하게 의심의 여지없이 그리스도께서 자신의 약속에 따라 저들 가운데 계시는 참된 교회라 할 수 있다(마18:19-20). 이는 앞에서 말한 바 우주적인 교회와 다르며, 바울이 하나님의 말씀을 선포하고 친히 하나님의 교회라 불렀던 고린도(고전1:2; 고후1:2), 갈라디아(갈1:2), 에베소 및 그밖의 지역에 세워진 구체적인 교회들(엡1:1; 행16:9-10; 18:1 등; 20:17 등)을 일컫는다.

우리는 스코틀랜드의 주민들이 거하는 여러 도시와 마을들에 있는 예수 그리스도를 고백하는 교회들에서 참된 교리를 가르치도록 요구한다. 하나님의 말씀인 구약과 신약성경, 즉 처음부터 정경으로 증거된 이 책들 안에 우리가 교회에서 가르치는 교리들이 포함되어 있다. 우리는 그 책 안에 사람이 구원을 위하여 믿어야 할 모든 것이 충분히 들어있음을 확신한다(요20:31; 딤후3:16-17). 또한 우리는 성경 해석이 결코 개인이나 공적인 직책을 맡은 인물에게 달려있지 않을 뿐더러, 걸출하거나 우선시되는 어떤 개별 교회나 지역 교회에 속한 것이 아니라 성경을 기록한 하나님의 성령에 달려 있음을 고백한다(벧후1:20-21).

또 성경의 어떤 본문과 문장에 관한 논쟁이 일어나거나 하나님의 교회 안에서 해석상의 남용에 대하여 시정하고자 할 때 우리는 사람들의 견해나 우리 이전에 있어온 견해에 지나치게 의존하지 말아야 하며 성령께서 성경 본문 가운데서 다양하게 하신 말씀과 예수님 자신이 행하고 명령한 것에 주의를 기울여야 한다(요5:39). 하나님의 성령은 일관성을 지니고 있으며 결코 모순되지 않는다는 사실에 대해서는 우리 모두가 동의하고 있다(엡4:3-4). 만일 어떤 신학자나 교회 혹은 공의회의 해석이나 견해가 성경 본문에 기록된 순수한 하나님의 말씀에 어긋난다면 비록 공의회나 왕국이나 민족이 그것을 인정하고 받아들인다 할지라도 그것이 성령으로부터의 참된 해석에 근거한 의미가 아닌 것이 분명하다. 우리는 신앙의 근본적인 원리와 성경의 순수한 본문에 위배되거나 사랑의 원리에 반하는 해석을 받아들여 동의해서는 안 된다.

Since Satan has labored from the beginning to adorn his pestilent synagogue with the title of the kirk of God, and has incited cruel murderers to persecute, trouble, and molest the true kirk and its members, as Cain did to Abel(Gen. 4:8), Ishmael to Isaac(Gen. 21:9), Esau to Jacob(Gen. 27:41), and the whole priesthood of the Jews to Christ Jesus himself and his apostles after him(Matt. 23:34; John 15:18-20,24; 11:47,53; Acts 4:1-3; 5:17, etc.). So it is essential that the true kirk be distinguished from the filthy synagogues by clear and perfect notes lest we, being deceived, receive and embrace, to our own condemnation, the one for the other. The notes, signs, and assured tokens whereby the spotless bride of Christ is known from the horrible harlot, the malignant kirk, we state, are neither antiquity, usurped title, lineal succession, appointed place, nor the numbers of men approving an error. For Cain was before Abel and Seth in age and title(Gen. 4:1); Jerusalem had precedence above all other parts of the earth(Ps. 48:2-3; Matt. 5:35), for in it were priests lineally descended from Aaron, and greater numbers followed the scribes, Pharisees, and priests, than unfeignedly believed and followed Christ Jesus and his doctrine(John 12:42); and yet we suppose no man of judgment will hold that any of the forenamed were the kirk of God. The notes of the true Kirk, therefore, we believe, confess, and avow to be: first, the true preaching of the word of God, in which God has revealed himself to us, as the writings of the prophets and apostles declare; secondly, the right administration of the sacraments of Christ Jesus, to which must be joined the word and promise of God to seal and confirm them in our hearts(Eph. 2:20; Acts 2:42; John 10:27; 18:37; 1 Cor. 1:13; Matt. 18:19-20; Mark 16:15-16; 1 Cor. 11:24-26; Rom. 4:11); and lastly, ecclesiastical discipline uprightly ministered, as God's word prescribes, whereby vice is repressed and virtue nourished(Matt. 18:15-18; 1 Cor. 5:4-5). Then wherever these notes are seen and continue for any time, be the number complete or not, there, beyond any doubt, is the true kirk of Christ, who, according to his promise, is in the midst of them(Matt. 18:19-20). This is not that universal kirk of which we have spoken before, but particular kirks, such as were in Corinth(1 Cor. 1:2; 2 Cor. 1:2), Galatia(Gal. 1:2), Ephesus(Eph. 1:1; Acts 16:9-10; 18:1, etc.; 20:17, etc.), and other places where the ministry was planted by Paul and which he himself called kirks of God. Such kirks, we the inhabitants of the realm of Scotland confessing Christ Jesus, do claim to have in our cities, towns, and reformed districts because of the doctrine taught in our kirks, contained in the written word of God, that is, the Old and New Testaments, in those books which were originally reckoned as canonical. We affirm that in these all things necessary to be believed for the salvation of man are sufficiently expressed(John 20:31; 2 Tim. 3:16-17). The interpretation of Scripture, we confess, does not belong to any private or public person, nor yet to any kirk for pre-eminence or precedence, personal or local, which it has above others, but pertains to the Spirit of God by whom the scripture was written(2 Pet. 1:20-21). When controversy arises about the right understanding of any passage or sentence of Scripture, or for the reformation of any abuse within the kirk of God, we ought not so much to ask what men have said or done before us, as what the Holy Spirit uniformly speaks within the body of the scriptures and what Christ Jesus himself did and commanded(John 5:39). For it is agreed by all that the Spirit of God, who is the Spirit of unity, cannot contradict himself(Eph. 4:3-4). So if the interpretation or opinion of any theologian, kirk, or council, is contrary to the plain word of God written in any other passage of the Scripture, it is most certain that this is not the true understanding and meaning of the Holy Spirit, although councils, realms, and nations have approved and received it. We dare not receive or admit any interpretation that is contrary to any principal point of our faith, or to any other plain text of Scripture, or to the rule of love.

근거 성경 본문

▨ ‖ **창4:8** ‖ "가인이 그 아우 아벨에게 고하니라 그후 그들이 들에 있을 때에 가인이 그 아우 아벨을 쳐 죽이니라"

▨ ‖ **창21:9** ‖ "사라가 본즉 아브라함의 아들 애굽 여인 하갈의 소생이 이삭을 희롱하는지라"

▨ ‖ **창27:41** ‖ "그 아비가 야곱에게 축복한 그 축복을 인하여 에서가 야곱을 미워하여 심중에 이르기를 아버지를 곡할 때가 가까웠은즉 내가 내 아우 야곱을 죽이리라 하였더니"

▨ ‖ **마23:34** ‖ "그러므로 내가 너희에게 선지자들과 지혜 있는 자들과 서기관들을 보내매 너희가 그중에서 더러는 죽이고 십자가에 못박고 그중에 더러는 너희 회당에서 채찍질하고 이 동네에서 저 동네로 구박하리라"; ‖ **요15:18-20,24** ‖ "세상이 너희를 미워하면 너희보다 먼저 나를 미워한 줄을 알라 너희가 세상에 속하였으면 세상이 자기의 것을 사랑할 터이나 너희는 세상에 속한 자가 아니요 도리어 세상에서 나의 택함을 입은 자인고로 세상이 너희를 미워하느니라 내가 너희더러 종이 주인보다 더 크지 못하다 한 말을 기억하라 사람들이 나를 핍박하였은즉 너희도 핍박

할 터이요 내 말을 지켰은즉 너희 말도 지킬 터이라 … 내가 아무도 못한 일을 저희 중에서 하지 아니하였더면 저희가 죄 없었으려니와 지금은 저희가 나와 및 내 아버지를 보았고 또 미워하였도다"; ‖ **요11:47,53** ‖ "이에 대제사장들과 바리새인들이 공회를 모으고 가로되 이 사람이 많은 표적을 행하니 우리가 어떻게 하겠느냐 … 이 날부터는 저희가 예수를 죽이려고 모의하니라"; ‖ **행4:1-3** ‖ "사도들이 백성에게 말할 때에 제사장들과 성전 맡은 자와 사두개인들이 이르러 백성을 가르침과 예수를 들어 죽은자 가운데서 부활하는 도 전함을 싫어하여 저희를 잡으매 날이 이미 저문고로 이튿날까지 가두었으나"; ‖ **행5:17** ‖ "대제사장과 그와 함께 있는 사람 즉 사두개인의 당파가 다 마음에 시기가 가득하여 일어나서"

▨ ‖ **창4:1** ‖ "아담이 그 아내 하와와 동침하매 하와가 잉태하여 가인을 낳고 이르되 내가 여호와로 말미암아 득남하였다 하니라"

▨ ‖ **시48:2-3** ‖ "터가 높고 아름다워 온 세계가 즐거워함이여 큰 왕의 성 곧 북방에 있는 시온산이 그러하도다 하나님이 그 여러 궁중에서 자기를 피난처로 알리셨도다"; ‖ **마5:35** ‖ "땅으로도 말라 이는 하나님의 발등상임이요 예루살렘으로도 말라 이는 큰 임금의 성임이요"

▨ ‖ **요12:42** ‖ "그러나 관원 중에도 저를 믿는 자가 많되 바리새인들을 인하여 드러나게 말하지 못하니 이는 출회를 당할까 두려워함이라"

▨ ‖ 엡2:20 ‖ "너희는 사도들과 선지자들의 터 위에 세우심을 입은 자라 그리스도 예수께서 친히 모퉁이 돌이 되셨느니라"; ‖ 행2:42 ‖ "저희가 사도의 가르침을 받아 서로 교제하며 떡을 떼며 기도하기를 전혀 힘쓰니라"; ‖ 요10:27 ‖ "내 양은 내 음성을 들으며 나는 저희를 알며 저희는 나를 따르느니라"; ‖ 요18:37 ‖ "빌라도가 가로되 그러면 네가 왕이 아니냐 예수께서 대답하시되 네 말과 같이 내가 왕이니라 내가 이를 위하여 났으며 이를 위하여 세상에 왔나니 곧 진리에 대하여 증거하려 함이로라 무릇 진리에 속한 자는 내 소리를 듣느니라 하신대"; ‖ 고전1:13 ‖ "그리스도께서 어찌 나뉘었느뇨 바울이 너희를 위하여 십자가에 못박혔으며 바울의 이름으로 너희가 세례를 받았느뇨"; ‖ 마18:19-20 ‖ "진실로 다시 너희에게 이르노니 너희 중에 두 사람이 땅에서 합심하여 무엇이든지 구하면 하늘에 계신 내 아버지께서 저희를 위하여 이루게 하시리라 두세 사람이 내 이름으로 모인 곳에는 나도 그들 중에 있느니라"; ‖ 막16:15-16 ‖ "또 가라사대 너희는 온 천하에 다니며 만민에게 복음을 전파하라 믿고 세례를 받는 사람은 구원을 얻을 것이요 믿지 않는 사람은 정죄를 받으리라"; ‖ 고전 11:24-26 ‖ "축사하시고 떼어 가라사대 이것은 너희를 위하는 내 몸이니 이것을 행하여 나를 기념하라 하시고 식후에 또한 이와 같이 잔을 가지시고 가라사대 이 잔은 내 피로 세운 새 언약이니 이것을 행하여 마실 때마다 나를 기념하라 하셨으니 너희가 이 떡을 먹으며 이 잔을 마실 때마다 주의 죽으심을 오실 때까지 전하는 것이니라"; ‖ 롬4:11 ‖ "저가 할례의 표를 받은 것은 무할례시에 믿음으로 된 의를 인친 것이니 이는 무할례자로서 믿

는 모든 자의 조상이 되어 저희로 의로 여기심을 얻게 하려 하심이라"

▨ ‖ 마18:15-18 ‖ "네 형제가 죄를 범하거든 가서 너와 그 사람과만 상대하여 권고하라 만일 들으면 네가 네 형제를 얻은 것이요 만일 듣지 않거든 한두 사람을 데리고 가서 두세 증인의 입으로 말마다 증참케 하라 만일 그들의 말도 듣지 않거든 교회에 말하고 교회의 말도 듣지 않거든 이방인과 세리와 같이 여기라 진실로 너희에게 이르노니 무엇이든지 너희가 땅에서 매면 하늘에서도 매일 것이요 무엇이든지 땅에서 풀면 하늘에서도 풀리리라"; ‖ 고전5:4-5 ‖ "주 예수의 이름으로 너희가 내 영과 함께 모여서 우리주 예수의 능력으로 이런 자를 사단에게 내어 주었으니 이는 육신은 멸하고 영은 주 예수의 날에 구원 얻게 하려 함이라"

▨ ‖ 마18:19-20 ‖ "진실로 다시 너희에게 이르노니 너희 중에 두 사람이 땅에서 합심하여 무엇이든지 구하면 하늘에 계신 내 아버지께서 저희를 위하여 이루게 하시리라 두세 사람이 내 이름으로 모인 곳에는 나도 그들 중에 있느니라"

▨ ‖ 고전1:2 ‖ "고린도에 있는 하나님의 교회 곧 그리스도 예수 안에서 거룩하여지고 성도라 부르심을 입은 자들과 또 각처에서 우리의 주 곧 저희와 우리의 주 되신 예수 그리스도의 이름을 부르는 모든 자들에게"; ‖ 고후1:2 ‖ " 하나님 우리 아버지와 주 예수 그리스도로 좇아 은혜와 평강이

있기를 원하노라"

▨ ‖ **갈1:2** ‖ "함께 있는 모든 형제로 더불어 갈라디아 여러 교회들에게"

▨ ‖ **엡1:1** ‖ "하나님의 뜻으로 말미암아 그리스도 예수의 사도된 바울은 에베소에 있는 성도들과 그리스도 예수 안의 신실한 자들에게 편지하노니"; ‖ **행16:9-10** ‖ "밤에 환상이 바울에게 보이니 마게도냐 사람 하나가 서서 그에게 청하여 가로되 마게도냐로 건너와서 우리를 도우라 하거늘 바울이 이 환상을 본 후에 우리가 곧 마게도냐로 떠나기를 힘쓰니 이는 하나님이 저 사람들에게 복음을 전하라고 우리를 부르신 줄로 인정함이러라"; ‖ **행18:1** ‖ "이 후에 바울이 아덴을 떠나 고린도에 이르러"; ‖ **행20:17** ‖ "바울이 밀레도에서 사람을 에베소로 보내어 교회 장로들을 청하니" 등

▨ ‖ **요20:31** ‖ "오직 이것을 기록함은 너희로 예수께서 하나님의 아들 그리스도이심을 믿게 하려 함이요 또 너희로 믿고 그 이름을 힘입어 생명을 얻게 하려 함이니라"; ‖ **딤후3:16-17** ‖ "모든 성경은 하나님의 감동으로 된 것으로 교훈과 책망과 바르게 함과 의로 교육하기에 유익하니 이는 하나님의 사람으로 온전케 하며 모든 선한 일을 행하기에 온전케 하려 함이니라"

▨ ‖ 벧후1:20-21 ‖ "먼저 알 것은 경의 모든 예언은 사사로이 풀 것이 아니니 예언은 언제든지 사람의 뜻으로 낸 것이 아니요 오직 성령의 감동하심을 입은 사람들이 하나님께 받아 말한 것임이니라"

▨ ‖ 요5:39 ‖ "너희가 성경에서 영생을 얻는 줄 생각하고 성경을 상고하거니와 이 성경이 곧 내게 대하여 증거하는 것이로다"

▨ ‖ 엡4:3-4 ‖ "평안의 매는 줄로 성령의 하나 되게 하신 것을 힘써 지키라 몸이 하나이요 성령이 하나이니 이와 같이 너희가 부르심의 한 소망 안에서 부르심을 입었느니라"

해 설

1 유대인 회당과 역할

하나님의 자녀들의 신앙은 시대에 따라 점진적인 변화를 동반한다. 신앙은 동일한데 반해 하나님의 경륜이 역사 가운데 드러나게 되는 것이다. 출애굽 후 허락된 성막이 다윗과 솔로몬 시대에 성전으로 정착된 뒤부터 그리스도가 오실 때까지 예배의 중심은 예루살렘 성전이었다. 당시에도 각 마을마다 회당과 같은 성격의 모임이 있었을 것이다.

그러나 바벨론 제국에 의해 예루살렘 성전이 파괴되고(BC 586) 이스라엘 민족이 포로가 되어 이방 지역으로 잡혀간 후에는 각 지역마다 더욱 적극적인 회당 중심의 신앙생활을 할 수밖에 없었다. 성전이 없었으므로 매주 안식일 날 따로 모여 예루살렘을 바라보며 성경을 통해 하나님을 섬겼던 것이다. 이와 같은 회당 예배는 페르시아 제국에 의해 성전이 재건된 후에도 먼 지역에 살아가는 성도들 가운데 지속되었다. 우리는 그것이 하나님의 경륜적 사역에 의해 허락된 것으로 이해한다.

2 회당의 변질과 악행

언약의 자손들은 이방 지역에 살아가면서 회당 중심의 신앙생활을 했다. 페르시아 시대, 그들이 포로에서 귀환한 후에도 회당 중심의 신앙은 지속되었다. 즉 포로 귀환 이후의 유대인들은 각기 처한 처소에서 회당을 중심으로 신앙생활을 하며 예루살렘 성전을 중심으로 하는 삶을 살았다. 역사적인 경험 가운데 살아가던 이스라엘 자손은 점차 민족주의적인 경향성이 강화되어 갔다.

하지만 그것은 어리석은 자들에게 하나님을 중심으로 살아가도록 하기보다 민족을 중심에 두는 결과를 가져왔다. 그것은 하나님의 계획에서 벗어난 행동이었다. 그와 같은 상황은 유대인들이 이방인들에게도 복음이 증거되어야 하는 세계주의적(cosmopolitanism) 성격을 지닌 그리스도께서 오신 이후의 교회와 성도들을 핍박하는 결과를 초래하게 되었다. 배도에 빠진 유대 민족주의자들은 그것이 하나님께 저항하는 행위임에도 불구하고 스스로 하나님을 잘 섬기는 것이라 오해했다.

3 참된 성도들과 배도자들 : 의인과 악인

배도자들 가운데 상당수는 자기와 자기가 속한 교회가 배도에 빠져 있다는 사실을 전혀 인식하지 못하는 경우가 많다. 물론 경우에 따라서는 개인의 욕망을 추구하기 위한 의도적인 배도자들도 있다. 의도적이든 의도적이지 않든 간에 저들이 하나님께 저항하는 자들이라는 사실은 동일하다.

따라서 배도에 빠진 악한 자들은 항상 하나님의 참된 성도들을 박해하며 고통에 빠뜨린다. 그들은 하나님을 향해 직접적으로 저항하는 언사를 사용하는 대신, 그의 백성들에게 비신앙적인 행동을 한다. 하나님의 교회에 속한 자들이 하나님을 앞세운 배도자들로부터 핍박을 당하게 되는 것이다. 세상에는 어느 시대를 막론하고 이와 같은 일들이 끊임없이 발생한다. 이에 대해서는 오늘날 우리도 그와 동일한 형편에 처해 있다.

4 참된 교회와 거짓 교회

지상에는 항상 참된 교회와 거짓 교회가 동시에 존재하고 있다. 참된 교회는 계시된 하나님의 말씀과 성령에 순종하기를 원한다. 그에 반해 거짓 교회는 하나님의 이름을 핑계로 인간적인 욕망을 추구하게 된다. 그런 자들은 감히 하나님을 자기 목적을 위해 이용하고자 하는 것이다.

5 참된 교회의 표지

참된 교회란 일반 윤리를 기준으로 하지 않는다. 즉 착하고 성품이 좋은 사람들이 모여 소위 주변 사람들을 위해 좋은 일을 많이 하는 교회가 참된 교회라고 말할 수 없다. 아무리 훌륭하고 욕심이 없는 순박한 사람들이 모인다고 할지라도 그것 자체로서 참된 교회를 보증하지 못한다.

이에 반해 외형상 다소 문제가 있어 보인다고 할지라도 참 교회가 있을 수 있다. 경제적으로 부유하지 못하고 가난하여 다른 사람들로부터 도움을 받아야 할 처지에 있다고 할지라도 그것 자체가 참된 교회가 되는데 어떤 결격사유가 되는 것이 아니다. 물론 성숙한 참된 교회라면 일반 윤리적인 측면에서도 상당한 본을 보이게 된다.

참된 교회이기 위한 기본적인 조건은 순수한 말씀 선포, 올바른 성례의 시행, 정당한 권징사역이 필수적이다. 이 세 요소들은 각기 떨어져 존재하는 것이 아니라 상호 연결되어 있다. 즉 어떤 교회가 이 가운데 하나는 잘 되고 있는데 나머지 둘은 시행되지 않는다고 말할 수 없는 것이다.

6 '참된 교회'의 기준에 대한 유의점

참된 교회와 거짓 교회를 올바르게 구분하는 것은 매우 중요하다. 즉 참된 교회를 거짓 교회로 쉽게 매도해서는 안 된다. 물론 거짓 교회를 참된 교회인 양 오인하는 경우가 있어서도 곤란하다. 참된 교회의 구별에 대해서는 앞에서 언급한 것과 같다. 그와 동시에 우리가 반드시 기억해야 할 바는 참된 교회라 칭해야 함에도 불구하고 주의를 기울여야 할 부분이 있다.

그것은 먼저 건강한 교회와 병약한 교회에 대한 이해가 필요하다. 사람들 가운데도 건강한 자가 있고 병약한 자가 있는 것과 동일한 이치이다. 또한 성숙한 교회와 미성숙한 교회가 있을 수 있다. 참된 신학과 올바른 신앙에 대한 이해가 아직 부족하다면 미성숙한 교회라 할 수 있다. 그리고 깨어있는 교회와 잠자는 교회가 있을 수 있다.

그런 교회들이 성경말씀에 대한 고백과 성례 및 권징사역에 대한 의미를 받아들인다면 거짓 교회나 이단과 같이 취급해서는 안 된다. 그런 교회들에 대해서는 건강하고 성숙하여 깨어있는 교회들이 돌봐주어야 할 대상으로 이해해야 한다. 그들도 예수 그리스도 안에서 속히 건강을 회복하고 깨어 성숙한 교회로 자라가야 하는 것이다.

7 우주적인 보편교회와 지교회

지상의 교회는 예수 그리스도를 머리로 둔 하나의 교회를 형성하고 있다. 그 하나의 머리에 온 세상에 흩어져 존재하는 여러 지교회들과 그에 속한 성도들이 그리스도의 몸을 이루고 있다. 따라서 그 머리에 붙어 있지 않은 상태라면 교회라는 이름만 가졌을 뿐 참된 교회라 할 수 없다. 나아가 지상에 존재하는 모든 교회들과 상호 영적인 연관성을 가지지 않는 개체교회는 없다.

하지만 우주적인 보편교회는 눈으로 볼 수 없으며 형식적인 조직을 가지고 있지 않다. 그 교회는 내부적으로 항상 유기적인 작용을 하지만 조직을 갖춘 단체로서 외부적인 활동을 하지는 않는다. 이에 반해 개체교회는 눈에 보이는 신앙 공동체가 되어 직분을 통한 실제적인 조직을 갖추고 있다. 보편교회와 지교회는 우열을 논할 수 없이 둘 다 매우 중요한 현실적인 의미들을 지니고 있다.

8 성경과 교회

성경과 교회의 관계를 올바르게 이해하는 것은 매우 중요하다. 성경이 없는 교회란 존재할 수 없으며, 하나님의 말씀을 순수하게 소유하고 있는 무리라면 참된 교회라 할 수 있다. 따라서 교회 가운데서는 공예배를 통해 항상 하나님의 말씀이 선포되어야 하며, 교육을 통한 가르침이 지속되어야 한다.

우리가 여기서 분명히 이해해야 할 바는, 지상 교회가 성경의 권위를 부여한 것이 아닐 뿐더러, 교회의 공적인 회의가 성경의 정경성 여부를 결정한 것이 아니라는 사실이다. 즉 교회는 성경을 채택하는 일을 한 것이 아니라 하나님께서 주신 성경을 고백하는 공동체일 뿐인 것이다. 따라서 성경은 교회를 인도하고 보호하는 일을 감당하게 되며, 교회는 항상 성경의 교훈을 살펴보아야만 한다.

9 성경 기록과 해석의 주체

성경은 인간들의 목적과 의도에 따라 기록된 책이 아니다. 천상에 계시는 하나님께서 다양한 시대와 형편에 따라 그 기록된 말씀을 주셨다. 동일한 하나님으로부터 주어진 성경이지만 그 내용 가운데는 형식상 다양한 표현들이 나타나고 있다. 1600여 년의 긴 역사와 다양한 배경 가운데서 기록된 성경이 외형상 차이가 나는 교훈처럼 보이는 부분이 있을지라도 모든 내용들은 본질상 통일성을 지니고 있다.

그러므로 모든 성경은 그것을 기록하신 하나님의 뜻에 따라 해석되어야 한다. 성경 본문에 대한 해석은 근본적으로 성령 하나님의 사역에 의존해야 하며, 인간들의 이성과 경험이 성경해석을 위한 절대적인 역할을 해서는 안 된다. 만일 교회 안에서 성경해석에 관한 논쟁이 일어난다면, 전체 성경(tota scriptura)이 의미하고 있는 바를 찾아 그 의미를 올바르게 확인할 수 있어야만 한다.

우리가 주의해야 할 바는 성경해석을 위한 특별한 권위를 지닌 성인이나 거룩한 장소가 존재하지 않는다는 사실이다. 즉 인간들의 종교적인 직책과 특정 지역에 위치한 교회가 성경해석을 위한 우월적 지위를 가지지 않는다. 나아가 교회의 공적인 회의와 몇몇 신학자들이 그 해석에 대한 절대적인 권한을 가지고 있지 않다. 교회와 성도들은 올바른 성경해석을 위하여 성령 하나님과 성경 자체의 해석에 의존해야 한다. 교회에 속한 교사와 신학자들은 이에 대한 이해를 분명히 하지 않으면 안 된다.

10 교회와 교리

지상교회에는 반드시 참된 교리가 필요하다. 그것이 교회를 온전히 세우기 위한 방편이 되기 때문이다. 교리는 개인적인 의도에 따라 성경을 해석하는 것을 방지하는 역할을 한다. 또한 교회 안에서 어느 누구도 자기 마음대로 주장하지 못하도록 하는 기능을 감당하게 된다.

이는 교회의 교사인 목사들에게 매우 중요한 지침이 되고 있다. 또한 신앙이 어린 교인들에게는 교리를 올바르게 학습시켜야 한다. 신구약 성경 전체를 한 순간에 모두 이해한다는 것은 불가능하다. 따라서 미성숙한 성도들은 올바른 교리를 통해 성경이 교훈하고 있는 바 전체적인 교훈을 깨달아 알게 되는 것이다.

그럼에도 불구하고 교리는 절대적인 의미에서 볼 때 완벽한 것이라 말할 수 없다. 이는 존중할 가치가 없다는 의미가 아님을 모든 성도들이 명심해야 한다. 교회는 교리를 통해 각 성도들에게 잘못된 성경해석을 하지 않도록 경계하는 동시에 일관성 있는 신앙을 가지도록 도와주게 된다.

11 '교회의 이름'

옛날부터 지금까지 교회란 이름을 사용해온 무리들은 많이 있었다. 그들 가운데는 참된 교회들도 있었지만 진리를 모르는 자들조차도 그 이름을 사용하기를 좋아했다. 거짓 신자들은 그 이름을 사용함으로써 자신의 유익을 꾀하고자 했다. 그와 같은 현상은 신앙이 어린 사람들에게는 매우 위험한 역할을 하게 된다.

이와 더불어 오용되고 남용되는 것 가운데 하나가 직분에 관한 문제이다. 거짓 교회와 이단에 속한 자들이 교회의 교사인 '목사'의 직임으로 자기를 선전하는 자들이 많기 때문이다. 그런 자들은 교회가 말하는 진정한 목사가 아니라 진리를 허물고 속이는 자들일 뿐이다. 나아가 거짓 교회에 속한 자들이라면 저들 가운데 존재하는 장로와 집사들도 거짓 직분자에 지나지 않는다.

그럼에도 불구하고 많은 사람들이 거짓과 이단자들의 회합을 '교회'라 부르고 있다. 나아가 거짓을 가르치는 자들을 '목사'라 호칭하고 있다. 하나님을 알지 못하는 세상 사람들에게는 그렇게 하는 것이 전혀 이상하지 않다. 그러다 보니 참된 교회에 속한 성도들마저 거짓 교회와 거짓 교사들에게 참 교회에서 하듯 동일한 호칭을 사용하는 것이 아무런 거리낌이 없는 것처럼 되어버렸다. 이는 우리 시대 교회와 성도들이 직면한 가장 민감하고 어려운 문제 중 하나가 되어 있다.

스코틀랜드 신앙고백
질 문 과 토 론

1 _ 배도자들은 어떤 자들인가?

2 _ 참 성도, 배도자, 이방인 사이에는 어떤 차이가 있는가?

3 _ 참된 교회를 주도적으로 괴롭히는 자들에 대하여 생각해 보라.

4 _ 의인과 악인 중 어느 편이 이 세상에서 강한가?

5 _ 교회의 세 가지 표지에 대해 구체적으로 논의해 보라.

6 _ '윤리주의'의 위험에 대해 논의해 보라.

7 _ 참된 교회의 표지가 없는 상태에서 교회 안에서 일반 윤리적인 선행이 가능한지 생각해 보라.

8 _ 우주적 보편교회와 지교회의 차이 및 특성에 대하여 논의해 보라.

9 _ 교회와 성경, 성경과 교리, 교회와 교리의 상호 관계에 대하여 논의해 보라.

10 _ 기독교에 특별한 권위를 지닌 성인이나 거룩한 장소가 존재하는가?

11 _ 성경기록과 성경해석의 주체는 누구인가?

12 _ 성경교사와 신학자들의 역할은 무엇인가?

제 19 장

성경의 권위

The Authority of the Scriptures

우리는 하나님으로부터 주어진 성경이 하나님의 자녀를 가르치고 온전케 하기에 충분하다는 사실을 믿고 고백하며, 그 책의 권위가 인간들이나 천사들에 의하여 기록된 것이 아님을 확신한다(딤후3:16,17). 그러므로 우리는 성경이 교회로부터 받은 것 이외에 달리 권위가 없다고 주장하는 것은 하나님을 모독하는 일이며 참된 교회를 해롭게 한다는 점을 확신한다. 참된 교회는 항상 자신의 신랑과 목자이신 그리스도의 음성을 듣고 순종할 뿐, 그 위에 군림하듯 스스로 부당한 주인이 되어 그 음성을 지배하려 하지 않는다(요10:27).

As we believe and confess the scriptures of God sufficient to instruct and make perfect the man of God, so do we affirm and avow their authority to be from God, and not to depend on men or angels(2 Tim. 3:16-17). We affirm, therefore, that those who say the Scriptures have no other authority save that which they have received from the kirk are blasphemous against God and injurious to the true kirk, which always hears and obeys the voice of her own Spouse and Pastor, but takes not upon her to be mistress over the same(John 10:27).

근거 성경 본문

▨ **‖ 딤후3:16,17 ‖** "모든 성경은 하나님의 감동으로 된 것으로 교훈과 책망과 바르게 함과 의로 교육하기에 유익하니 이는 하나님의 사람으로 온전하게 하여 모든 선한 일을 행할 능력을 갖추게 하려 함이라"

▨ **‖ 요10:27 ‖** "내 양은 내 음성을 들으며 나는 저희를 알며 저희는 나를 따르느니라"

해 설

1 성경

성경은 하나님의 말씀이다. 이 세상의 모든 것들은 오염된 이 세상에서 생성된 것들이지만 성경은 천상의 나라로부터 계시되었다. 성경은 신구약 66권이 존재한다. 그 가운데 창세기부터 말라기까지 39권은 구약성경이며 마태복음부터 요한계시록까지 27권은 신약성경이다. 이외에는 하나님으로부터 계시된 성경이 존재하지 않는다. 천주교에서 경전으로 삼고 있는 외경은 하나님으로부터 주어진 책이 아니라 인간들이 작성한 책들이다.

2 성경 저자

성경의 원저자는 여호와 하나님이다. 하나님께서는 타락한 세상에 살아가는 자기 자녀들을 위해 인간의 언어로 말씀하시기 위해 성경을 기록하는 저자를 택정하셔서 그 임무를 맡기셨다. 그것은 전적인 하나님의 사랑과 은혜로 말미암은 것이다.

성경은 인간들의 종교성에 의해 작성한 책이 아니며 천사의 역할에 따라 기록된 것도 아니다. 어리석은 자들은 성경을 유대인과 기독교인의 종교 역사적인 산물로 생각한다. 하지만 그것은 근본적으로 잘못된 생각이다.

3 성경이 성경인 점에 대한 증거 과정

성경은 성령 하나님의 도우심이 없이는 인간들 스스로 그것을 증거해 내지 못한다. 즉 타락한 인간들은 성경이 천상으로부터 계시된 거룩한 경전이란 사실조차 알 수 없다. 오직 하나님의 자녀로서 성령의 도우심에 따라 그 놀라운 사실을 알게 된다.

우리는 흔히 소위 정경 형성과정에 대하여 관심을 가진다. 성경은 한순간에 기록된 것이 아니라 거의 1,600년에 걸쳐 이 세상에 점진적으로 주어졌다. 그 성경을 누가 어떻게 받아 성도들에게 전달하며 확증했느냐는 것이다.

4 성경이 주어진 목적

성경은 지상 교회가 종교적인 목적을 가지고 작성한 책이 아니다. 또한 신앙심이 좋은 성도가 교회를 위해 기록하지도 않았다. 성경은 하나님께서 자기 자녀를 죄로부터 구원하시기 위해 친히 주신 책이다. 나아가 타락한 상태에 놓여있으나 하나님의 자녀인 자들에게 성경을 통해 여호와 하나님을 알도록 하시고자 했다.

신구약성경 66권은 우리에게 하나님의 아들 예수 그리스도에 대한 기록을 하고 있다. 따라서 우리는 성경의 중심에 인간을 구원하기 위해 인간의 몸을 입고 이땅에 오신 예수 그리스도께서 존재한다는 사실을 기억하지 않으면 안 된다. 성경을 떠나서는 하나님의 구원계획을 깨닫거나 알 수 있는 방법이 없다.

5 성경에 대한 교회의 자세

성경과 교회의 관계에 대한 올바른 이해를 하는 것은 매우 중요하다. 교회는 성경의 주인이 아니라 하나님으로부터 계시된 성경을 성실하게 보존하는 직무를 위임받았다. 즉 완벽할 수 없는 지상 교회는 항상 성경 아래 있으면서 맡겨진 직무를 감당해야 한다. 따라서 교회는 완벽한 하나님의 말씀인 성경의 지배를 받지 않으면 안 된다.

다시 말하자면, 교회가 성경 위에 군림하는 것이 아니며 성경을 지배할 수 있는 지위에 있지 않다. 다만 성경이 지상 교회를 지배하게 되는데 교회에 속한 모든 성도들은 그에 적극 협조해야 할 의무를 지니고 있다. 즉 지상 교회는 하나님의 말씀인 성경에 온전히 순종해야만 하는 것이다.

6 교회와 성도들이 들어야 할 말씀

교회와 성도들을 위한 유일한 지침서는 성경이다. 이 세상의 어떤 것도 성경의 권위를 넘어서지 못한다. 따라서 모든 성도들은 하나님의 말씀에 귀를 기울여야 할 의무를 지닌다. 말씀에 귀를 막고 세상의 것을 삶의 기준으로 삼으려 해서는 안 된다.

이땅에 태어난 인간들은 이성을 가지고 모든 것을 경험해 가며 살아간다. 그 이성과 경험은 지극히 주관적인 것으로 객관성 있는 진리에 도달하지 못한다. 그것을 올바르게 교정할 수 있는 유일한 방편이 교회에 허락된 하나님으로부터 계시된 성경이다.

7 성경을 무시하거나 가볍게 여기는 행위

절대 진리인 성경을 멀리하고 인간의 이성과 경험을 앞세우는 것은 매우 위험하다. 교회에 속한 성도들은 성경으로 세상을 해석하며 온전한 지식을 소유할 수 있어야 한다. 하나님의 말씀을 무시하고 인간의 논리를 앞세우는 것은 하나님을 무시하고 모독하는 것과 같다.

세상에서 가장 위험한 부류의 사람들은 교회 안으로 들어와 신학자나 목사를 사칭하며 하나님의 말씀을 모독하는 자들이다. 그들은 성경을 무시하고 거짓 교훈을 교회 안에 퍼뜨린다. 그런 자들은 종교적인 겉모양과 달리 하나님의 거룩한 교회를 해치는 자들이다.

8 세상에 대한 판단 근거로서 성경의 기능

교회는 세상을 판단하는 기능을 한다. 이는 하나님의 말씀을 통한 교회의 해석을 의미한다. 죄에 빠진 세상과 그 가운데 살아가는 타락한 인간들은 진리를 거부하는 속성을 지니고 있다. 이 세상 자체가 저들에게는 근본적인 소망의 근원이 되어 있는 것이다.

그러나 하나님의 자녀들은 세상의 값어치 속에 함몰되어 살아가지 않는다. 도리어 성경을 통해 그것이 옳지 않다는 사실을 입증해 나간다. 따라서 성숙한 하나님의 자녀들은 세상의 것들을 성경의 해석을 거치지 않은 상태에서 비판 없이 받아들이기를 거부한다.

스코틀랜드 신앙고백
질 문 과 토 론

1 _ 성경이란 무엇인가?

2 _ 신구약 성경 66권이 주어진 과정에 대해 논의해 보라.

3 _ 성경이 주어진 목적은 무엇인가?

4 _ 성경은 누구를 위해 주어졌는가?

5 _ 우리의 삶에 있어서 성경의 위치는 어느 정도 위치에 자리잡고 있는가?

6 _ 교회가 성경해석을 해야 하는가, 개인 성도들이 성경을 해석해야 하는가? (그 관계에 대하여 생각해 보라)

7 _ 성경에 대한 불손한 태도와 하나님을 모독하는 것에 관한 의미를 생각해 보라.

8 _ 성경과 인간의 이성, 경험, 세상의 가치관에 관해 논의해 보라.

제 20 장

총회의 권세와 권위 및 회집 이유

General Councils, Their Power, Authority,
and the Cause of Their Summoning

우리는 공적으로 적법하게 총회에 회집한 선한 사람들을 무분별하게 비난하지 않는다. 이와 마찬가지로 총회의 이름으로 사람들 앞에 선포된 어떤 것이라 할지라도 무비판적으로 받아들이지 않는다. 이는 그들도 인간이므로 크고 중요한 문제들에 있어서 실수를 범할 수 있을 것이 분명하기 때문이다(갈2:11-14). 그러므로 총회는 순수한 하나님의 말씀에 근거하여 그 법령들을 확정짓는 한 우리는 그것들을 존중하며 수용한다. 그러나 만일 사람들이 총회의 이름을 핑계대어 우리에게 믿음에 관한 새로운 주장들을 조작해 법제화하려는 시도를 하거나 하나님의 말씀에 반하는 결정들을 시도한다면, 우리는 유일하신 하나님의 음성이 아니라 사람들의 교리와 교훈을 따르는 것으로부터 우리 영혼을 이끌도록 악한 자들의 교리로서 그것들을 확실하게 거부해야 한다(딤전4:1-3; 골2:18-23). 총회의 회집 이유는 하나님께서 이전에 제정하지 않으신 어떤 사안에 대한 영구적인 법령을 만들기 위해서가 아니며, 우리의 믿음을 위해 새로운 주장들을 내세우거나 하나님의 말씀에 권위를 부여하기 위해서도 아니다. 또한 하나님의 말씀 가운데 그의 거룩한 뜻이 기록되지 않은 것에 대하여, 그의 말씀이 되도록 만들어 그에 대한 현실적인 해석을 가하고자 함도 아니다(행15:1 등). 그러나 회의를 개최하는 이유는 적어도 한편으로 이교 사상을 논박하기 위한 것이며, 다른 한편으로 기록된 하나님 말씀의 권위에 의해 작성된 저들의 신앙의 공적인 고백을 다음 세대에 전수하기 위해서이다. 그것들은 회의에 참석한 사람들의 어떤 의견이나 특권에 의해 오류 없이 실행된다는 의미가 아니다. 우리는 이에 관한 시행이 총회가 회집되는 가장 주된 이유라고 받아들인다. 또한 총회의 소집 이유는 이와 더불어 하나님의 집으로서 교회 안에 선량한 제도와 질서가 성립되고 지켜지도록 하기 위해서이다(딤전3:15; 히3:2). 그것은 모든 것들을 질서 가운데 조화를 이루도록 한다(고전14:40). 우리는 의식에 대한 어떠한 제도와 질서도 모든 세대와 시대와 장소를 위해 제정될 수 있다고 생각지 않는다. 사람들이 고안한 의식들은 일시적인 성격을 지니므로 그것들이 교회를 위한 덕을 끼치기보다 미신적인 것으로 변질되어 갈 때는 바꾸어 개선해야만 한다.

As we do not rashly condemn what good men, assembled together in general councils lawfully gathered, have set before us; so we do not receive uncritically whatever has been declared to men under the name of the general councils, for it is plain that, being human, some of them have manifestly erred, and that in matters of great weight and importance(Gal. 2:11-14). So far then as the council confirms its decrees by the plain Word of God, so far do we reverence and embrace them. But if men, under the name of a council, pretend to forge for us new articles of faith, or to make decisions contrary to the Word of God, then we must utterly deny them as the doctrine of devils, drawing our souls from the voice of the one God to follow the doctrines and teachings of men(1 Tim. 4:1-3; Col. 2:18-23). The reason why the general councils met was not to make any permanent law which God had not made before, nor yet to form new articles for our belief, nor to give the Word of God authority; much less to make that to be his Word, or even the true interpretation of it, which was not expressed previously by his holy will in his Word(Acts 15:1, etc.); but the reason for councils, at least of those that deserve that name, was partly to refute heresies, and to give public confession of their faith to the generations following, which they did by the authority of God's written Word, and not by any opinion or prerogative that they could not err by reason of their numbers. This, we judge, was the primary reason for general councils. The second was that good policy and order should be constitutes and observed in the Kirk where, as in the house of God(1 Tim. 3:15; Heb. 3:2), it becomes all things to be done decently and in order(1 Cor. 14:40). Not that we think any policy of order of ceremonies can be appointed for all ages, times, and places; for as ceremonies which men have devised are but temporal, so they may, and ought to be, changed, when they foster superstition rather than edify the Kirk.

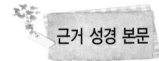

근거 성경 본문

▨ ‖ **갈2:11-14** ‖ "게바가 안디옥에 이르렀을 때에 책망할 일이 있기로 내가 저를 면책하였노라 야고보에게서 온 어떤이들이 이르기 전에 게바가 이방인과 함께 먹다가 저희가 오매 그가 할례자들을 두려워하여 떠나 물러가매 남은 유대인들도 저와 같이 외식하므로 바나바도 저희의 외식에 유혹되었느니라 그러므로 나는 저희가 복음의 진리를 따라 바로 행하지 아니함을 보고 모든 자 앞에서 게바에게 이르되 네가 유대인으로서 이방을 좇고 유대인답게 살지 아니하면서 어찌하여 억지로 이방인을 유대인답게 살게 하려느냐 하였노라"

▨ ‖ **딤전4:1-3** ‖ "그러나 성령이 밝히 말씀하시기를 후일에 어떤 사람들이 믿음에서 떠나 미혹케 하는 영과 귀신의 가르침을 좇으리라 하셨으니 자기 양심이 화인 맞아서 외식함으로 거짓말하는 자들이라 혼인을 금하고 식물을 폐하라 할 터이나 식물은 하나님이 지으신 바니 믿는 자들과 진리를 아는 자들이 감사함으로 받을 것이니라"; ‖ **골2:18-23** ‖ "누구든지 일부러 겸손함과 천사 숭배함을 인하여 너희 상을 빼앗지 못하게 하라 저가 그 본 것을 의지하여 그 육체의 마음을 좇아 헛되이 과장하고 머리를 붙들지 아니하는지라 온 몸이 머리로 말미암아 마디와 힘줄로 공급함을 얻고 연합하여 하나님이 자라게 하심으로 자라느니라 너희가 세상의 초등 학문

에서 그리스도와 함께 죽었거든 어찌하여 세상에 사는 것과 같이 의문에 순종 하느냐 곧 붙잡지도 말고 맛보지도 말고 만지지도 말라 하는 것이니 (이 모든 것은 쓰는 대로 부패에 돌아가리라) 사람의 명과 가르침을 좇느냐 이런 것들은 자의적 숭배와 겸손과 몸을 괴롭게 하는데 지혜 있는 모양이나 오직 육체 좇는 것을 금하는 데는 유익이 조금도 없느니라"

▨ ‖ **행15:1 이하** ‖ "어떤 사람들이 유대로부터 내려와서 형제들을 가르치되 너희가 모세의 법대로 할례를 받지 아니하면 능히 구원을 얻지 못하리라 하니 바울과 바나바와 저희 사이에 적지 아니한 다툼과 변론이 일어난지라 형제들이 이 문제에 대하여 바울과 바나바와 및 그중에 몇사람을 예루살렘에 있는 사도와 장로들에게 보내기로 작정하니라"

▨ ‖ **딤전3:15** ‖ "만일 내가 지체하면 너로 하나님의 집에서 어떻게 행하여야 할 것을 알게 하려 함이니 이 집은 살아 계신 하나님의 교회요 진리의 기둥과 터이니라"; ‖ **히3:2** ‖ "저가 자기를 세우신 이에게 충성하시기를 모세가 하나님의 온 집에서 한 것과 같으니"

▨ ‖ **고전14:40** ‖ "모든 것을 적당하게 하고 질서대로 하라"

1 '총회'의 두 가지 상이한 의미

일반적인 관점에서 볼 때 '총회'란 두 가지 상이한 의미를 지니고 있다. 하나는 소속 교단의 교인 총수總數를 의미하며 다른 하나는 회의를 위해 모이는 총회總會이다. 즉 소속 교단에 속한 전체 성도들을 일컫는 경우와 소수의 선정된 교회 대표들이 회의를 위해 모이는 경우는 서로 다르다. 물론 스코틀랜드 신앙고백서에서 말하는 총회(General Councils)란 회의를 위한 기구를 의미한다.

2 총회의 적절성과 적법성

원리적인 측면에서 볼 때 총회는 교회를 위해 반드시 있어야만 할 기구이다. 물론 한 지역 혹은 한 국가에 하나의 기독교 총회가 있는 것이 원칙이다. 동일한 언어를 사용하는 동일문화권에 속한 지역 교회들이 하나의 총회를 이루어 교회를 상속하는 것은 매우 중요한 의미를 지니고 있다.

하지만 우리 시대의 현실은 그와 많이 동떨어져 있는 것이 사실이다. 한 나라에 다양한 교파와 교단이 여러 개로 나누어진 우리 시대에는 어쩔 수 없는 형편이라 할지라도 원리상 바람직한 것은 아니다. 그럼에도 불구하고 총회는 필요하며 성경에 기초한 신학적인 근거와 교회의 적법한 합의에 따라 조직되어야 한다.

3 총회 결의사항에 대한 교회와 성도들의 입장

총회에서 결의되어 교단 산하 전체 교회 앞에 선포된 사항이라 할지라도 교회와 성도들이 무조건 그에 따라야 하는 것은 아니다. 오히려 성경의 원리에 근거한 건전한 비판적 자세를 유지해야만 한다. 이는 총회에 참석하여 의결에 참여하는 자들도 여전히 부족한 인간들이기 때문이다.

성숙한 성도들은 말씀에 근거한 건전한 비판정신을 가짐으로써 총대들로 하여금 말씀의 원리에 따른 결정을 하도록 간접적인 도움을 줄 수 있다. 교회는 성경적인 원리에서 벗어난 결정을 할 수 있는 권한을 총회원들에게 부여하지 않았다. 우리가 반드시 기억해야 할 바는 어떤 경우에도 세속적인 시대정신과 야합한 의결은 금지되어야 한다는 사실이다.

4 성경적인 교훈에 근거한 결정

총회에서 의결되는 모든 것들은 반드시 성경의 교훈과 조화되어야 한다. 순수한 말씀에 근거하여 결의된 법령들은 교회와 성도들이 마땅히 존중하여 받아들이지 않으면 안 된다. 그러나 총대들이 사사로운 목적을 위해 새로운 주장을 조작하여 만들거나 하나님의 말씀에 반하는 결의를 해서는 안 된다. 만일 성경의 원리를 따르지 않고 시대적인 조류와 인간들의 취향에 맞춘 결정을 한다면 우리는 분명한 태도로 그것을 거부해야 한다.

5 총회의 권위

우리는 '총회'라는 이름 자체에서 특별한 권위가 발생하지는 않는다는 사실을 기억할 필요가 있다. 총회가 올바른 결의를 한다면 마땅히 그에 따라야 하지만 그릇된 결정이라면 당연히 그것을 거부해야 한다. 교회와 성도들은 총회의 잘못된 결의에 대하여 저항할 수 있는 권리를 가질 뿐 아니라 명백한 오류가 있는 결정이라면 결코 받아들여서는 안 된다.

교회 역사 가운데는 그와 같은 예들이 얼마든지 많이 있다. 과거 일제 강점기 시대 신사참배에 대한 총회의 결의(1938)에 대해서는 교회와 성도들이 분노하며 저항했어야 했다. 현대에도 우리 주변에는 그 성격은 다르지만 강력하게 거부해야 할 내용들이 많이 있다. 총회가 여성목사제도 도입이라든지 동성애나 동성결혼을 허용하는 결의를 한다면 그것을 받아들일 수 없다.

6 총회 회집의 사유와 목적

총회를 회집하는 이유는 하나님께서 정하지 않은 특별한 법령들을 만들기 위해서가 아니다. 뭔가 새로운 주장들을 창출하거나 하나님의 말씀 위에 또 다른 권위를 덧붙여 부여하기 위한 것도 아니다. 나아가 하나님의 말씀에 버금가는 어떠한 제도를 만들어 내기 위한 것도 그 목적이 될 수 없다.

총회가 회집되어야 하는 근본적인 목적은 끊임없이 발생하는 이교와 이단 사상을 경계하고 논박하기 위해서이다. 또한 하나님의 말씀에 근거하여 믿음의 선배들에 의해 확인된 공적인 신앙고백을 다음 세대에 전수하기 위해서이다. 이는 곧 총회의 회집 목적이 지상 교회를 순수하게 보존하고 상속하기 위한 것이란 사실을 말해주고 있다.

7 총회의 한계

지상 교회 가운데 회집되는 총회는 언제나 크고 작은 오류가 따를 수 있다. 타락한 세상에서 살아가는 모든 인간은 죄성을 지니고 있으며 결코 완전할 수 없기 때문이다. 따라서 총회에 모인 총대들이 설령 순수한 마음으로 무언가 결정을 한다고 할지라도 잘못될 가능성이 있다. 그러므로 오류를 어느 정도 방지하기 위해서는 일부 회원들에게만 특별한 권한이 주어져서는 안 된다는 사실을 기억하는 것은 매우 중요하다. 그것은 인본적인 경향성을 부추기는 역할을 할 것이기 때문이다.

8 선량한 제도와 질서 유지를 위한 총회

총회는 흩어진 개체 교회들 가운데 존재하는 선량한 제도와 질서가 유지되도록 돕는 기능을 한다. 즉 지교회가 건전한 제도와 질서를 벗어나 잘못된 방향으로 흘러가게 되면 총회는 그에 대한 제재를 가할 수 있다. 교회를 위한 기본적인 질서를 어기고 그릇된 주장을 내세우는 자들이 활약하고 있음에도 불구하고 그대로 방치한다면 어린 성도들이 악영향을 받게 될 우려가 따른다.

9 변천하는 역사 가운데 존재하는 교회와 관행

교회는 다양한 방법으로 변천해 가는 역사 가운데 존재한다. 총회가 그 사실을 무시하고 영원히 변경할 수 없는 형식적인 법령을 제정하려고 해서는 안 된다. 즉 사람들이 스스로 고안한 일시적인 성격을 지닌 외형에 연관된 것들을 불변의 철칙으로 법제화하거나 고집하는 것은 지양되어야 한다.

이는 목회자의 의상이나 예배당 내부의 구조, 혹은 그에 연관된 사실 등에 관련지어 생각해 볼 수 있다. 그와 같은 것들은 세월이 흘러가면서 교회를 위해 덕을 끼치기보다 오히려 미신적인 것으로 변질될 우려가 따른다. 따라서 역사가 흐르는 동안 그 실상이 변질되어 갈 때는 성경의 교훈에 따라 개선할 수 있는 여지를 남겨 두어야 한다.

10 본질에 대한 엄격성과 형식에 대한 유연성

총회는 신학적인 본질에 연관되는 문제에 대해서는 엄격한 자세를 유지해야만 한다. 그것은 어떤 경우에도 타협해서는 안 된다. 비록 시대적 상황이 변하여 성경을 멀리하는 다수가 그에 대한 포기를 원할지라도 총회는 흔들리지 말아야 한다. 그것을 위해서는 총회에 참석하는 총대들의 신앙과 신학적인 입장이 분명하게 서지 않으면 안 된다.

한편 일반적인 형식에 대해서는 유연할 필요가 있다. 이는 시대와 지역에 따른 상이한 문화적 습성에 연관되어 있다. 진리를 해치지 않는 일반 상황에 연관된 경우라면 유연한 대처를 요구한다. 즉 교육의 방식이나 봉사의 양식 자체는 절대적인 성격을 지니지 않는다. 이와 같은 일에 대해서는 전통을 고집할 것이 아니라 유연한 자세를 가질 수 있는 것이다.

스코틀랜드 신앙고백

질 문 과 토 론

1 _ '총회'란 무엇인가? 두 가지 상이한 개념과 실체에 대하여 논의해 보라.

2 _ 총회가 필요한 이유에 대하여 생각해 보라.

3 _ 총회는 어느 정도의 권위를 지니고 있는지 논의해 보라.

4 _ 교회와 성도들은 총회의 결의에 대하여 어떤 자세를 취해야만 하는가?

5 _ 총회에서 논의되어야 할 주된 내용은 무엇인지 생각해 보라.

6 _ 회의체로서 총회의 한계에 대하여 논의해 보라.

7 _ 총회와 교단에 속한 개체 교회 및 성도들의 관계에 대하여 논의해 보라.

8 _ 역사의 진행과 시대 및 장소의 특성과 총회가 정한 법령들에 연관된 문제를 생각해 보라.

9 _ 교회가 본질적인 측면에서 엄격해야 한다는 것과 형식적인 측면에서 유연해야 한다는 것은 어떤 의미를 지니고 있는가?

제 21 장

성 례

The Sacraments

율법 아래 살았던 조상들에게는 희생제물들의 실체 외에 두 가지 주된 예전들 곧 할례와 유월절이 있었다. 이것들을 거부하는 자들은 하나님의 백성으로 인정되지 않았다(창17:10-11; 출23:3 등; 창17:14; 민9:13). 이처럼 복음의 시대인 지금도 주 예수님에 의해 특별히 제정되고 그의 몸의 지체로 존재하게 될 모든 성도들에 의해 시행되도록 요구한 두 가지 주된 성례인 세례와 성찬 곧 주님의 상床으로서 예수 그리스도의 몸과 피의 교제라 불리는 두 가지 성례가 있음을 믿고 인정한다(마28:19; 막16:15-16; 마26:26-28; 막14:22-24; 눅22:19-20; 고전 11:23-26).

구약성경과 신약성경에 기록된 이 성례들은 모두 하나님에 의해 제정되었으며, 이는 언약의 백성과, 그와 상관이 없는 자들을 가시적으로 구분하는 역할을 한다. 뿐만 아니라 이 성례에 참여함으로써 그의 자녀들이 믿음을 실천하며, 선택받은 백성이 그의 약속과 더불어 저들의 머리인 그리스도 예수와 함께 가장 복된 연합과 일치 및 교제를 마음속에 인치게 된다.

그리하여 우리는 성례를 겉으로 드러나는 표지 이외에 아무 것도 아니라고 주장하는 자들의 헛된 확신을 경멸한다. 우리는 그런 것이 아니라 세례에 의해 우리 자신이 그리스도 예수께 접붙여져 그의 의로우심에 참여하게 된다는 사실과 그로 인해 우리의 죄가 가려지고 용서받게 된다는 사실을 확실히 믿는다. 그리고 올바른 성찬을 행함으로써 예수 그리스도가 우리와 결합되어 그가 우리의 영혼을 위한 영적인 영양과 음식이 된다는 사실을 믿는다(고전10:16; 롬6:3-5; 갈3:27).

우리는 로마교회가 악하게 가르치고 잘못 믿고 있듯이 떡이 그리스도의 몸으로 변하고 포도주가 피의 실체로 변화되는 것으로 생각지 않는다. 그러나 그리스도 예수의 몸과 피와 함께 성령에 의해 성례가 올바르게 시행됨으로써 참된 믿음에 의해 육신적이고 지상적인 눈에 보이는 모든 것 위로 옮겨짐으로써 일치와 연합이 이루어진다. 또한 단번에 자신의 몸을 주시고 피를 흘리셨으나 지금은 천상에 계시는 그리스도 예수의 살과 피로 우리가 자라나게 된다. 그리고 우리로 하여금 성부 하나님의 존전에 나타나도록 하신다(막16:19; 눅24:51; 행1:11; 3:21).

천상에 계신 그리스도의 영화로운 몸과 지상에 있는 우리의 죽을 몸 사이의 간격에도 불구하고, 우리가 떼는 떡이 그리스도의 몸과 연합하게 되며 마시는 포도주가 그의 피와 교제를 이루는 축복이 된다는 사실을 굳게 확신한다(고전10:16). 따라서 우리는 주님의 식탁에 올바르게 참여하여 믿음으로 주 예수님의 살을 먹고 피를 마심으로써 그가 우리 안에 거하고 우리가 그 안에 거하게 되며 그것들이 그의 살과 뼈라는 사실을 의심 없이 확신한다(엡5:30). 그리하여 영원한 하나님께서 그리스도 예수에게 육신을 주셔서 죽음에 내어주심으로써(마27:50; 막15:37; 눅23:46; 요19:30), 부패하여 죽을 수밖에 없는 우리가 그리스도 예수의 살과 피를 먹고 마시는 것을 통해 우리에게 생명과 불멸의 몸을 허락하셨다.

이것이 오직 성례의 능력과 덕목에 의해 단순히 일시적으로 우리에게 주어진 것이 아닐 뿐더러, 믿는 자들이 주님의 식탁에 온전히 참여함으로써 자연적인 인간으로서는 이해할 수 없는 그와 같은 연합이 그리스도 예수와 함께 이루어진다는 사실을 확신한다(요6:51; 6:53-58). 나아가 우리는 믿는 자들이라 할지라도 나태함과 인간의 연약함으로 인해 방해받아 성찬을 받는 순간에 충분한 유익을 얻지 못하지만 좋은 밭에 살아있는 씨앗이 뿌려지듯이 나중에 열매를 맺게 되리라는 사실을 확신한다.

주 예수님의 몸체로부터 결코 분리되지 않는 성령께서는 신비한 사역의 열매가 되는 믿는 자들을 내치시지 않는다. 다시 말하거니와 이 모든 것은 우리 안에서 홀로 성례를 효력있게 하시는 그리스도 예수를 붙잡는 참된 믿음에서 온다. 그러므로 만일 어떤 자가 성례는 상징 이상 아무것도 아니라고 주장하며 우리를 비방한다면 그들은 명백한 실체에 대항하여 중상모략하는 자들이다.

한편 우리는 그리스도 예수의 영원한 본질과 성례적인 표지의 원소들 사이의 차이를 기꺼이 인정한다. 따라서 우리는 그것들에 나타나는 의미 대신에 그 표지의 요소들을 경배하지 않을 뿐더러 그것들을 경멸하거나 무시하지 않는다. 그대신 우리는 사도의 입술을 통해 전해진, "그러므로 누구든지 주의 떡이나 잔을 합당치 않게 먹고 마시는 자는 주의 몸과 피를 범하는 죄가 있느니라"는 말씀을 믿기 때문에, 성찬을 나누기 전에 우리 자신을 부지런히 살피는 가운데 경건하게 그것들을 받아들이며 그에 참여한다(고전11:27-29).

As the fathers under the Law, besides the reality of the sacrifices, had two chief sacraments, that is, circumcision and the passover, and those who rejected these were not reckoned among God's people(Gen. 17:10-11; Ex. 23:3,etc.; Gen. 17:14; Num. 9:13); so do we acknowledge and confess that now in the time of the gospel we have two chief sacraments, which alone were instituted by the Lord Jesus and commanded to be used by all who will be counted members of his body, that is, Baptism and the Supper or Table of the Lord Jesus, also called the Communion of His Body and Blood(Matt. 28:19; Mark 16:15-16; Matt. 26:26-28; Mark 14:22-24; Luke 22:19-20; 1 Cor. 11:23-26). These sacraments, both of the Old Testament and of the New, were instituted by God not only to make a visible distinction between his people and those who were without the Covenant, but also to exercise the faith of his children and, by participation of these sacraments, to seal in their hearts the assurance of his promise, and of that most blessed conjunction, union, and society, which the chosen have with their Head, Christ Jesus. And so we utterly condemn the vanity of those who affirm the sacraments to be nothing else than naked and bare signs. No, we assuredly believe that by Baptism we are engrafted into Christ Jesus, to be made partakers of his righteousness, by which our sins are covered and remitted, and also that in the Supper rightly used, Christ Jesus is so joined with us that he becomes the very nourishment and food for our souls(1 Cor. 10:16; Rom. 6:3-5; Gal. 3:27). Not that we imagine any transubstantiation of bread into Christ's body, and of wine into his natural blood, as the Romanists have perniciously taught and wrongly believed; but this union and conjunction which we have with the body and blood of Christ Jesus in the right use of the sacraments is wrought by means of the Holy Spirit, who by true faith carries us above all things that are visible, carnal, and earthly, and makes us feed upon the body and blood of Christ Jesus, once broken and shed for us but now in heaven, and appearing for us in the presence of his Father(Mark 16:19; Luke 24:51; Acts 1:11; 3:21).

Notwithstanding the distance between his glorified body in heaven and mortal men on earth, yet we must assuredly believe that the bread which we break is the communion of Christ's body and the cup which we bless the communion of his blood(1 Cor. 10:16). Thus we confess and believe without doubt that the faithful, in the right use of the Lord's Table, do so eat the body and drink the blood of the Lord Jesus that he remains in them and they in him; they are so made flesh of his flesh and bone of his bone(Eph. 5:30) that as the eternal Godhood has given to the flesh of Christ Jesus, which by nature was corruptible and mortal(Matt. 27:50; Mark 15:37; Luke 23:46; John 19:30), life and immortality, so the eating and drinking of the flesh and blood of Christ Jesus does the like for us. We grant that this is neither given to us merely at the time nor by the power and virtue of the sacrament alone, but we affirm that the faithful, in the right use of the Lord's Table, have such union with Christ Jesus(John 6:51; 6:53-58) as the natural man cannot apprehend. Further we affirm that although the faithful, hindered by negligence and human weakness, do not profit as much as they ought in the actual moment of the Supper, yet afterwards it shall bring forth fruit, being living seed sown in good ground; for the Holy Spirit, who can never be separated from the right institution of the Lord Jesus, will not deprive the faithful of the fruit of that mystical action. Yet all this, we say again, comes of that true faith which apprehends Christ Jesus, who alone makes the sacrament effective in us. Therefore, if anyone slanders us by saying that we affirm or believe the sacraments to be symbols and nothing more, they are libelous and speak against the plain facts. On the other hand we readily admit that we make a distinction between Christ Jesus in his eternal substance and the elements of the sacramental signs. So we neither worship the elements, in place of that which they signify, nor yet do we despise them or undervalue them, but we use them with great reverence, examining ourselves diligently before we participate, since we are assured by the mouth of the apostle that "whoever shall eat this bread, and drink this cup of the Lord, unworthily, shall be guilty of the body and blood of the Lord"(1 Cor. 11:27-29).

근거 성경 본문

▨　‖ **창17:10-11** ‖ "너희 중 남자는 다 할례를 받으라 이것이 나와 너희와 너희 후손 사이에 지킬 내 언약이니라 너희는 양피를 베어라 이것이 나와 너희 사이의 언약의 표징이니라"; ‖ **출23:3 등** ‖ "가난한 자의 송사라고 편벽되이 두호하지 말찌니라"; ‖ **창17:14** ‖ "할례를 받지 아니한 남자 곧 그 양피를 베지 아니한 자는 백성 중에서 끊어지리니 그가 내 언약을 배반하였음이니라"; ‖ **민9:13** ‖ "그러나 사람이 정결도 하고 여행 중에도 있지 아니하면서 유월절을 지키지 아니하는 자는 그 백성 중에서 끊쳐지리니

이런 사람은 그 정기에 여호와께 예물을 드리지 아니 하였은즉 그 죄를 당할찌며”

▨ ‖ **마28:19** ‖ “그러므로 너희는 가서 모든 족속으로 제자를 삼아 아버지와 아들과 성령의 이름으로 세례를 주고”; ‖ **막16:15-16** ‖ “또 가라사대 너희는 온 천하에 다니며 만민에게 복음을 전파하라 믿고 세례를 받는 사람은 구원을 얻을 것이요 믿지 않는 사람은 정죄를 받으리라”; ‖ **마26:26-28** ‖ “저희가 먹을 때에 예수께서 떡을 가지사 축복하시고 떼어 제자들을 주시며 가라사대 받아 먹으라 이것이 내 몸이니라 하시고 또 잔을 가지사 사례하시고 저희에게 주시며 가라사대 너희가 다 이것을 마시라 이것은 죄 사함을 얻게 하려고 많은 사람을 위하여 흘리는 바 나의 피 곧 언약의 피니라”; ‖ **막14:22-24** ‖ “저희가 먹을 때에 예수께서 떡을 가지사 축복하시고 떼어 제자들에게 주시며 가라사대 받으라 이것이 내 몸이니라 하시고 또 잔을 가지사 사례하시고 저희에게 주시니 다 이를 마시매 가라사대 이것은 많은 사람을 위하여 흘리는 바 나의 피 곧 언약의 피니라”; ‖ **눅22:19-20** ‖ “또 떡을 가져 사례하시고 떼어 저희에게 주시며 가라사대 이것은 너희를 위하여 주는 내 몸이라 너희가 이를 행하여 나를 기념하라 하시고 저녁 먹은 후에 잔도 이와 같이 하여 가라사대 이 잔은 내 피로 세우는 새 언약이니 곧 너희를 위하여 붓는 것이라”; ‖ **고전11:23-26** ‖ “내가 너희에게 전한 것은 주께 받은 것이니 곧 주 예수께서 잡히시던 밤에 떡을 가지사 축사하시고 떼어 가라사대 이것은 너희를 위하는 내 몸이

니 이것을 행하여 나를 기념하라 하시고 식후에 또한 이와 같이 잔을 가지시고 가라사대 이 잔은 내 피로 세운 새 언약이니 이것을 행하여 마실 때마다 나를 기념하라 하셨으니 너희가 이 떡을 먹으며 이 잔을 마실 때마다 주의 죽으심을 오실 때까지 전하는 것이니라 그러므로 누구든지 주의 떡이나 잔을 합당치 않게 먹고 마시는 자는 주의 몸과 피를 범하는 죄가 있느니라"

▨ ‖ **고전10:16** ‖ "우리가 축복하는 바 축복의 잔은 그리스도의 피에 참예함이 아니며 우리가 떼는 떡은 그리스도의 몸에 참예함이 아니냐"; ‖ **롬6:3-5** ‖ "무릇 그리스도 예수와 합하여 세례를 받은 우리는 그의 죽으심과 합하여 세례받은 줄을 알지 못하느뇨 그러므로 우리가 그의 죽으심과 합하여 세례를 받음으로 그와 함께 장사되었나니 이는 아버지의 영광으로 말미암아 그리스도를 죽은 자 가운데서 살리심과 같이 우리로 또한 새 생명 가운데서 행하게 하려 함이니라 만일 우리가 그의 죽으심을 본받아 연합한 자가 되었으면 또한 그의 부활을 본받아 연합한 자가 되리라"; ‖ **갈3:27** ‖ "누구든지 그리스도와 합하여 세례를 받은 자는 그리스도로 옷입었느니라"

▨ ‖ **막16:19** ‖ "주 예수께서 말씀을 마치신 후에 하늘로 올리우사 하나님 우편에 앉으시니라"; ‖ **눅24:51** ‖ "축복하실 때에 저희를 떠나 하늘로 올리우시니"; ‖ **행1:11** ‖ "가로되 갈릴리 사람들아 어찌하여 서서 하늘을

처다보느냐 너희 가운데서 하늘로 올리우신 이 예수는 하늘로 가심을 본
그대로 오시리라 하였느니라”; ‖ **행3:21** ‖ “하나님이 영원 전부터 거룩한
선지자의 입을 의탁하여 말씀하신 바 만유를 회복하실 때까지는 하늘이
마땅히 그를 받아 두리라”

▨　‖ **고전10:16** ‖ “우리가 축복하는 바 축복의 잔은 그리스도의 피에 참
예함이 아니며 우리가 떼는 떡은 그리스도의 몸에 참예함이 아니냐”

▨　‖ **엡5:30** ‖ “우리는 그 몸의 지체임이니라”

▨　‖ **마27:50** ‖ “예수께서 다시 크게 소리지르시고 영혼이 떠나시다”; ‖
막15:37 ‖ “예수께서 큰 소리를 지르시고 운명하시다”; ‖ **눅23:46** ‖ “예수
께서 큰 소리로 불러 가라사대 아버지여 내 영혼을 아버지 손에 부탁하나
이다 하고 이 말씀을 하신 후 운명하시다”; ‖ **요19:30** ‖ “예수께서 신 포
도주를 받으신 후 가라사대 다 이루었다 하시고 머리를 숙이시고 영혼이
돌아가시니라”

▨　‖ **요6:51** ‖ “나는 하늘로서 내려온 산 떡이니 사람이 이 떡을 먹으면
영생하리라 나의 줄 떡은 곧 세상의 생명을 위한 내 살이로라 하시니라”;
‖ **요6:53-58** ‖ “예수께서 이르시되 내가 진실로 진실로 너희에게 이르노
니 인자의 살을 먹지 아니하고 인자의 피를 마시지 아니하면 너희 속에 생

명이 없느니라 내 살을 먹고 내 피를 마시는 자는 영생을 가졌고 마지막 날에 내가 그를 다시 살리리니 내 살은 참된 양식이요 내 피는 참된 음료로다 내 살을 먹고 내 피를 마시는 자는 내 안에 거하고 나도 그 안에 거하나니 살아계신 아버지께서 나를 보내시매 내가 아버지로 인하여 사는 것 같이 나를 먹는 그 사람도 나로 인하여 살리라 이것은 하늘로서 내려온 떡이니 조상들이 먹고도 죽은 그것과 같지 아니하여 이 떡을 먹는 자는 영원히 살리라"

▨ ‖ **고전11:27-29** ‖ "그러므로 누구든지 주의 떡이나 잔을 합당치 않게 먹고 마시는 자는 주의 몸과 피를 범하는 죄가 있느니라 사람이 자기를 살피고 그후에야 이 떡을 먹고 이 잔을 마실찌니 주의 몸을 분변치 못하고 먹고 마시는 자는 자기의 죄를 먹고 마시는 것이니라"

해 설

1 신약시대 교회에서 베풀어지는 성례의 배경

신약시대 교회의 성례인 세례와 성찬은 구약시대의 언약을 배경으로 하고 있다. 즉 성례는 교회의 창작물이 아니다. 따라서 세례와 성찬은 예수 그리스도의 십자가 사역과 더불어 구약의 언약에 밀접하게 연결되어 있다.

구약의 희생 제사를 제외한 중요한 성례 가운데는 할례와 유월절이 있다. 할례는 언약의 백성으로 태어나는 남자 아이에게 팔일 만에 행하게 된다. 이는 저들이 언약에 속한 자녀라는 사실을 선언하는 의미를 지니고 있으며 세례의 배경이 된다.

또한 유월절 어린 양은 하나님께 바쳐지게 될 예수 그리스도를 예표하고 있다. 따라서 예수 그리스도의 살과 피를 상징하는 성찬상은 유월절 음식에 연관되어 있다. 이처럼 신약시대의 성례인 세례와 성찬은 구약시대의 할례와 유월절 음식에 직접 관련되어 있는 것이다.

2 성례의 제정과 목적

성례 즉 세례와 성찬은 하나님께서 직접 정하신 신령한 제도이다. 즉 인간들이 종교적인 특별한 목적을 가지고 만들지 않았다. 따라서 교회에서 행해지는 성례에는 하나님의 분명한 의도가 담겨 있다.

하나님께서는 성례를 통해 자신의 백성과 그렇지 않는 자들을 가시적으로 구분하기를 원하셨다. 이는 세상으로부터 지상 교회를 구별하여 보존하는 것에 연관되어 있다. 즉 세례와 성찬을 통해 십자가 사역의 의미와 그리스도께서 거룩한 피로 값주고 사신 교회의 의미를 확인할 수 있도록 하셨던 것이다.

3 성례를 통한 적용과 유익

성례는 단순히 이론적인 유익이 아니라 구체적인 유익을 제공한다.

성도들은 성례에 참여함으로써 하나님으로부터 선물로 받은 믿음을 실행하게 되며, 선택받은 백성들이 약속과 더불어 저들의 머리인 예수 그리스도와 더불어 이루어진 연합과 일치를 확인하게 된다. 그것은 가장 복된 것으로써 하나님과의 관계는 물론 성도들간의 교제(holy communion)를 마음속에 인치게 되는 것이다.

4 세례와 성찬의 의의

세례를 통해 성도들은 예수 그리스도께 접붙여져 그의 의에 참여하게 된다. 이는 세례 행위 자체로부터 나타나는 효력이라기보다 그것을 통한 공적 고백과 연관되어 있다. 이 말은 참된 교회의 보편적인 신앙에 대한 인정을 동반하는 의미를 지닌다.

하나님의 자녀들은 교회가 보증하는 그 세례를 통해 죄를 용서받게 된 사실을 고백함으로써 거룩한 성찬에 참여하게 된다. 영혼을 위한 양식으로써 진정한 영양을 공급하는 성찬상에 참여하는 것은 우리가 누릴 수 있는 최대의 특권이 아닐 수 없다. 그와 더불어 모든 성도들은 예수 그리스도의 신령한 몸과 신비한 연합을 하게 된다.

5 성찬의 실제적 기능

성찬은 단순한 형식에 그치는 것이 아니라 실제적으로 영적인 작용을 일으킨다. 즉 그리스도의 피와 살을 상징하는 양식을 먹음으로써 상징적인 유익을 끼치는 것에 머물지 않는다. 도리어 그것을 통하여 구체적이며 실제적인 변화가 일어나게 된다.

즉 지교회에 속한 온 성도들이 한 마음으로 거룩한 성찬에 참여함으로써 교회와 예수 그리스도 사이에 존재하는 신비적 연합이 지속적으로 확인된다. 그것은 성도들을 한 몸으로 엮어 주는 신령한 끈의 역할을 하게 된다. 이와 같은 신령한 사건은 매주일마다 지속적으로 발생하게 되는 사건이다.

6 성찬의 단계적 효력

우리는 과연 성찬상 자체에서 어떤 효력이 존재하는 것으로 이해해야 하는가? 이는 쉽지 않은 문제일 수 있으나 스코틀랜드 신앙고백서에서는 효력이 있는 것으로 설명한다. 예를 들어 올바른 세례를 받은 언약의 백성들의 경우 나태함과 연약함으로 인해 영적인 유익을 잘 깨닫지 못한다고 할지라도 어느 정도의 효력이 발생한다는 것이다.

이에 대해서는 일상적인 예를 통해 이해할 수 있다. 예를 들어, 나이 어린 갓난아기가 맛과 의미를 모르고 음식을 섭취한다고 해도 전체적으로는 유익이 된다. 성숙한 자세로 식탁에 앉지 못해도 그 음식을 통해 영양을 공급받아 자라날 수 있기 때문이다. 이처럼 성찬 역시 그와 동일한 관점에서 받아들여야 한다는 것이다.

7 떡과 포도주의 상징성

우리 주변에는 성찬상에서 나누어지는 떡과 포도주에 대한 잘못된 견해들이 있다. 먼저 로마가톨릭에서는 그것이 예수님의 살과 피로 변한다는 화체설을 믿고 있다. 그러나 그것은 미신적인 사고에 지나지 않는다. 또한 루터 같은 사람은 공재설을 주장했는데 이는 성찬에서 사용되는 떡과 포도주 자체가 그리스도의 살과 피는 아니지만 거기에는 그의 몸이 공재하고 있다는 주장을 펼쳤다.

한편 성찬상의 음식을 단순 상징이나 기념으로만 받아들이는 사람들이 있다. 그들은 성찬에서 사용되는 떡과 포도주가 단순한 표식에 지나지 않으며 그 이상의 의미를 둘 필요가 없다는 주장을 한다. 이와 달리 우리는 예배도중 떡과 포도주를 나누어 먹을 때 거기에는 영적인 의미가 실제로 존재한다는 사실을 받아들인다.

8 성찬을 통한 예수 그리스도의 영적인 임재

우리는 공예배 시간에 나누는, 그리스도의 살과 피를 상징하는 떡과 포도주를 통해 그리스도의 영적인 임재를 체험한다. 즉 눈에 보이는 그 음식을 먹음으로써 우리의 영혼은 믿음에 의해 실제로 그리스도의 몸을 영적으로 섭취하게 되는 것이다. 이를 통해 하나님을 경배하는 성도들의 영혼이 천상의 나라로 들려 올라간다는 신비한 사실(sursum corda)에 연관되어 있다.

9 합당한 성찬 참여

하나님의 자녀들은 공적인 성찬상에 올바른 신앙 자세로 참여해야만 한다. 그것은 단순한 상징이 아니기 때문에 더욱 그렇다. 따라서 세례를 받은 성도들은 그리스도의 몸된 교회를 기억하는 가운데 합당하게 먹고 마시지 않으면 안 된다.

따라서 모든 성도들은 성찬에 참여하기 전에 자신을 성실하게 살필 수 있어야 한다. 그때 개인의 상태뿐 아니라 교회의 일원으로서 자신을 살펴야 한다. 이를 통해 지교회뿐 아니라 보편교회에 속한 자신의 모습을 잘 살펴야 하며 그런 가운데 성찬에 참여하는 것이 경건한 성도의 바람직한 자세이다.

스코틀랜드 신앙고백
질 문 과 토 론

1 _ 신약시대의 성례의 배경에 대해 생각해 보라.

2 _ 하나님께서 성례를 제정하신 목적은 무엇인가?

3 _ 성례의 적용과 구체적인 유익에 대해 논의해 보라.

4 _ 세례와 성찬의 관계에 대하여 생각해 보라.

5 _ '성찬의 단계적 효력' 이란 말에 대하여 생각해 보라.

6 _ 떡과 포도주의 상징성에 대하여 논의해 보라.

7 _ 성찬에 관한 다양한 주장들에 대하여 논의해 보라.

8 _ '영적 임재설' 이란 구체적으로 무엇을 의미하고 있는가?

9 _ 합당한 성찬 참여에 대하여 생각해 보라.

10 _ 성찬의 교회론적인 의미에 대하여 논해 보라.

제 22 장

올바른 성례 시행

The Right Administration of the Sacraments

올바른 성례를 시행하기 위해서는 두 가지 사실이 필요하다. 첫째는 그것이 적법한 사역자에 의해 시행되어야 한다는 사실이다. 우리는 이들이 하나님의 말씀을 설교하도록 지정되고 하나님께서 복음을 설교하는 권한을 주셨으며 교회에 의해 적법하게 부름받은 자들임을 확신한다. 둘째는 하나님이 지정하신 성분적인 요소들과 방법에 따라 시행되어야 한다는 사실이다. 그렇지 않으면 그리스도 예수의 참된 성례로서 아무런 의미가 없다.

우리가 로마가톨릭의 성례전을 중단하고 그 가르침을 버린 이유는 다음과 같다: 첫째, 그 교회의 사역자들은 그리스도 예수의 사역자가 아니기 때문이다. (그들은 사실 성령께서 교회 가운데서 설교하도록 허락지 않으신 여성들에게조차 세례를 베풀도록 허락한다.) 둘째, 그들은 이 성례전을 그리스도의 원래 사역 가운데 요구된 것들과 근본적으로 아무런 상관이 없는 다른 것들과 혼합시키고 있기 때문이다. 즉 그들이 기름, 소금, 침을 세례를 베풀 때 덧붙여 사용하는 것은 단순한 인간적인 고안에 지나지 않는다.

성찬을 경배하고 존경하기 위해 그 빵을 상자에 담아서 거리와 시가지를 줄지어 행진하는 것은 그리스도의 성례에 대한 올바른 사용이 아니라 그것을 남용하는 행위이다. 그리스도께서는 "너희가 받아먹으라 ... 나를 기념하여 이를 행하라"고 말씀하셨다(마26:26; 막14:22; 눅22:19; 고전11:24). 이 말씀과 명령에 의해 그는 성별된 빵과 포도주를 자신의 거룩한 몸과 피의 성찬이 되게 하여 모든 성도들이 그것들을 먹고 마시도록 하셨다. 그러나 그것들이 로마교주의자들이 하듯 하나님의 몸으로서 경배되거나 숭상되어서는 안 된다. 나아가 성찬의 일부 즉 축복의 잔을 일반 성도들로부터 빼앗는 것은 신성모독죄를 범하는 것이다.

또한 만일 그 성찬이 올바르게 시행된다면 그 제도의 의도와 목적을 이해하는 것이 기본이다. 만일 성찬 참여자들이 그것을 통해 무슨 일이 발생하는지 이해하지 못한다면 구약시대의 희생제사에서 보여지듯이 성례가 올바르게 시행되는 것이 아니다. 이처럼 만일 교회의 교사가 하나님께서 혐오하시는 잘못된 교리를 가르친다면, 비록 성찬이 규칙에 따라 행해질지라도, 하나님의 명령을 벗어나 다른 목적을 위해 그것을 사용하는 한 그 성찬은 올바르게 행해진 것이 아니다. 우리는 로마가톨릭에서 이같이 행해지는 성례가, 주 예수님의 모든 교훈들이 형식과 목적과 의미에 있어서 혼합되어 나타난 것임을 확신한다.

그리스도 예수께서 본을 보이시고 행하도록 명하신 것은 복음서와 바울 서신에서 분명하게 나타나 있다. 구약시대 제사장이 제단에서 행한 것을 우리가 되풀이해 언급할 필요가 없다. 그리스도께서 그 제도를 제정하신 의도와 목적인 "너희가 이 빵을 먹고 이 잔을 마실 때마다 ... 주님이 오실 때까지 그의 죽음을 보여주며 ... 그를 기념하여 행하라"(고전11:24-26)는 말씀의 요구에 따라 행해져야 한다. 이를 통해 그리스도를 존귀하게 높여 설교하고 전파하며 찬양하게 된다.

그러나 로마가톨릭의 미사에 사용되는 용어와 그 선생들의 가르침이 미사의 목적과 의미를 증언하고 있다. 그들은 그리스도와 그의 교회 사이의 중재로서 산 자와 죽은 자들을 위하여 죄를 속하기 위한 화해의 제사를 성부 하나님께 드려야 한다고 주장한다. 이 교리는 그리스도 예수가 모든 성도들을 성결케 하시기 위해 십자가 위에서 단번에 바쳐진 충분하고 유일한 희생제물(히9:27-28; 10:14)이라는 사실로부터 그 의미를 박탈함으로써 그를 모독하는 것이기 때문에 우리는 그것을 극도로 혐오하며 비난한다.

Two things are necessary for the right administration of the sacraments. The first is that they should be ministered by lawful ministers, and we declare that these are men appointed to preach the Word, unto whom God has given the power to preach the gospel, and who are lawfully called by some Kirk. The second is that they should be ministered in the elements and manner which God has appointed. Otherwise they cease to be the sacraments of Christ Jesus. This is why we abandon the teaching of the Roman Church and withdraw from its sacraments; firstly, because their ministers are not true ministers of Christ Jesus (indeed they even allow women, whom the Holy Ghost will not permit to preach in the congregation to baptize) and, secondly, because they have so adulterated both the sacraments with their own additions that no part of Christ's original act remains in its original simplicity. The addition of oil, salt, spittle, and such like in baptism, are merely human additions. To adore or venerate the sacrament, to carry it through streets and towns in procession, or to reserve it in a special case, is not the proper use of Christ's sacrament but an abuse of it. Christ Jesus said, "Take ye, eat ye," and "Do this in remembrance of Me"(Matt. 26:26; Mark 14:22; Luke 22:19; 1 Cor. 11:24). By these words and commands he sanctified bread and wine to be the sacrament of his holy body and blood, so that the one should be eaten and that all should drink of the other, and not that they should be reserved for worship or honored as God, as the Romanists do. Further, in withdrawing one part of the sacrament - the blessed cup - from the people, they have committed sacrilege. Moreover, if the sacraments are to be rightly used it is essential that the end and purpose of their institution should be understood, not only by the minister but also by the recipients. For if the recipient does not understand what is being done, the sacrament is not being rightly used, as is seen in the case of the Old Testament sacrifices. Similarly, if the teacher teaches false doctrine which is hateful to God, even though the sacraments are his own ordinance, they are not rightly used, since wicked men have used them for another end than what God had commanded. We affirm that this has been done to the sacraments in the Roman Church, for there the whole action of the Lord Jesus is adulterated in form, purpose, and meaning. What Christ Jesus did, and commanded to be done, is evident from the Gospels and from St. Paul; what the priest does at the altar we do not need to tell. The end and purpose of Christ's institution, for which it should be used, is set forth in the words, "Do this in remembrance of Me," and "For as often as ye eat this bread and drink this cup ye do show" - that is, extol, preach, magnify, and praise - "the Lord's death, till He come"(1 Cor. 11:24-26). But let the words of the mass, and their own doctors and teachings witness, what is the purpose and meaning of the mass; it is that, as mediators between Christ and his Kirk, they should offer to God the Father, a sacrifice in propitiation for the sins of the living and of the dead. This doctrine is blasphemous to Christ Jesus and would deprive his unique sacrifice, once offered on the cross for the cleansing of all who are to be sanctified, of its sufficiency(Heb. 9:27-28; 10:14); so we detest and renounce it.

근거 성경 본문

▨ **마26:26** "저희가 먹을 때에 예수께서 떡을 가지사 축복하시고 떼어 제자들을 주시며 가라사대 받아 먹으라 이것이 내 몸이니라 하시고"; **막14:22** "저희가 먹을 때에 예수께서 떡을 가지사 축복하시고 떼어 제자들에게 주시며 가라사대 받으라 이것이 내 몸이니라 하시고"; **눅22:19** "또 떡을 가져 사례하시고 떼어 저희에게 주시며 가라사대 이것은 너희를 위하여 주는 내 몸이라 너희가 이를 행하여 나를 기념하라 하시고"; **고전11:24** "축사하시고 떼어 가라사대 이것은 너희를 위하는 내 몸이니 이것을 행하여 나를 기념하라 하시고"

▨ **고전11:24-26** "축사하시고 떼어 가라사대 이것은 너희를 위하는 내 몸이니 이것을 행하여 나를 기념하라 하시고 식후에 또한 이와 같이 잔을 가지시고 가라사대 이 잔은 내 피로 세운 새 언약이니 이것을 행하여 마실 때마다 나를 기념하라 하셨으니 너희가 이 떡을 먹으며 이 잔을 마실 때마다 주의 죽으심을 오실 때까지 전하는 것이니라"

▨ **히9:27-28** "한 번 죽는 것은 사람에게 정하신 것이요 그 후에는 심판이 있으리니 이와 같이 그리스도도 많은 사람의 죄를 담당하시려고 단번에 드리신 바 되셨고 구원에 이르게 하기 위하여 죄와 상관 없이 자기를

바라는 자들에게 두번째 나타나시리라"; ‖ **히10:14** ‖ "저가 한 제물로 거룩하게 된 자들을 영원히 온전케 하셨느니라"

/ 올바른 성례를 위한 요건

(1) 적법한 사역자

성례는 아무나 행해서는 안 된다. 우리는 하나님이 질서의 하나님이라는 사실을 기억하지 않으면 안 된다. 따라서 반드시 교회로부터 세워진 안수받은 목사에 의해 성례가 집행되어야 한다. 이는 목사에게 성례를 집행할 수 있는 권한이 주어졌다는 말이 아니다. 이 말은 하나님의 말씀을 맡은 직분자인 교사가 그리스도께서 제정하신 거룩한 성례를 집행해야 한다는 사실을 말해주고 있다.

(2) 적절한 요소들

성찬을 위해서는 적절한 요소와 방법에 근거해서 시행해야 한다. 성찬에서는 빵과 포도주가 사용되어야 한다. 여기서의 빵은 떡 곧 일상적인 양식으로서 우리의 식습관으로는 밥에 해당된다. 그렇다고 해서 밥상을 차리는 식으로 성찬을 나눌 수는 없다. 이는 밥은 음식의 속성상 한 덩어리로 개념짓기에 어려운 점이 있다. 즉 큰 밥솥에 밥을 담아두고 한 숟가

락씩 떠먹는 것이 자연스럽지 않다. 그것을 한 덩어리인 그리스도의 몸으로 칭하기에는 어색하기 때문이다.

하지만 빵은 우리가 일반적으로 이해하는 떡(rice cake)이나 빵(cake)이 아니다. 우리에게 있어서 빵은 생존을 위한 주식의 개념이 아니라 간식이기 때문이다. 그에 반해 식빵(bread)은 중동이나 서양인들의 주식이기도 하거니와 우리에게도 그렇다. 따라서 성찬을 위해서 교회에 속한 성도들이 한 덩어리인 식빵을 찢는 의미와 더불어 사용하는 것이 가장 자연스럽다.

또한 잔을 나눌 때는 포도주여야 한다. 즉 일부 한국교회에서 주장한 바 있는 막걸리나 다른 술을 성찬을 위해 사용하는 것은 바람직하지 않다. 또한 포도주는 붉은 포도주(read wine)를 사용하는 것이 자연스럽다. 신학자들 가운데는 백포도주(white wine)를 사용할 수 있다고 주장하는 자들이 있지만 그것은 올바른 견해라 할 수 없다. 포도주가 그리스도의 피를 상징하기 때문에 붉은 포도주를 사용하는 것이 정당하다.

(3) 올바른 방법

성찬은 공예배 시간에 이루어지는 것이 원칙이다. 즉 세례가 베풀어질 수 있는 곳에서 성찬이 나누어질 수 있다. 따라서 아무데서나 성찬을 시행해서는 안 된다. 다시 말해 성찬을 때와 장소에 무관하게 많이 행한다고 해서 좋은 것이 될 수는 없다. 도리어 성찬은 적법한 방법에 따라 적절하게 이루어져야 하는 것이다.

성찬을 나눌 때는 수찬자들이 회중의 앞으로 나와서 떡과 포도주를 받을 수 있다. 그리고 성찬을 예배석상에 앉아 있는 수찬자들에게 봉사자들이 가지고 가서 떡과 잔을 나누어 줄 수 있다. 이 두 가지 방법 가운데 어느 것을 취한다고 해도 별 문제가 없으나 떡을 회중 전체에게 가지고 가서 나누어주는 것이 더 낫다고 생각된다. 이는 처음 성찬식에서 제자들이 그리스도께 나아오는 것이 아니라 그리스도께서 제자들에게 나누어 주셨기 때문이다.

또한 성찬 떡을 나눌 때 한 덩어리 떡을 회중이 보는 앞에서 말씀 사역자가 직접 떼는 것이 중요하다. 그리고 잔을 나눌 때도 한 주전자 혹은 한 병에서 따라 붓는 모습을 보여주어야 한다. 물론 그 떡과 포도주는 각 지교회에서 나누지만 그것들은 보편교회로부터 분배받아온 의미를 지닌다. 그것을 통해 지상에 존재하는 모든 참된 교회들이 하나의 보편교회에 속해 있음과 하나의 거룩한 몸에 참여하는 의미가 드러나게 된다.

2 로마가톨릭 성례의 오류와 무효

(1) 로마가톨릭의 사제는 참된 사역자가 아님

우리는 로마가톨릭의 사제를 참된 사역자로 보지 않는다. 참된 사역자가 되기 위해서 가장 먼저 중시되어야 할 사실은 순수한 말씀선포자여야 한다. 그리고 성경과 교리를 올바르게 가르치는 사람이어야 한다.

그러나 로마가톨릭의 사제는 순수한 말씀을 선포하지 않으며 성경과 교리를 올바르게 가르치지 않는다. 오히려 성경과 교리를 왜곡되게 가르치고 있다. 그것은 무지의 결과이거나 의도적일 수도 있다. 따라서 우리는 거짓 교사의 역할을 하는 저들이 행하는 성례를 무효로 받아들여야 한다.

(2) 첨가물에 대한 문제

성찬과 성례를 베풀기 위해서는 성경에서 이미 정한 요소들이 있다. 그것은 물과 빵과 포도주이다. 세례를 베풀기 위해서는 물이 필수적이며 성찬을 나누기 위해서는 반드시 빵과 포도주가 사용되어야 한다. 그 외에 당시 저들이 기름이나 소금, 그리고 특별한 경우에 침 같은 것을 덧붙여 사용하는 것은 단순한 인간적인 고안에 지나지 않는 잘못된 행위이다.

(3) 여성 사역자 문제

성경은 여성을 교회의 교사인 목사로 세우는 것을 허락하지 않는다. 목사는 다른 직분보다 높은 직분이 아니며 특별한 권한을 가진 직분자라 할 수 없다. 단지 교회가 맡긴 직무를 수행할 수 있을 따름이다. 따라서 여성 사역자가 성례를 집행하는 것이 허락되지 않는 것은 당연한 일이다.

16세기 로마가톨릭에서는 특별한 경우에는 여성으로서 세례를 베푸는 일을 허용한 예들이 있었던 것으로 보인다. 아마도 여성들만의 수녀원 같은 데서 성찬을 나누는 것이 허락되었을 수도 있다. 하지만 교회가 아닌 곳에서 그와 같은 식으로 행해지는 성찬은 정당한 것이라 인정할 수 없다.

3 성찬 음식에 대한 오남용

성찬 음식은 성찬이 나누어지는 공예배의 현장에서만 유효한 의미를 지니고 있다. 그러므로 성찬식 밖에서는 그 떡과 포도주가 아무런 의미가 없다. 그럼에도 불구하고 어리석은 자들 가운데는 그것이 항상 유효한 것으로 주장하는 자들이 없지 않다.

그런 자들 가운데는 성찬과 연관된 떡과 포도주를 가지고 시가를 행진하며 저들의 신앙을 과시하는 자들이 있었다. 그것은 성찬을 남용하는 행위가 된다. 또한 성찬식에서 사용된 떡 일부를 가져와 병자나 문제가 있는 사람에게 먹이면 그것이 어떤 효력이 있는 것처럼 착각하는 자들도 있다. 그것은 성찬 음식을 오용하는 행위에 지나지 않는다.

4 모든 성도들이 공평하게 참여해야 할 권리와 의무

세례를 받은 모든 입교인들은 직분과 상관없이 빵과 포도주를 나누는 데 참여할 수 있으며 참여해야 한다. 즉 직분에 따라 차별적이거나 선택적으로 참여해서는 안 된다. 로마가톨릭에서 신부들은 떡과 포도주를 같이 받고 일반 성도들에게는 포도주가 주어지지 않는 것은 그것 자체만으로 잘못된 것이다. 이처럼 일반 교회에서도 성도들에게 성찬의 일부를 빼앗으면 안 된다.

5 성찬의 의도와 목적 이해

성찬을 시행하는 의도와 목적은 인간들에게 달려 있는 것이 아니라 예수 그리스도와 그의 사역에 밀접하게 연관되어 있다. 우선 하나님의 자녀들은 성찬을 통해 그리스도의 살과 피를 기억하며 그에 참여해야만 한다. 이를 통해 그리스도와 그의 백성들 사이에 구체적인 관계가 드러나게 된다.

하나님의 자녀들은 거룩한 성찬을 나누며 그리스도의 몸에 영적으로 참여하게 된다. 즉 눈에 보이는 가시적인 빵과 포도주를 먹고 마실 때 우리의 영혼은 그리스도의 살과 피를 영적으로 섭취하게 된다. 이는 그것이 성도들의 영적인 신앙 성장을 위한 참된 영양소가 된다는 사실을 말해 준다.

또한 교회와 성도들은 성찬을 통해 하나인 보편교회의 존재를 확인하게 된다. 모든 참된 교회들은 전 세계에 흩어져 존재하지만 성찬을 통해 하나의 몸에 참여한다. 매주일 나누어지는 성찬은 지상 교회가 '하나' 라는 사실과 그에 속한 성도들이 '하나의 신앙' 으로 묶어져 있음을 말해준다.

6 '설교' 와 '성찬'

공예배 시간에 선포되는 '말씀' 과 '성찬' 은 분리될 수 없는 성격을 지니고 있다. 개혁주의 신학적인 관점에서 말하자면 성찬은 선포된 말씀을 인치는 기능을 한다. 여기서 말하는 말씀 선포란 공예배 시간의 설교를 의미한다.

그러므로 성찬은 공예배 시간에 시행되어야 한다. 즉 하나님을 믿는 사람들이 모이는 곳이라고 해서 어디서든지 성찬이 행해질 수 있는 것이 아니다. 성례는 항상 당회의 지도 아래 적법한 질서 가운데 이루어져야 한다. 이는 매우 중요한 원칙으로서 성찬이 인간들의 잘못된 열성에 의해 남발되지 말아야 한다는 사실을 말해주고 있다.

7 '미사'

로마가톨릭에서의 성찬은 '미사'에서 행해진다. 미사에는 제사의 의미가 내포되어 있으므로 참된 기독교 예배와 상관이 없다. 저들의 미사는 산 자와 죽은 자들을 위하여 죄를 속하기 위한 화해의 제사를 성부 하나님께 드리는 성격을 지니고 있다. 하지만 그것은 십자가 사역을 완성하신 예수 그리스도에 대한 모독이다. 참된 예배는 오로지 완벽한 제물로 바쳐진 그리스도 안에서 계시된 말씀과 더불어 하나님께 드려지게 된다.

스코틀랜드 신앙고백

질 문 과 토 론

1 _ 성례를 집행할 수 있는 자는 누구여야 하며, 그 근거는 무엇인가?

2 _ 성례를 위한 적절한 요소들에 대하여 생각해 보라.

3 _ 공예배 시간에 성찬을 나누는 구체적 방법에 대하여 생각해 보라.

4 _ 로마가톨릭의 성례가 무효인 까닭은 무엇인가?

5 _ 성찬 음식에 연관된 빵과 포도주의 오용과 남용에 대하여 논의해 보라.

6 _ 성찬 참여자들 사이의 평등성에 대하여 논의해 보라.

7 _ 세례받은 입교인들의 성찬에 대한 권리와 의무는 무엇인가?

8 _ 성찬의 목적과 의도에 대하여 설명하라.

9 _ '설교'와 '성찬'의 관계에 대하여 논의해 보라.

10 _ 로마가톨릭의 미사의 문제점에는 어떤 것이 있는가?

11 _ '올바른 성례'와 '그릇된 성례'에 대한 전반적인 의미를 논의해 보라.

제 23 장

성례에 연관된 자들

To Whom Sacraments Appertain

우리는 세례의식이 판단력을 갖춘 성인들에게와 마찬가지로 성도의 어린 자녀들에게도 적용되는 것으로 받아들인다. 그리고 신앙과 이해력을 가지기 전의 유아들이 세례를 받는 것을 부인한 재세례파의 오류를 거부한다(골2:11-12; 롬4:11; 창17:10; 마28:19). 또한 우리는 주님의 성찬이 오직 믿음의 권속들에게만 나누어져야 한다는 사실을 고백하며, 저들의 신앙과 이웃에 대한 의무 수행을 주의깊게 살펴보아야 한다. 믿음이 없거나 형제들에 대한 화평과 선한 뜻이 없이 거룩한 음식을 먹고 마시는 것은 헛된 것에 지나지 않는다(고전11:28-29). 이것이 교회의 사역을 맡은 직분자들이 공적으로 각 성도들을 살펴 주 예수님의 성찬에 참여하는 것을 허락할지에 대해 판단해야 하는 이유이다.

We hold that baptism applies as much to the children of the faithful as to those who are of age and discretion, and so we condemn the error of the Anabaptists, who deny that children should be baptized before they have faith and understanding(Col. 2:11-12; Rom. 4:11; Gen. 17:10; Matt. 28:19). But we hold that the Supper of the Lord is only for those who are of the household of faith and can try and examine themselves both in their faith and their duty to their neighbors. Those who eat and drink at that holy table without faith, or without peace and goodwill to their brethren, eat unworthily(1 Cor. 11:28-29). This is the reason why ministers in our Kirk make public and individual examination of those who are to be admitted to the table of the Lord Jesus.

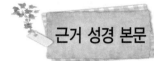
근거 성경 본문

▨ ‖ **골2:11-12** ‖ "또 그 안에서 너희가 손으로 하지 아니한 할례를 받았으니 곧 육적 몸을 벗는 것이요 그리스도의 할례니라 너희가 세례로 그리스도와 함께 장사한 바 되고 또 죽은 자들 가운데서 그를 일으키신 하나님의 역사를 믿음으로 말미암아 그 안에서 함께 일으키심을 받았느니라"; ‖ **롬4:11** ‖ "저가 할례의 표를 받은 것은 무할례시에 믿음으로 된 의를 인친 것이니 이는 무할례자로서 믿는 모든 자의 조상이 되어 저희로 의로 여기심을 얻게 하려 하심이라"; ‖ **창17:10** ‖ "너희 중 남자는 다 할례를 받으라 이것이 나와 너희와 너희 후손 사이에 지킬 내 언약이니라"; ‖ **마28:19** ‖ "그러므로 너희는 가서 모든 족속으로 제자를 삼아 아버지와 아들과 성령의 이름으로 세례를 주고"

▨ ‖ **고전11:28-29** ‖ "사람이 자기를 살피고 그 후에야 이 떡을 먹고 이 잔을 마실찌니 주의 몸을 분변치 못하고 먹고 마시는 자는 자기의 죄를 먹고 마시는 것이니라"

해 설

1 성인세례

하나님께서 허락하심으로 인해 복음을 깨닫게 된 자는 교회로부터 세례를 받게 된다. 세례는 예배공동체를 이루고 있는 개체 교회에 가입하기 위한 조건이 된다. 교회는 세례받게 될 자에 대한 교육과 삶을 감독해야 하며 당사자는 그에 따라 순종해야 한다. 당회의 확인을 거쳐 공적인 문답과 고백이 있을 경우 세례를 베풀게 된다.

세례는 모든 성도들이 회집한 공예배중에 말씀사역자인 목사가 집례한다. 그 의례를 통해 세상에 대하여 죽고 하나님에 대하여 다시 살아나게 되었음을 회중 앞에 고백한다. 그와 더불어 물로 세례를 받음으로써 성찬상 앞으로 초대되고 교회의 일원으로 받아들여지게 된다.

2 유아세례

유아세례는 아직 판단력이 없는 아기에게 부모와 교회의 보증에 의해 베풀어지는 세례이다. 그것은 언약에 밀접하게 연관되어 있다. 그것을 위해서는 아기 대신 부모들이 당회로부터 교육을 받아야 하며 문답을 통과해야 한다. 그 가운데는 자녀를 하나님의 뜻대로 양육하겠다는 고백이 포함된다. 그 모든 과정을 거치게 되면 공예배시 목사의 집례를 통해 회중 앞에서 부모의 품안에서 아기가 세례를 받게 된다.

세례를 받은 아이는 이제 개인의 자녀이기 전에 교회의 자녀가 된다. 따라서 온 교회가 그 자녀의 성장에 관심을 가져야 하며 올바른 신앙인으로 자라갈 수 있도록 지도하며 도와야 한다. 유아세례는 임시적인 세례가 아니라 정식 세례이다. 그 아기가 영적인 판단력을 갖추고 신앙을 고백할 나이가 되면 당회의 감독을 거쳐 회중 앞에서의 고백을 통해 입교하게 된다.

3 재세례파

16세기에 일어났던 종교개혁은 타락한 로마가톨릭에 대한 저항운동이다. 그것은 물론 계시된 하나님의 말씀을 근거로 한 교회회복이 주된 목적이었다. 종교개혁에 가담한 성도들 가운데는 성경을 배경으로 한 올바른 개념을 가진 자들도 있었지만 그렇지 못한 자들도 상당수 있었다.

그 가운데는 재세례파 무리가 있었는데 그들은 로마가톨릭에서 받은 세례를 거부하면서 유아세례를 거부했다. 신앙고백을 할 수 없고 진리에 대한 판단력과 분별력이 없는 아기에게 세례를 베푸는 것은 옳지 않다는 것이었다. 그들은 하나님의 언약에 대한 이해가 없었기 때문에 과오를 범했다. 우리는 저들의 주장을 받아들이지 않는다.

4 성찬 참여의 기본조건

성찬에 참여하기 위한 기본조건은 세례이다. 참된 세례는 옛 사람이 죽고 새 사람으로 태어난 사실에 대한 공적 고백을 전제하기 때문이다. 그

고백은 사적인 종교 행위가 아니라 공예배 시간에 회중 앞에서 공적으로 이루어진 것이어야 한다. 세례는 말씀을 맡은 교사가 베풀게 됨으로써 공적이며 보편적인 성격을 지니게 된다. 따라서 원칙상 그와 같은 기본 조건에 충족되는 성도들이 성찬에 참여할 수 있다.

5 성찬 참여의 범위

성찬에는 자의自意로 참여할 수 없다. 세례를 받은 성도일 뿐 아니라 기본적으로는 개체 교회 공동체에 속한 자여야 한다. 복음 안에서 성도의 교제가 이루어지는 관계속에서 주님의 피와 살을 나누게 되는 것이다. 오늘날 기형적인 대형교회에서는 진정한 성찬을 나누기 어렵다. 성도들간에 진정한 교제가 없고 바로 옆에서 떡과 잔을 나누는 사람이 누구인지조차도 모르는 상황에서는 올바른 성찬 참여를 기대할 수 없기 때문이다.

그대신 하나님의 말씀을 깨닫고 예수 그리스도를 주님으로 고백하는 이웃 교회의 성도들 가운데 손님으로서 공예배에 참여하는 자가 있다면 당회의 면담을 통해 성찬에 참여시킬 수 있다. 그것은 보편교회에 대한 인식 때문이다. 하나님께서 자기 자녀로 인정하는 성도라면 어느 누구도 그의 성찬 참여를 외면하거나 거부할 권리가 없다.

6 성찬 참여를 위한 준비

성도들이 예수 그리스도의 거룩한 살과 피에 참여하는 의례에 앞서 자기를 살피는 것은 매우 중요하다. 먼저는 자신의 개인적인 신앙과 삶을 되돌아보아야 하며 그와 동시에 교회와 그에 속한 자신을 잘 살필 수 있어야 한다. 이를 통해 주님 앞에서 더욱 겸손하게 설 수 있게 된다.

여기서 자기를 살핀다는 의미가 자기에게 죄가 될 만한 내용이 없음을 확인한다는 뜻으로 받아들여서는 안 된다. 세상에 죄가 없이 정결한 자는 아무도 없다. 만일 자신을 돌아보아 성찬에 참여하기에 거리낌이 전혀 없다는 생각을 하는 자가 있다면 도리어 성찬에 참여시켜서는 안 된다. 타락한 세상에 살아가면서 죄가 있기 때문에 주님께 간절히 의지하는 마음으로 성찬에 참여해야 하는 것이다.

7 무의미한 성찬 참여

공예배 시간에 참석하여 형식적으로 성찬에 참여하는 것 자체가 효력을 발생시키지 않는다. 겉보기에 아무리 그럴듯한 종교적인 모양새를 갖추었다고 할지라도 본질에서 먼 상태라면 그것은 아무런 의미가 없다. 성찬에 올바르게 참여하기 위해서는 반드시 참된 신앙을 가지고 교회 가운데서 맡겨진 의무를 감당해야 한다.

그리고 각 성도들은 교회와 형제들에 대한 화평과 선한 뜻을 다할 수 있는 자세를 유지해야 한다. 그것이 교회를 위한 진정한 사랑이 되기 때문이다. 만일 그렇지 않으면 성찬에 참여하여 떡과 잔을 먹고 마시는 것이 단순한 종교행위에 지나지 않는다. 나아가 그와 같은 잘못된 참여 태도는 도리어 거룩한 성찬을 더럽힐 수 있는 위험성마저 있다.

8 성찬을 위한 당회의 직무

성찬식은 아무데서나 누구나 시행할 수 있는 의례가 아니며, 반드시 당회의 관할 아래 공예배 시간에 행해져야 한다. 교회 가운데서 성찬에 참여할 수 있는 자와 그렇지 않은 자들을 주의깊게 살피는 것은 당회에게 맡겨진 직무이다. 이는 장로들의 사사로운 판단이 아니라 당회의 공적인 사역이다. 당회가 개별 가정을 심방하는 것은 그에 연관된 직무로서 교회의 올바른 성장을 위한 방편이 된다.

스코틀랜드 신앙고백

질 문 과 토 론

1 _ 성인이 세례를 받기 위해서는 어떤 조건을 갖추어야 하는가?

2 _ 누가 유아세례를 받을 수 있는가?

3 _ 재세례파의 잘못된 주장에 대하여 논해 보라.

4 _ 성찬에 참여할 수 있는 범위에 대하여 생각해 보라.

5 _ 성찬 참여의 기본 조건은 무엇인가?

6 _ 성찬을 위해 무엇을 살펴야 하는가?

7 _ 무의미한 성찬 참여에는 어떤 유형들이 있는지 논해 보라.

8 _ 당회가 성찬에 연관하여 해야 할 중요한 직무에 관하여 생각해 보라.

제 24 장

국가 공직자들

The Civil Magistrate

우리는 제국, 왕국, 영지 및 도시 등은 하나님에 의해 구별되어 세워진 것으로 고백하고 인정한다. 제국의 황제, 왕국의 왕, 영지의 영주, 도시의 관리의 권력과 권위는 모든 시민들의 선과 복지를 위한 것이며, 하나님 자신의 영광이 드러나도록 하기 위해 하나님의 신성한 의도에 의해 허락되었다(롬13:1; 딛3:1; 벧전2:13-14). 우리는 누구든지 정당하게 수립된 시민적인 권력에 대항하거나 그것을 뒤엎으려고 시도하는 자는 단순한 인간적인 항거일 뿐 아니라 하나님의 뜻에 저항하는 자라는 사실을 확신한다(롬13:2). 더군다나 우리는 그와 같은 권위를 소유한 사람들이 사랑과 영예와 두려움의 대상으로서 가장 존경받아야 할 자들이라는 사실을 확신한다(롬13:7; 벧전2:17). 이는 그들이 하나님의 권세를 대행하는 자들이며, 저들의 공회인 재판석에서 하나님의 대리자 역할을 하기 때문이다(시82:1). 그들은 하나님께서 자신의 영광을 위해서 선량한 자들을 보호하고 악을 행하는 자들을 징계하기 위해 칼을 맡기신 재판관이자 통치자들이다(벧전2:14). 더욱이 우리는 참된 종교의 보존과 순결이 왕과 군주와 통치자 그리고 관료들에게 특별히 맡겨진 임무로 받아들인다. 그들은 시민정부를 위하여 세워졌을 뿐 아니라 참된 종교를 유지하고 모든 우상과 미신을 척결하기 위해 세워졌다.

이는 다윗(대상22-26), 여호사밧(대하17:6 이하; 19:8 이하), 히스기야(대하29-31), 요시아(대하34-35)에게서 볼 수 있으며, 그들 외에도 그것을 위해 열정을 다함으로써 높이 인정받은 사람들이 많이 있다. 그러므로 우리는, 통치자들이 자기의 영역 안에서 정당하게 행동하는 한 저들의 고유한 권력에 저항하는 자들은 하나님의 규례에 저항하는 것이며 죄가 된다는 사실을 분명히 한다. 나아가 왕과 통치자들은 방심하지 말고 저들의 직무를 수행해야 하며, 누구든지 자신의 지배욕으로 인해 시민들의 협조와 조언과 지원을 거부한다면 그것은 하나님을 부인하는 것과 같다는 사실을 천명한다.

We confess and acknowledge that empires, kingdoms, dominions, and cities are appointed and ordained by God; the powers and authorities in them, emperors in empires, kings in their realms, dukes and princes in their dominions, and magistrates in cities, are ordained by God's holy ordinance for the manifestation of his own glory and for the good and well being of all men(Rom. 13:1; Titus 3:1; 1 Pet. 2:13-14). We hold that any men who conspire to rebel or to overturn the civil powers, as duly established, are not merely enemies to humanity but rebels against God's will(Rom. 13:2). Further, we confess and acknowledge that such persons as are set in authority are to be loved, honored, feared, and held in the highest respect(Rom. 13:7; 1 Pet. 2:17), because they are the lieutenants of God, and in their councils God himself doth sit and judge(Ps. 82:1). They are the judges and princes to whom God has given the sword for the praise and defense of good men and the punishment of all open evil doers(1 Pet. 2:14). Moreover, we state the preservation and purification of religion is particularly the duty of kings, princes, rulers, and magistrates. They are not only appointed for civil government but also to maintain true religion and to suppress all idolatry and superstition. This may be seen in David(1 Chron. 22-26), Jehosaphat(2 Chron. 17:6, etc.; 19:8, etc.), Hezekiah(2 Chron. 29-31), Josiah(2 Chron. 34-35), and others highly commended for their zeal in that cause. Therefore we confess and avow that those who resist the supreme powers, so long as they are acting in their own spheres, are resisting God's ordinance and cannot be held guiltless. We further state that so long as princes and rulers vigilantly fulfill their office, anyone who denies them aid, counsel, or service, denies it to God, who by his lieutenant craves it of them.

근거 성경 본문

▨ ‖ **롬13:1** ‖ "각 사람은 위에 있는 권세들에게 굴복하라 권세는 하나님께로 나지 않음이 없나니 모든 권세는 다 하나님의 정하신 바라"; ‖ **딛3:1** ‖ "너는 저희로 하여금 정사와 권세 잡은 자들에게 복종하며 순종하며 모든 선한 일 행하기를 예비하게 하며"; ‖ **벧전2:13-14** ‖ "인간에 세운 모든 제도를 주를 위하여 순복하되 혹은 위에 있는 왕이나 혹은 악행하는 자를 징벌하고 선행하는 자를 포장하기 위하여 그의 보낸 방백에게 하라"

▨ ‖ **롬13:2** ‖ "그러므로 권세를 거스리는 자는 하나님의 명을 거스림이니 거스리는 자들은 심판을 자취하리라"

▨ ‖ **롬13:7** ‖ "모든 자에게 줄 것을 주되 공세를 받을 자에게 공세를 바치고 국세 받을 자에게 국세를 바치고 두려워할 자를 두려워하며 존경할 자를 존경하라"; ‖ **벧전2:17** ‖ "뭇사람을 공경하며 형제를 사랑하며 하나님을 두려워하며 왕을 공경하라"

▨ ‖ **시82:1** ‖ "하나님이 하나님의 회 가운데 서시며 재판장들 중에서 판단하시되"

▨ ‖ **벧전2:14** ‖ "혹은 악행하는 자를 징벌하고 선행하는 자를 포장하기

위하여 그의 보낸 방백에게 하라"

▨ ‖ 대상22-26, 참조 ‖; ‖ 대하17:6 이하, 참조 ‖; ‖ 대하19:8 이하. 참조 ‖;
‖ 대하29-31, 참조 ‖; ‖ 대하34-35, 참조 ‖

해 설

1 세속 국가에 연관된 통치 영역들

교회 밖의 세속의 영역에는 국가와 그에 연관된 여러 통치 영역들이
존재한다. 제국이나 왕국은 그와 직접적인 연관이 있으며 그 안에 영지와
도시 등 여러 지방 통치 영역이 존재한다. 그것을 유지하기 위해 왕이나
황제가 있으며 영주나 지방 관리책임자들이 있다.

오늘날 우리 시대에는 국가의 대통령이나 수상이 그에 해당되며, 각
국가들은 중앙정부 아래 다양한 지방자치 기구들을 두고 있다. 시대와 지
역적인 특성에 따라 정부 형태와 통치 이념에는 상당한 차이가 난다. 하지
만 통치자들의 임무와 다양한 영역은 과거와 다르지 않은 동일한 의미를
지니고 있다.

2 세속 공직자들의 통치 근거

세속 국가에 속한 공직자들의 원천적인 통치 근거는 하나님께 달려
있다. 왕국에 있어서 왕 자신이 통치를 위한 권력의 근원적인 배경이 되는

것이 아니다. 엄밀한 의미에서는 국가 공권력의 근거가 백성들이 되는 것도 아니다. 국가는 세상의 질서 유지와 권선징악을 위해 하나님께서 세우신 특별한 제도이다. 따라서 국가와 위정자들이 소유한 모든 통치는 하나님으로부터 허락된 것이다. 이는 자연질서에 부합하는 일반은총의 개념과 밀접하게 연관되어 있다.

세속 권력과 권위가 허락된 목적

세속 국가의 권력과 통치자들의 권위가 주어진 것은 하나님의 영광을 위해서이다. 우리는 여기서 매우 주의깊은 이해를 하지 않으면 안 된다. 이 말은 세상의 통치자들이 하나님의 영광을 위해서 살아야 한다든지 하나님의 뜻에 인격적으로 반응해야 한다는 사실을 의미하지 않는다.

이는 세상의 질서 즉 백성들의 안녕과 질서를 위해 공권력을 사용해야 한다는 사실을 말해 준다. 그 가운데는 사람들을 현혹하는 우상을 척결해야 한다는 의미도 포함되어 있다. 만일 하나님께서 국가와 공권력에 대한 제도적 은총을 베풀지 않으셨다면 세상은 무정부 상태의 혼란에서 빠져 나올 수 없게 된다. 그렇게 되면 가장 크게 고통받을 대상은 완력을 사용하지 못하는 하나님의 자녀들이다. 따라서 국가에 공권력과 권위가 허락된 목적은 하나님의 영광에 연관되어 있다.

4 정당한 권력에 순복해야 할 성도들

하나님의 자녀들은 세속 국가의 정당한 권력에 순복해야 한다. 이는

하나님을 욕되게 하는 부정한 제도를 활성화 하거나 하나님의 뜻에 정면
으로 반하는 것이 아닐 경우에 그렇다. 국가의 위정자와 관리들이 상식적
인 방법으로 권력을 행사한다면 성도들은 마땅히 그에 순복해야 한다. 그
것은 사회질서에 참여하는 소중한 방편이 되기 때문이다.

5 세속 권력자들에 대한 성도의 자세

하나님의 백성들은 세속 국가의 통치자와 관리들에게 존경심을 가져
야만 한다. 원칙적인 측면에서 볼 때 그들은 백성들로부터 사랑과 격려를
받을 뿐 아니라 영예를 가진 자들로서 두려움의 대상이 되어야 한다. 그렇
게 되면 시민들이 저들을 신뢰함으로써 존경하는 마음과 더불어 자연스럽
게 복종하게 된다.

이는 물론 신앙적인 측면에서 저들을 존경한다는 것을 의미하지 않는
다. 하나님을 알지 못하는 세속 국가의 통치자들은 여전히 안타까운 사람
들에 지나지 않는다. 그렇지만 인간적인 인격에 대해서 존중감을 가짐으
로써 저들에게 맡겨진 사명을 잘 감당하도록 하는 것이 성도들에게 맡겨
진 의무에 해당된다.

6 시민들에 대한 보호와 징벌권

하나님께서는 선량한 자들을 보호하고 포상하며 악한 자들에게 벌을
내려 징계하기 위해 통치자와 관리들에게 칼을 맡기셨다. 또한 그것은 자
연적인 개념에서 하나님 자신의 영광을 위한 것에 연관되어 있다. 즉 일반

윤리적인 차원에서 선행을 장려하고 악행을 규제하는 것을 통해 시민 사회를 유지보존함으로써 세상 가운데 질서를 유지하고자 하는 하나님의 뜻이 드러나게 된다.

따라서 국가는 선행을 행하는 자들에게 상을 주어 장려하고 악한 자들에 대해서는 공권력을 통해 엄히 징계해야 한다. 그렇게 함으로써 선행이 장려되고 악행을 저지르는 자들의 범죄 심리와 행동을 억제할 수 있게 되는 것이다. 법에 기초한 징벌권을 가지고 시민들을 보호하는 것은 국가에 부여된 중요한 임무이다.

7 국가의 권력과 재판권이 지닌 의미

국가는 공권력과 더불어 적법한 재판권을 가지고 있다. 하나님께서 국가에 칼을 맡기신 이유는 공평한 통치를 이루어가기 위해서이다. 그것은 일반 사회질서 가운데서도 하나님의 영광이 어느 정도 드러날 수 있어야 한다는 점을 시사해준다. 죄로 말미암아 타락한 인간들에게는 자연적인 질서 개념이 가변적이거나 희박할 수밖에 없기 때문이다.

그런 가운데 국가의 공권력을 통해 질서를 유지하게 함으로써 그에 대한 하나님의 속성이 드러나게 된다. 나아가 재판권을 통해 선량한 자들과 악한 자들을 분별하게 함으로써 질서가 유지되어 가도록 한다. 그것은 국가가 행하는 포상과 징벌을 통해 선악의 존재를 알게 해주는 역할을 하게 된다.

8 진리 보존을 위한 국가의 사명과 책임

국가는 지상 교회와 성도들을 보호하는 기능을 해야 한다. 만일 국가 제도와 공권력이 없다면 힘없는 성도들은 보호받을 길이 없어지게 된다. 따라서 그 직무를 소홀히 하거나 거부한다면 하나님의 일반적인 은총을 멸시하는 악한 정부에 지나지 않는다. 즉 국가는 하나님의 자녀들이 신앙을 가지고 안전한 생활을 할 수 있도록 해 주어야 한다.

또한 국가는 단순한 보호뿐 아니라 순결한 신앙을 유지할 수 있도록 성도들을 지켜주어야 한다. 하나님께서 국가에 칼을 맡기신 것은 신체적인 것과 더불어 정신적인 것에 대한 악행을 방지하기 위해서이다. 만일 그런 직무를 포기하거나 유기한다면 국가는 제 역할을 감당하지 못하는 위태로운 정부에 지나지 않는다.

9 구약시대의 본을 보인 국가 통치자들

구약시대 이스라엘 민족 가운데는 하나님을 경외하는 통치자들이 상당수 있었다. 그들은 자신을 위한 정치 행위를 한 것이 아니라 하나님의 뜻에 순종하고자 애썼다. 물론 그들 역시 완벽한 인간들이 아니었지만 여호와 하나님을 잘 알고 있었다. 다윗, 여호사밧, 히스기야, 요시아 등이 대표적인 인물들이다.

이에 대해서는 모든 국가의 위정자들이 그 정신을 본받아야 한다. 특히 하나님의 몸된 교회에 속한 성도들 가운데 국가 권력을 소유한 자들이 있다면 마땅히 저들을 본받아야 한다. 나아가 하나님을 모르는 불신자로서 성경에 기록된 선한 통치자들의 이름을 전혀 모르는 위정자들이라 할지라도 원리상 저들이 행한 대로 공권력을 사용하며 재판을 하고 법을 집행해야만 한다. 그것은 하나님의 대리자 역할을 수행하는 의미와 직접 연관되어 있기 때문이다.

10 공권력을 가진 자들의 시민들에 대한 온당한 자세

공권력과 재판권을 가졌다고 해도 일반 백성을 의식하지 않으면 안 된다. 결국은 그 모든 것들은 시민들을 위한 방편이 되기 때문이다. 만일 시민들의 의사를 무시하고 독단적으로 판단하거나 강압적인 행동을 한다면 악한 정부나 부정한 통치자가 될 수밖에 없다. 따라서 국가와 정부는 시민들의 정당한 협조와 조언과 지원을 수용해야 한다. 이는 물론 긍정적인 경우에 해당되는 것으로서 건전한 시민정신의 발현을 의미하고 있다.

따라서 국가가 법과 상식을 기초로 하여 공권력을 정당하게 행사할 경우에는 시민들이 그에 저항하거나 항거해서는 안 된다. 하나님의 자녀들은 국가와 권세자들의 신실한 직무를 무시하지 말아야 한다. 만일 정당하지 않은 태도로 국가에 정면으로 저항한다면 그것은 하나님의 규례에 저항하는 죄가 된다.

11 악한 정부와 악한 공직자들

하나님께서는 국가 제도를 세우시고 위정자들에게 칼과 공권력을 맡기셨다. 이와 달리 지상의 교회에는 칼이 아니라 성경을 맡기셨다. 따라서 국가는 공권력을 통해 국가가 행할 일을 감당해야 하며 교회는 하나님의 말씀에 온전히 순종해야 한다. 그것은 국가와 교회가 마땅히 지녀야 할 가장 원리적인 형태라 할 수 있다.

그렇지만 국가와 위정자들이 본분을 버리고 악을 행한다면 시민들은 가만히 침묵해서는 안 된다. 그렇다고 해서 교회와 성도들이 칼로써 저들에게 맞서 행동으로 대항해서는 안 된다. 교회에는 하나님께서 맡기신 칼과 공권력이 존재하지 않기 때문이다. 따라서 하나님의 자녀들은 계시된 하나님의 말씀을 기초로 하여 언어적인 저항을 할 수 있다. 그것은 곧 악한 위정자들을 견제하며 일깨울 수 있는 수단이 되기 때문이다.

스코틀랜드 신앙고백

질 문 과 토 론

1 _ 세속 국가에 속한 통치 영역에는 어떤 것들이 있는지 생각해 보라.

2 _ 세속 공직자들의 본질적인 통치 근거는 무엇인지 생각해 보라.

3 _ 세속 권력이 허락된 근본적인 목적은 무엇인가?

4 _ 성도들은 정당한 국가 권력에 대하여 어떤 자세를 취해야 할까?

5 _ 국가와 공공기관은 시민들에 대해 어떤 의무가 있는지 생각해 보라.

6 _ 국가의 공권력과 재판권이 지니는 의미는 무엇인가?

7 _ 진리를 보존하는 것이 국가의 사명과 책임이라는 의미에 대하여 논해 보라.

8 _ 구약시대의 본을 보인 여러 명의 통치자들의 행위에 대하여 기술해 보라.

9 _ 국가 공권력을 가진 자들은 시민들에 대하여 어떤 자세를 취해야 하는가?

10 _ 악한 정부와 악한 공직자들에 대해서는 어떤 자세를 취하는 것이 바람직한지 논해 보라.

제 25 장

교회에 값없이 주어진 은사들

The Gifts Freely Given to the Kirk

하나님의 말씀이 진실하게 선포되고 성례전이 올바르게 시행되며 하나님의 말씀에 따라 권징이 집행되는 것이 참된 교회의 확실하고 무오한 표지이지만, 그것이 교회 공동체에 속한 모든 사람이 그리스도 예수의 선택된 백성이라는 사실을 의미하지 않는다(마13:24 등). 우리는 많은 가라지와 잡초들이 곡식 가운데 뿌려져 그 안에서 무성하게 자란다는 사실을 알고 있다. 즉 유기된 자들도 선택받은 자들의 교제 가운데 머물러 있으면서 저들과 함께 말씀과 성례의 외적인 혜택을 나누어 가질 수 있다. 하지만 그들은 자신의 마음이 아니라 단지 입술로써 일정기간 하나님을 고백할 뿐 신앙을 끝까지 유지하지 못하고 버리게 된다(마13:20-21). 그러므로 그들은 그리스도의 죽음과 부활 및 승천의 열매를 소유하지 못한다. 하지만 꾸밈없는 마음으로 믿고 저들의 입술로 담대하게 주 예수님을 고백하는 자들은 확실하게 그의 은사들을 받게 된다(롬10:9,13). 첫째는 그들은 이 세상에서 오직 그리스도의 피에 대한 신앙으로 말미암아 죄를 용서받는다. 그렇다고 할지라도 죄는 우리의 썩을 몸 가운데 지속적으로 남아 있게 된다. 하지만 그것이 우리를 멸망에 빠뜨릴 수 없으며 그리스도의 의로써 그것을 덮어버려 용서받게 한다(롬7; 고후5:21). 둘째는 종말의 심판때 남녀 모든 사람의 육체적 부활이 있게 된다(요5:28-29). 바다는 그 안에서 죽은 자들을 내어놓고 땅은 무덤에 묻힌 자들을 내어놓게 된다. 영원한 우리 하나님은 그의 손을 티끌 위에 펼치실 것이며, 죽은 자들이 썩지 않을 몸으로 일어난다(계20:13). 모든 사람들은 자신이 생전에 가졌던 바로 그 육체의 모습으로 부활하여(욥19:25-27) 저들의 행위에 따라 영광이나 형벌을 받게 된다(마25:31-46). 헛된 쾌락과 잔악성, 음행, 미신, 우상숭배와 같은 것들은 이제 꺼지지 않는 불의 저주 아래 놓이게 될 것이며, 모든 혐오스러운 방법으로 마귀를 섬기는 자들의 육체와 영혼은 그 가운데서 영원한 고통을 받게 될 것이다. 그러나 주 예수를 담대히

고백하고 끝까지 견디는 자들은 영광과 존귀와 불멸을 얻어 그리스도 예수와 더불어 영원한 생명을 누리게 되며(계14:10; 롬2:6-10), 그의 모든 선택받은 자들은 그와 같이 영화로운 몸을 입게 되고(빌3:21) 그가 심판하시기 위해 다시 오셔서 그 왕국을 성부 하나님께 넘겨줄 때 하나님의 축복이 모든 것들 가운데 영원토록 존재하며 유지된다(고전15:24,28). 성자와 성령과 더불어 성부 하나님께 지금부터 영원토록 존귀와 영광이 있을지어다. 아멘.

"주여, 일어나사 당신의 대적들을 치소서. 당신의 거룩한 이름을 미워하는 자들로 하여금 당신의 존전에서 도망가게 하소서. 당신의 종들에게 담대한 마음으로 당신의 말씀을 전할 수 있는 힘을 주소서. 그리고 모든 민족들로 하여금 당신에 대한 참된 지식을 가지게 하소서. 아멘"(민10:35; 시68:1; 행4:29).

Although the Word of God truly preached, the sacraments rightly ministered, and discipline executed according to the Word of God, are certain and infallible signs of the true Kirk, we do not mean that every individual person in that company is a chosen member of Christ Jesus(Matt. 13:24, etc). We acknowledge and confess that many weeds and tares are sown among the corn and grow in great abundance in its midst, and that the reprobate may be found in the fellowship of the chosen and may take an outward part with them in the benefits of the Word and sacraments. But since they only confess God for a time with their mouths but not with their hearts, they lapse, and do not continue to the end(Matt. 13:20-21). Therefore they do not share the fruits of Christ's death, resurrection, and ascension. But such as unfeignedly believe with the heart and boldly confess the Lord Jesus with their mouths shall certainly receive his gifts(Rom. 10:9,13). Firstly, in this life, they shall receive remission of sins and that be faith in Christ's blood alone; for though sin shall remain and continually abide in our mortal bodies, yet it shall not be counted against us, but be pardoned, and covered with Christ's righteousness(Rom. 7; 2 Cor. 5:21). Secondly, in the general judgment, there shall be given to every man and woman resurrection of the flesh(John 5:28-29). The seas shall give up her dead, and the earth those who are buried within her. Yea, the Eternal, our God, shall stretch out his hand on the dust, and the dead shall arise incorruptible(Rev. 20:13), and in the very substance of the selfsame flesh which every man now bears(Job 19:25-27), to receive according to their works, glory or punishment(Matt. 25:31-46). Such as now delight in vanity, cruelty, filthiness, superstition, or idolatry, shall be condemned to the fire unquenchable, in which those who now serve the devil in all abominations shall be tormented forever, both in body and in spirit. But such as continue in well doing to the end, boldly confessing the Lord Jesus, shall receive glory, honor, and immortality, we constantly believe, to reign forever in life everlasting with Christ Jesus(Rev. 14:10; Rom. 2:6-10), to whose glorified body all his chosen shall be made like(Phil. 3:21), when he shall appear again in judgment and shall render up the Kingdom to God his Father, who then shall be and ever shall remain, all in all things, God blessed forever(1 Cor. 15:24,28). To whom, with the Son and the Holy Ghost, be all honor and glory, now and ever. Amen.

"Arise, O Lord, and let thine enemies be confounded; let them flee from thy presence that hate thy godly Name. Give thy servants strength to speak thy Word with boldness, and let all nations cleave to the true knowledge of thee. Amen" (Num. 10:35; Ps. 68:1; Acts 4:29).

근거 성경 본문

▨ ‖ 마13:24-30 ‖ "예수께서 그들 앞에 또 비유를 베풀어 가라사대 천국은 좋은 씨를 제 밭에 뿌린 사람과 같으니 사람들이 잘 때에 그 원수가 와서 곡식 가운데 가라지를 덧뿌리고 갔더니 … 둘 다 추수 때까지 함께 자라게 두어라 추수 때에 내가 추숫군들에게 말하기를 가라지는 먼저 거두어 불사르게 단으로 묶고 곡식은 모아 내 곳간에 넣으라 하리라"

▨ ‖ 마13:20-21 ‖ "돌밭에 뿌리웠다는 것은 말씀을 듣고 즉시 기쁨으로 받되 그 속에 뿌리가 없어 잠시 견디다가 말씀을 인하여 환난이나 핍박이

일어나는 때에는 곧 넘어지는 자요"

▨ ‖ **롬10:9,13** ‖ "네가 만일 네 입으로 예수를 주로 시인하며 또 하나님께서 그를 죽은 자 가운데서 살리신 것을 네 마음에 믿으면 구원을 얻으리니 ... 누구든지 주의 이름을 부르는 자는 구원을 얻으리라"

▨ ‖ **롬7** ‖; ‖ **고후5:21** ‖ "하나님이 죄를 알지도 못하신 자로 우리를 대신하여 죄를 삼으신 것은 우리로 하여금 저의 안에서 하나님의 의가 되게 하려 하심이니라"

▨ ‖ **요5:28-29** ‖ "이를 기이히 여기지 말라 무덤 속에 있는 자가 다 그의 음성을 들을 때가 오나니 선한 일을 행한 자는 생명의 부활로, 악한 일을 행한 자는 심판의 부활로 나오리라"

▨ ‖ **계20:13** ‖ "바다가 그 가운데서 죽은 자들을 내어주고 또 사망과 음부도 그 가운데서 죽은 자들을 내어주매 각 사람이 자기의 행위대로 심판을 받고"

▨ ‖ **욥19:25-27** ‖ "내가 알기에는 나의 구속자가 살아 계시니 후일에 그가 땅 위에 서실 것이라 나의 이 가죽, 이것이 썩은 후에 내가 육체 밖에서 하나님을 보리라 내가 친히 그를 보리니 내 눈으로 그를 보기를 외인처럼

하지 않을 것이라 내 마음이 초급하구나"

▨ ‖ **마25:31-46** ‖ "인자가 자기 영광으로 모든 천사와 함께 올 때에 자기 영광의 보좌에 앉으리니 모든 민족을 그 앞에 모으고 각각 분별하기를 목자가 양과 염소를 분별하는 것같이 하여 양은 그 오른편에, 염소는 왼편에 두리라 … 저희는 영벌에, 의인들은 영생에 들어가리라 하시니라"

▨ ‖ **계14:10** ‖ "그도 하나님의 진노의 포도주를 마시리니 그 진노의 잔에 섞인 것이 없이 부은 포도주라 거룩한 천사들 앞과 어린 양 앞에서 불과 유황으로 고난을 받으리니"; ‖ **롬2:6-10** ‖ "하나님께서 각 사람에게 그 행한대로 보응하시되 참고 선을 행하여 영광과 존귀와 썩지 아니함을 구하는 자에게는 영생으로 하시고 오직 당을 지어 진리를 좇지 아니하고 불의를 좇는 자에게는 노와 분으로 하시리라 악을 행하는 각 사람의 영에게 환난과 곤고가 있으리니 첫째는 유대인에게요 또한 헬라인에게며 선을 행하는 각 사람에게는 영광과 존귀와 평강이 있으리니 첫째는 유대인에게요 또한 헬라인에게라"

▨ ‖ **빌3:21** ‖ "그가 만물을 자기에게 복종케 하실 수 있는 자의 역사로 우리의 낮은 몸을 자기 영광의 몸의 형체와 같이 변케 하시리라"

▨ ‖ **고전15:24,28** ‖ "그 후에는 나중이니 저가 모든 정사와 모든 권세와

능력을 멸하시고 나라를 아버지 하나님께 바칠 때라 ... 만물을 저에게 복
종하게 하신 때에는 아들 자신도 그 때에 만물을 자기에게 복종케 하신 이
에게 복종케 되리니 이는 하나님이 만유의 주로서 만유 안에 계시려 하심
이라"

▨ ‖ 민10:35 ‖ "궤가 떠날 때에는 모세가 가로되 여호와여 일어나사 주
의 대적들을 흩으시고 주를 미워하는 자로 주의 앞에서 도망하게 하소서
하였고"; ‖ 시68:1 ‖ "하나님은 일어나사 원수를 흩으시며 주를 미워하는
자로 주의 앞에서 도망하게 하소서"; ‖ 행4:29 ‖ "주여 이제도 저희의 위
협함을 하감하옵시고 또 종들로 하여금 하나님의 말씀을 전하게 하여 주
옵시며"

1 참된 교회의 조건과 그에 속한 교인들

지상에 존재하는 모든 교회들이 참된 교회인 것은 아니다. 그 가운데
는 이름만 가졌을 뿐 거짓 교회들이 무수히 많다. 참된 교회는 그 표지인
순수한 말씀 선포, 올바른 성례의 시행, 정당한 권징사역이 있어야 한다.
그것은 주님의 교회를 온전히 보존하고 후대에 상속하기 위한 필수적인
조건이 된다. 따라서 위의 세 가지 기본 요건을 소유하지 않는 교회는 온

전한 교회라 말할 수 없다.

 형식적인 기독교인

지상 교회에는 거짓 교인들이 많이 있다. 그런 자들은 겉보기에 기독교적인 종교생활을 하지만 실제로는 하나님의 자녀가 아니다. 거짓 교회에 속한 자들은 참된 성도라 말하기 어렵다. 그런데 교회의 세 가지 표지가 있는 건전한 교회에 속한 교인이라 할지라도 그것 자체로서 구원의 보증이 되지는 못한다. 지상 교회에는 참 성도들인 알곡과 더불어 거짓 교인인 가라지들이 섞여 존재할 수 있기 때문이다.

그런 자들은 이름만 교인일 뿐 하나님과 상관이 없는 자들이다. 그들은 다른 교인들과 함께 세례를 받고 성찬에 참여하면서 입술로 찬송하고 기도하지만 형식만 취할 뿐 진정한 참여를 하지 않는다. 그와 같은 형식상의 종교 생활에 익숙해 있는 자들은 신앙을 끝까지 유지하지 못하며 참된 부활의 열매를 맺을 수 없다.

 하나님을 경외하는 참 성도

참된 성도들은 계시된 말씀을 근거로 하여 하나님을 경외하게 된다. 그들은 진정한 마음으로 여호와 하나님과 독생자 예수 그리스도를 믿는다. 그리하여 어떤 고난이 닥친다 할지라도 담대한 자세로 주님을 고백하고 그로부터 신령한 은사들을 받게 된다. 저들은 이땅이 아니라 영원한 천국에 소망을 두고 있기 때문에 그 모든 것들이 가능하다.

4 거듭난 성도와 죄의 속성

'하나님을 믿는다' 는 것은 옛 사람이 죽고 새 사람이 다시 태어났다는 사실을 의미한다. 이는 오직 예수 그리스도가 십자가에 달려 죽음으로써 흘리신 보혈로 말미암는다. 이 말은 또한 성도들은 죄악이 지배하는 사탄의 영역에서 출생했지만 하나님의 왕국으로 옮겨졌다는 사실을 말해주고 있다.

우리가 여기서 기억해야 할 바는 하나님의 자녀라 할지라도 이 세상에 살아가는 동안 죄의 속성을 버리지 못한다는 점이다. 하지만 썩게 될 성도들의 몸 가운데 죄가 남아 있다고 해서 사탄이 저들을 영원한 멸망에 빠뜨릴 수 없다. 하나님의 자녀들은 여전히 죄인임에도 불구하고 예수 그리스도의 사역으로 인해 의로운 자로 인정받게 되는 것이다.

5 모든 인간들의 육체적 부활

이 세상에 태어나 살았거나 살고 있는 모든 인간들은 장차 육체적인 부활을 하게 된다. 그것은 본인의 의사와 아무런 상관이 없이 그렇게 될 수밖에 없다. 따라서 마지막 심판날이 이르면 땅속에 묻힌 자들은 무덤으로부터 일어나게 되며, 바다에 빠져 죽은 자들은 거기로부터 살아나게 된다. 그들은 다시는 썩지 않고 영원히 존재하는 몸을 입는다. 그렇게 되면 악한 자들이라 할지라도 자기 마음대로 죽을 수 없다.

6 영광의 부활과 저주의 부활

모든 인간들이 죽지 않을 몸으로 부활하게 되지만 그 양상은 본질적으로 크게 양분된다. 생전에 어떤 삶을 살았는가 하는 것이 부활 이후의 삶에 대한 기준이 된다. 물론 여기서 말하는 지상에서의 삶이란 일반 윤리적인 것을 의미하지 않으며, 이 세상에서의 공로 여부에 따라 평가받지 않는다. 유일한 기준은 창세전 하나님의 선택과 예수 그리스도의 십자가 사역에 연관되어 있다.

그러므로 하나님의 은혜를 입은 자들은 영화로운 몸으로 부활하게 된다. 그들은 하나님께서 예비하신 새 하늘과 새 땅을 상속받아 그곳에서 영원한 영광의 삶을 누린다. 이에 반해 그리스도와 상관이 없는 자들은 영원한 불 심판의 저주를 면할 수 없다. 그들은 혐오스런 방법으로 사탄을 섬기는 끔찍한 자리에 놓이게 되는 것이다.

7 하나님의 심판과 승리의 왕국

하나님을 알지 못하는 자들은 이 세상에서 쾌락 곧 자기만족을 누리며 살아가는 것이 인간의 최대 목적인 양 착각하고 있다. 그들은 자기의 욕망을 추구하면서 음행을 하고 우상을 숭배하는 행위를 게을리 하지 않는다. 하지만 저들의 즐거움과 쾌락은 순식간에 지나가 버린다. 하나님께서 저들을 궁극적으로 심판하실 것이기 때문이다.

이에 반해 하나님의 자녀들은 이 세상에서 상당한 고통과 환난을 당하게 된다. 성숙한 성도들은 그런 형편 가운데서 예수 그리스도가 자신의 주님이 되신다는 사실을 담대하게 고백한다. 그들은 영화로운 몸을 입고 영광과 존귀를 얻어 영원한 삶을 누리게 되는 것이다.

8 삼위일체 하나님의 영원한 존귀와 영광

하나님께서는 자신의 형상을 입은 인간과 우주만물을 창조하신 분이다. 사탄은 그 인간을 유혹해 파멸로 이끌어갔으며 아름다운 세계는 완전히 오염되어 버렸다. 하나님은 사탄이 엉망으로 만들어버린 모든 것들을 그냥 두시지 않고 회복하시고자 했다. 그것은 창세전의 하나님의 언약과 밀접하게 연관되어 있었다.

그 놀라운 일을 위해 하나님은 이땅에 예수 그리스도를 보내 모든 사역을 감당하도록 하셨다. 그를 통해 죄에 빠진 인간들과 오염된 세계를 심판하시고, 재창조 사역을 완성하시게 되었다. 마지막 심판날이 이르면 하나님의 나라에 대한 약속이 성취되어 그의 놀라운 축복이 임하게 된다. 성부, 성자, 성령의 삼위일체 하나님의 존귀와 영광이 언약의 자손들 가운데 영원토록 존재하게 되는 것이다.

9 하나님의 도우심과 그에 대한 참된 지식

예수님께서 재림하여 궁극적인 심판을 행하시기 전에는 이 세상에 살아가는 성도들이 여전히 고통중에 살아가게 된다. 하나님의 능력과 적극적인 도우심이 없이는 사탄의 세력에 맞서 싸우는 것이 쉽지 않다. 타락한 이 세상은 여전히 사탄이 지배하는 영역으로 남아 있기 때문이다.

그러므로 지상 교회에 속한 성도들은 주님께서 일어나 하나님의 거룩한 이름을 모독하는 자들을 물리쳐 주시도록 간구하게 된다. 따라서 성숙한 성도들은 담대한 마음으로 하나님의 말씀을 선포하며 전할 수 있어야 한다. 또한 그것을 위해 교회는 계시된 진리를 통해 하나님에 대한 참된 지식을 소유해야만 한다. 우리는 그 모든 것들이 성령 하나님의 도우심에 의해서만 가능하다는 사실을 기억하지 않으면 안 된다.

스코틀랜드 신앙고백
질 문 과 토 론

1 _ 참된 교회의 조건은 무엇인가?

2 _ 교회에 속한 모든 교인들은 구원에 참여할 수 있는가?

3 _ '거짓 신앙'과 '참 신앙'에 대하여 논의해 보라.

4 _ 거듭난 성도와 죄 사이에 어떤 상관성이 있는가 생각해 보라.

5 _ 최종적인 육체적 부활에 대하여 구체적으로 생각해 보라.

6 _ '영광의 부활'과 '저주의 부활' 사이에는 어떤 차이가 나는가?

7 _ 하나님의 심판과 승리의 왕국의 관계를 설명해 보라.

8 _ 삼위일체 하나님의 영원한 존귀와 영광에 대하여 묵상해 보라.

9 _ 지상교회 성도들에게 하나님의 도우심과 그에 대한 참된 지식이 필요한 이유는 무엇인가?